Christian Schneickert
Studentische Hilfskräfte und MitarbeiterInnen

Christian Schneickert

Studentische Hilfskräfte und MitarbeiterInnen

Soziale Herkunft, Geschlecht und Strategien im wissenschaftlichen Feld

UVK Verlagsgesellschaft Konstanz · München

Bibliografische Information der Deutschen Nationalbibliothek
Die Deutsche Nationalbibliothek verzeichnet diese Publikation in der Deutschen
Nationalbibliografie; detaillierte bibliografische Daten sind im Internet über
http://dnb.d-nb.de abrufbar.

ISBN 978-3-86764-330-6

Das Werk einschließlich aller seiner Teile ist urheberrechtlich geschützt.
Jede Verwertung außerhalb der engen Grenzen des Urheberrechtsgesetzes ist ohne
Zustimmung des Verlages unzulässig und strafbar.
Das gilt insbesondere für Vervielfältigungen, Übersetzungen, Mikroverfilmungen und die
Einspeicherung und Verarbeitung in elektronischen Systemen.

© UVK Verlagsgesellschaft mbH, Konstanz und München 2013
Einbandgestaltung: Susanne Fuellhaas, Konstanz
Einbandfoto: © Bigstock
Druck und Bindung: CPI – Ebner & Spiegel, Ulm

UVK Verlagsgesellschaft mbH
Schützenstr. 24 · D-78462 Konstanz
Tel.: 07531-9053-0 · Fax: 07531-9053-98
www.uvk.de

Inhaltsverzeichnis

Tabellen- und Abbildungsverzeichnis 8

Danksagung 10

1   Ausgangspunkt und Ziele 11

2   Das deutsche Bildungssystem 17

2.1   »Der Muff von 1000 Jahren«: Die Bildungsexpansion der 1960er 18

2.2   Bildungslaufbahn und Bildungstitel 20

2.3   Die Illusion der Chancengleichheit 22

2.3.1   Pisa und das dreigliedrige Schulsystem 23

2.3.2   Studium 27

2.3.3   Promotion 28

2.3.4   Studentische MitarbeiterInnen 29

3   Soziale Herkunft, Geschlecht und Strategien im wissenschaftlichen Feld 33

3.1   Habitus und Feld 35

3.1.1   Die Funktion von Bildung in der Reproduktion sozialer Ungleichheit .. 38

3.1.2   Feldspezifisches Kapital 40

3.1.3   Reproduktionsstrategien im Wandel 42

3.1.4   Habitus, praktischer Sinn und das wissenschaftliche Feld 44

3.2   Machtkämpfe und Strategien 48

3.2.1   Individualisierung und der Tod des Klassenbegriffs 49

3.2.2   Rhetorische Gleichberechtigung und faktische Benachteiligung 51

3.3   Das unternehmerische Selbst 55

3.3.1	Studentische ArbeitskraftunternehmerInnen	57
3.3.2	Projektbasierte Polis und Generation Praktikum	59

4 Methodisches Vorgehen 61

4.1	Qualitatives Forschungsdesign	61
4.2	Quantitatives Forschungsdesign	67

5 Die Perspektive der studentischen MitarbeiterInnen 73

5.1	Studentische MitarbeiterInnen im Studium	73
5.1.1	»Irgendwas machen um nicht nur ein normaler Student zu sein«	74
5.1.2	»Du traust dich dann mehr an der Uni«	77
5.1.3	»Ich hab auf einmal begriffen, was daran interessant sein kann«	78
5.2	Studentische MitarbeiterInnen auf dem wissenschaftlichen Feld	81
5.2.1	»Man vergisst oft, dass auch ein Professor ein Mensch ist«	83
5.2.2	»Als ob ich so 'n Hang zu solcher institutionellen Einbettung habe«	88
5.2.3	»Dass man 'ne gewisse Form von Stallgeruch annimmt«	90
5.2.4	»Also ich kann immer an diesem Lehrstuhl promovieren«	91
5.3	Studentische MitarbeiterInnen als ArbeitnehmerInnen	94
5.3.1	»Dass man halt gleichzeitig viel lernt und dabei Geld verdient«	96
5.3.2	»Wenn ich jeden Tag hier wäre, würde mich Vieles mehr ärgern«	97
5.4	ProfessorInnen und ihre studentischen MitarbeiterInnen	101

6 Situation und Lage von studentischen MitarbeiterInnen .. 107

6.1	Definition und Gesamtzahl	107
6.2	Sozialstrukturelles Profil	110
6.2.1	Soziale Herkunft: Ökonomisches und kulturelles Kapital	110
6.2.2	Geschlecht – Nationalität – Alter	117

6.2.3 Bildungswege und Fachbereiche 119

6.2.4 Bundesländer 123

6.3 Beschäftigungsverhältnisse 125

6.3.1 Rekrutierung und Arbeitsverträge 126

6.3.2 Löhne 131

6.3.3 Tätigkeiten 133

6.4 Arbeitsbedingungen 143

6.4.1 Motivation 143

6.4.2 Einschätzung 144

6.4.3 Zufriedenheit 146

6.5 Bildungssoziologische Befunde 149

6.5.1 Sozialstrukturelle Befunde 149

6.5.2 Promotionswille 151

6.5.3 Feldspezifische Sozialisation 154

6.6 Arbeitssoziologische Befunde 155

6.6.1 Tätigkeitenteilung 156

6.6.2 Studentische ArbeitskraftunternehmerInnen 159

7 Fazit 161

Literatur 169

Anhang 187
(Online-) Fragebogen 187
Sampling-Fragebogen (Qualitatives Sampling) 198
Interview-Leitfaden (Studentische Hilfskräfte) 199
Postscriptum 201
Interview-Leitfaden (ProfessorInnen) 202

Tabellen- und Abbildungsverzeichnis

Tabelle 1: Transkriptionsregeln 65
Tabelle 2: Sample der qualitativen Erhebung 66
Tabelle 3: Staatsangehörigkeit 118
Tabelle 4: Durchschnittliche Abiturnoten nach Geschlecht 120
Tabelle 5: StuMi / Studierende nach Fachbereichen 121
Tabelle 6: Fachbereiche nach Geschlecht 122
Tabelle 7: Studentische MitarbeiterInnen nach Bundesland 123
Tabelle 8: Bewertung der Bundesländer nach ausgewählten Kriterien 125
Tabelle 9: Tätigkeiten von studentischen MitarbeiterInnen 135
Tabelle 10: Faktorenanalyse der Tätigkeiten von StuMis 137

Abbildung 1: Gymnasialempfehlungen und tatsächliche Leistungsanforderungen nach Geschlecht und Bildung der Eltern 25
Abbildung 2: Besuch der Oberstufe nach Beruf des Vaters 26
Abbildung 3: Übergang Bildungsschwellen 27
Abbildung 4: Promovierende die während des Studiums als StuMi beschäftigt waren 31
Abbildung 5: Kulturelles Kapital 111
Abbildung 6: Ökonomisches Kapital 112
Abbildung 7: Gemeinsames Jahreseinkommen der Eltern 112
Abbildung 8: Eltern mit Abitur (Vergleich StuMi/Studierende) 114
Abbildung 9: Eltern mit Hochschulabschluss (Vergleich Studierende / StuMis / Gesamtbevölkerung) 115
Abbildung 10: Soziale Herkunft (Vergleich StuMis / Studierende / Promovierende) 116

Tabellen- und Abbildungsverzeichnis

Abbildung 11: Altersstruktur der studentischen MitarbeiterInnen 119
Abbildung 12: Studierende und StuMis nach Bundesland 124
Abbildung 13: Art der Rekrutierung 126
Abbildung 14: Art der Rekrutierung nach Fachbereich 127
Abbildung 15: Vertragslaufzeiten 128
Abbildung 16: Vertragslaufzeiten nach Bundesland 128
Abbildung 17: Vertraglich vereinbarte Stunden pro Monat 129
Abbildung 18: Vertragliche Stunden pro Monat nach Fachbereich 130
Abbildung 19: Vertragliche Stunden pro Monat nach Bundesland 130
Abbildung 20: Durchschnittlicher Stundenlohn von StuMis 131
Abbildung 21: Durchschnittlicher Stundenlohn nach Bundesland 132
Abbildung 22: Tätigkeiten von studentischen MitarbeiterInnen 134
Abbildung 23: Arbeitsbereiche von StuMis 136
Abbildung 24: Korrespondenzanalyse: Studentische MitarbeiterInnen auf dem wissenschaftlichen Feld 138
Abbildung 25: Motivation für die Beschäftigung als StuMi 144
Abbildung 26: Einschätzung der Arbeitsbedingungen 145
Abbildung 27: Zufriedenheit mit dem Anstellungsverhältnis 146
Abbildung 28: Gesamtzufriedenheit nach Bundesland 147
Abbildung 29: Zufriedenheit mit Bezahlung nach Bundesland 148
Abbildung 30: Geplante Promotion 151
Abbildung 31: Geplante Promotion nach Geschlecht 153
Abbildung 32: Geplante Promotion nach sozialer Herkunft 153
Abbildung 33: Arbeitsbereiche nach sozialer Herkunft 158

Danksagung

Das vorliegende Buch ist der Abschluss eines vierjährigen Forschungsprojektes das viele Menschen begleitet und ermöglicht haben und denen an dieser Stelle mein Dank gilt.

Für die zahlreichen Anmerkungen, die Korrekturen, die deutliche Kritik und die hervorragende Unterstützung über diese Zeit und darüber hinaus möchte ich zunächst besonders Anna Güthler und Alexander Lenger danken.

Die entscheidende und letzte Phase des Projekts, indem die quantitative Erhebung durchgeführt wurde, ist besonders durch die gute Zusammenarbeit mit Alexander Lenger und Stefan Priebe ermöglicht und geprägt worden, denen ich hierfür herzlich danken möchte. Bei Tobias Rieder und Christopher Wimmer bedanke ich mich für die produktive Zusammenarbeit rund um die weiterführende Analyse der Daten für Kapitel 6.

Ferner danke ich allen Studierenden, die mein Seminar zur Soziologie Pierre Bourdieus im Wintersemester 2011 / 2012 an der Humboldt-Universität zu Berlin besucht und ihre Auffassungen eingebracht haben.

Die Erhebung wäre nicht ohne die Unterstützung der Gewerkschaft für Erziehung und Wissenschaft (GEW), insbesondere Andreas Keller und die Max-Träger-Stiftung möglich gewesen. Ihnen gilt mein besonderer Dank.

Dem Thema entsprechend möchte ich mich zudem für die hervorragende Arbeit der beteiligten studentischen MitarbeiterInnen Stefan Priebe (Freiburg) sowie Regine Schwab und Andreas Kroneder (beide Berlin) bedanken.

Für die fachliche und institutionelle Betreuung danke ich Klaus Eder, Hermann Schwengel, Nina Degele und Boike Rehbein.

Von unschätzbarem Wert war darüber hinaus die kritische Lektüre von Florian Schumacher, Johanna Wintermantel, Jonas Meixner, Sonja Schneickert und Simon Degen sowie die infrastrukturelle und persönliche Unterstützung von Winny und dem Kyosk.

1 Ausgangspunkt und Ziele

„Man wusste halt auf einmal sehr viel über die Profs, was man als Student nie mitbekommen hätte, und das ist glaube ich ganz gesund." (Hilfskraft, Geschichte)

„Klar die Knete, aber die ist ja eigentlich ein Witz. Also von daher war das im Prinzip immer eine strategische Entscheidung, bringt mir das was." (Hilfskraft, Soziologie)

„Das steht so in dem Kontext, dass man irgendwas machen muss, also von diesem Gefühl man muss irgendwas machen, um nicht nur ein normaler Student zu sein." (Hilfskraft, Politik)

Gegenstand dieser Untersuchung ist die Situation studentischer Hilfskräfte und MitarbeiterInnen[1] an deutschen Universitäten und Forschungseinrichtungen. *Studentische MitarbeiterInnen (StuMi)* sind von einer Hochschule oder Forschungseinrichtung angestellte Studierende, die auf Stundenbasis Hilfstätigkeiten für Forschung und Lehre und hiermit zusammenhängende Verwaltungstätigkeiten ausführen (Lenger / Schneickert / Priebe 2012: 12). Die Tätigkeit als StuMi gilt als produktive, karrierefördernde Station innerhalb der individuellen Bildungslaufbahn, deren Arbeit aus dem deutschen Forschungsbetrieb nicht mehr wegzudenken ist (vgl. BMBF 2006: 18). Gleichzeitig aber werden die teilweise prekären und entformalisierten Arbeitsverhältnisse zunehmend Ziel gewerkschaftlicher Kritik (vgl. www.tarifini.de).

---

[1] Zwei Gründe sprechen gegen die Verwendung des geläufigen Begriffes ‚HiWi': Erstens, die ungenaue begriffliche Abgrenzung von ‚HiWis' mit und ohne Abschluss. Zweitens, wird der Begriff heute zwar zumeist als ‚Hilfswissenschaftler' gelesen, die etymologische Herkunft ist jedoch eindeutig auf den Begriff des ‚Hilfswilligen' zurückzuführen. Als Hilfswillige wurden im Ersten und Zweiten Weltkrieg Hilfsarbeiter bezeichnet, die aus den besetzten Gebieten und Gefangenenlagern rekrutiert wurde, wobei eine klare Trennung zwischen Kollaboration und Zwangsarbeit unmöglich wurde (siehe ausführlich Röhr / Schumann 1994). Im Folgenden wird vereinheitlichend von studentischen MitarbeiterInnen (StuMi) gesprochen (Siehe für eine ausführliche Diskussion Lenger / Schneickert / Priebe 2012: 12-14).

Studentische MitarbeiterInnen bieten demnach ein außerordentlich interessantes Forschungsfeld für zwei Teilbereiche der soziologischen Analyse (siehe ausführlich Schneickert / Lenger 2010). Einerseits, aus bildungssoziologischer Perspektive, d. h. als Strategie innerhalb einer individuellen Bildungslaufbahn, andererseits, aus arbeitssoziologischer Perspektive, d. h. als moderne, hochqualifizierte und voll flexibilisierte ArbeitnehmerInnen.

Aus bildungssoziologischer Sicht sind dabei insbesondere folgende drei Befunde von gesteigertem Interesse: Erstens kommen studentische MitarbeiterInnen überdurchschnittlich oft aus bildungsnahen Haushalten (siehe ausführlich Abschnitt 6.2.1), zweitens war die Mehrzahl der Promovierenden in Deutschland während des Studiums als StuMi beschäftigt (BMBF 2006: 19; Lenger 2008: 104) und drittens sind die privilegierten beruflichen Positionen in der Gesellschaft auch weiterhin stark von der sozialen Herkunft abhängig, auch wenn die Positionen heute über höhere Bildungstitel verteilt werden (vgl. exemplarisch Allmendinger / Aisenbrey 2002: 54; Müller / Steinmann / Schneider 1997: 219). Entsprechend lautet die bildungssoziologische These, dass die Anstellung als StuMi eine vermittelnde Position im wissenschaftlichen Feld (Bourdieu 1992 [1984]) darstellt, die den Übergang von Studium zur Promotion, d. h. den Eintritt in dieses Feld maßgeblich organisiert.

Aus arbeitssoziologischer Perspektive sind ebenfalls drei Punkte hervorzuheben: So sind Forschungseinrichtungen erstens moderne Großorganisationen (siehe Weber 1922), die sich durch einen hohen Bedarf an flexiblen und günstigen Arbeitskräften auszeichnen. Diese Nachfrage wird zu einem nicht unwesentlichen Teil mittels studentischer MitarbeiterInnen abgedeckt (vgl. hierzu auch schon Vogel 1970: 155). Zweitens wird die Etablierung prekärer Arbeitsverhältnisse im Sinne der „Generation Praktikum" (siehe Briedis / Minks 2007; Kirschler / Kastlunger / Braunger 2007) wahrscheinlich, da die Anstellung als studentischeR MitarbeiterIn subjektiv als lohnenswerte Investition in den individuellen Ausbildungs- und Karriereweg wahrgenommen wird. Drittens erfolgt eine Anpassung der eigenen Ansprüche und Bedürfnisse an die Anforderungen der modernen kapitalistisch organisierten Ökonomie durch eine Gewöhnung junger und hochqualifizierter Personen an unsichere und entformalisierte Beschäftigungsverhältnisse schon während der Ausbildungsphase.

1 Ausgangspunkt und Ziele

Die vielen Vorteile, die eine höhere Bildung für die spätere Position in der Sozialstruktur der Gesellschaft mit sich bringt, werfen die Frage auf, wie das gesellschaftliche Gut Bildung auf die Bevölkerung verteilt wird. Dass Bildung sozial ungleich verteilt ist und daraus ungleiche Positionen in der Gesellschaft resultieren, ist sozialwissenschaftlich umfangreich untersucht (siehe exemplarisch Bourdieu / Passeron 1971; Boudon 1974; Bourdieu et al. 1981; Bourdieu 1982 [1979]; Blossfeld / Shavit 1993; Krais 1996; Hartmann 2002; Shavit 2007; Becker / Lauterbach 2008; Lenger 2008). Die Gründe für unterschiedliche Bildungserfolge sind aber letztlich umstritten. Entgegen der Position, die ungleichen Zugangsmöglichkeiten zu Bildung ergäben sich aus IQ-Unterschieden zwischen verschiedenen Bevölkerungsgruppen (vgl. zu der Debatte um diese Position unter anderem Herrnstein / Murray 1994 und Brody 1992), ist in der Soziologie weitgehend unumstritten, dass die biologische Ausstattung mit ‚Intelligenz' diese Unterschiede nicht hinreichend erklären kann (siehe Ashenfelter / Rouse 2000; Flynn 2000). Vielmehr müssen ökonomische, kulturelle und soziale Faktoren herangezogen werden, wie dies der Soziologe Pierre Bourdieu in seinen bildungssoziologischen Analysen herausgearbeitet hat (siehe v. a. Bourdieu / Passeron 1971; Bourdieu / Boltanski 1981 [1975]; Bourdieu 1982 [1979]). Während etwa Raymond Boudon (1974) die ungleiche Verteilung von Bildung, unter der Prämisse rationalen Handelns, eher als Folge unterschiedlicher Möglichkeiten zum Aufbringen der Bildungskosten bei verschieden rationaler Bewertung der möglichen (späteren) Erträge aus Bildung zu erklären versucht, integriert Bourdieu in seine Überlegungen die frühe familiäre und gesellschaftliche Sozialisation. Das Lernen der relevanten sozialen Codizes bestimmt so die relative kulturelle Nähe bzw. Distanz bestimmter Gruppen oder Klassen zu den Regeln und Anforderungen des Bildungssystems (vgl. Bourdieu 1977). Entsprechend lässt sich auch die Situation studentischer MitarbeiterInnen sinnvoll anhand der theoretischen und methodischen Begriffe und Konzepte Bourdieus erörtern.

In Anschluss an Bourdieus Untersuchungen in Frankreich haben aktuelle Studien zur Rolle der Promotion in Deutschland gezeigt, dass diese einen Mechanismus der *Elitebildung* (siehe Hartmann 2002) und der *Reproduktion sozialer Ungleichheit* (siehe Lenger 2008) darstellt. Zudem haben insbesondere die Befragungen von ProfessorInnen (Engler 2001) und PrivatdozentInnen

(Beaufaÿs 2003) Aufschluss über die Funktionsweise des *wissenschaftlichen Feldes* in Deutschland gegeben. Studentische MitarbeiterInnen in Deutschland sind bisher jedoch kaum erforscht. Bisherige Studien erreichten 100 studentische MitarbeiterInnen an der Universität Göttingen (siehe Vogel 1970), 154 studentische MitarbeiterInnen an der Universität Marburg (siehe Regelmann 2004) sowie 85 studentische MitarbeiterInnen an der Universität Regensburg (siehe AK Gewerkschaft 2010). Darüber hinaus finden sich verstreut Daten in den Studierendensurveys, welche seit 1987 Daten zum Beschäftigungsumfang erheben (Simeaner et al. 2007; Simeaner / Ramm / Kolbert-Ramm 2010).[2]

Die vorliegende Untersuchung stellt die abschließende und umfassende Arbeit eines vierjährigen Forschungsprojekts zur Situation und Lage studentischer MitarbeiterInnen dar. Das empirische Material besteht aus 14 einstündigen, biographischen, teilnarrativen Leitfadeninterviews, in denen studentische MitarbeiterInnen aus drei Fächern zu Biographie, Motiven, Studien- und Arbeitssituation befragt wurden; einer bundesweiten Telefonbefragung von Personalräten deutscher Universitäten; zehn problemzentrierte Interviews mit ProfessorInnen aus drei Fächern hinsichtlich ihrer Einschätzung der Situation von studentischen Hilfskräften und einer quantitativen Online-Erhebung (n=3961). Letztere ist die eigentliche Haupterhebung, die in Zusammenarbeit mit Alexander Lenger und Stefan Priebe durchgeführt wurde und auf einer bundesweiten Online-Befragung von 3961 Hilfskräften aus 139 Fächern im Zeitraum zwischen Januar und Mai 2011 beruht. Diese Erhebung wurde mit Unterstützung der Gewerkschaft Erziehung und Wissenschaft (GEW) und der Max-Träger Stiftung durchgeführt, die grundle-

---

[2] Ein Schwerpunktbericht des Studierendensurvey 2006/2007 beschäftigt sich mit StuMis vor dem Hintergrund der Situation des wissenschaftlichen Nachwuchses (siehe BMBF 2006). Der 9. Studierendensurvey zeigte – überraschenderweise – dass der Anstellung als StuMi von Studierenden ein geringer beruflicher Nutzen zugeschrieben wird (BMBF 2005b: 15). Allerdings verfügten sie häufiger über Kontakte zu den Lehrenden und ProfessorInnen (vgl. ebd.: 25). Die Studierendensurveys zehn und elf lassen erste Befunde zu Zeitaufwand und Motivation (vgl. BMBF 2008: 22-23) sowie für verschiedene Fachbereiche (vgl. BMBF 2010b: 28) zu. Seit kurzem liegen erste Befunde vor, wonach die Anstellung als StuMi für Bachelor-Studierende einen positiven Effekt gegen einen möglichen Studienabbruch aufweist und die Aufnahme eines späteren Masterstudiums begünstigt (vgl. Rehn et al. 2011: 169) sowie einen Einfluss auf eine direkte Anstellung nach dem Studium hat (siehe Grotheer 2010).

genden Ergebnisse wurden in einer Broschüre der Gewerkschaft veröffentlicht (siehe Lenger / Schneickert / Priebe 2012).

Das hier vorgeschlagene Buch fasst den gesamten Forschungsprozess und viele noch unveröffentlichte Ergebnisse zusammen. Es gibt den empirischen Ergebnissen einen umfassenden theoretischen Rahmen. Dazu werden die Ergebnisse arbeitssoziologisch, mit dem Konzept des ‚Arbeitskraftunternehmers' als moderne Form der Selbstausbeutung, und bildungssoziologisch, als Strategie im wissenschaftlichen Feld nach dem Konzept Pierre Bourdieus, eingeordnet. Das Buch stellt somit die erste bundesweite, empirische und theoretische Abhandlung zur Rolle der studentischen MitarbeiterInnen im deutschen Bildungswesen dar.

Die Monographie gliedert sich wie folgt: Im *zweiten Kapitel* wird die Verbindung von Bildung und sozialer Ungleichheit im deutschen Bildungswesen dargelegt. Dabei wird die Anstellung als StuMi als eine Bildungsstation innerhalb einer Bildungslaufbahn verortet. Es ist davon auszugehen, dass zwischen askriptiven Faktoren (soziale Herkunft, Geschlecht etc.) und dem Erfolg im Bildungssystem sowie dem Zugang zu den privilegierten gesellschaftlichen Positionen keine unmittelbare deterministische Verbindung besteht, sondern die Wirkungen sozialer Ungleichheit über eine Vielzahl von Mechanismen innerhalb des Bildungssystems vermittelt werden. Die Überlegungen werden zusammen mit den Erkenntnissen über das Bildungssystem im *dritten Kapitel* systematisch an die theoretischen Überlegungen Bourdieus rückgebunden. Die Annahmen zum wissenschaftlichen Feld und den Überlegungen zur Wirkung strukturierter sozialer Ungleichheit werden mit den Konzepten von Habitus, Feld und Kapital so auf die spezifische empirische Fragestellung zugeschnitten. Ergänzt werden diese bildungssoziologischen Überlegungen durch die arbeitssoziologischen Konzepte von unternehmerischem Selbst, projektbasierter Polis und ArbeitskraftunternehmerInnen. Anschließend wird im *vierten Kapitel* (Methodologie) gezeigt, wie die theoretischen Überlegungen in ein Forschungsdesign übersetzt werden, das qualitative und quantitative Methoden kombiniert. Im *fünften Kapitel* werden die Ergebnisse der qualitativen Analyse präsentiert. In den biographischen Interviews zeigt sich, dass die Praxis der Akteure zwischen familiärer und feldspezifischer

Sozialisation deutlich komplexer ist, als es die These von der Reproduktion sozialer Ungleichheit nahe legt.

Entsprechend wurde aufbauend auf den zentralen Befunden der qualitativen Studie das Design der quantitativen Studien entwickelt. Deren Ergebnisse präsentiert das *sechste Kapitel* und informiert über die statistischen Zusammenhänge von sozialstrukturellen Merkmalen und der Praxis im wissenschaftlichen Feld. Abschließend fasst das Fazit (*siebtes Kapitel*) die theoretischen und empirischen Ergebnisse zusammen und diskutiert die politischen und theoretischen Implikationen. Demnach stellt die Situation und Lage der studentischen MitarbeiterInnen einerseits einen Indikator für den Strukturwandel der Arbeitsformen dar, der die Neuregulierung traditioneller arbeitspolitischer Rahmenbedingungen notwendig macht. Auf theoretischer Ebene ist andererseits die, auf familiärer Sozialisation und Kapitalausstattung beruhende, klassische Reproduktionsthese Bourdieus durch den Effekt sekundärer, feldspezifischer Sozialisation zu ergänzen.

2 Das deutsche Bildungssystem

Die Verteilung der Positionen im Erwerbsleben sowie der Lebenschancen von Menschen finden in modernen Gesellschaften überwiegend über das Bildungssystem statt. Bildung bestimmt die Erwerbschancen, den beruflichen Status und das Einkommen von Individuen sowie deren Wissen, Kulturfertigkeiten und Aspekte politikrelevanten Handelns und ist eng mit der Herausbildung von Einstellungen und Wertorientierungen verbunden (vgl. Müller / Steinmann / Schneider 1997: 224).[3] Neben ihrer Rolle in der Persönlichkeitsbildung bietet höhere Bildung besonders zwei ökonomische Anreize: Erstens den *monetären* Anreiz eines höheren Einkommens: UniversitätsabsolventInnen verdienen im Durchschnitt 215 % des Einkommens von Ungelernten. Zweitens den *protektiven* Anreiz eines stark verringerten Risikos von Arbeitslosigkeit betroffen zu sein; während die Arbeitslosenquote bei Personen ohne Ausbildung bei ca. 24 % liegt, beträgt sie für Personen mit tertiärem Bildungsabschluss nur etwa vier Prozent (vgl. Klemm 2000: 160; IAB 2007: 4).

Des Weiteren sollen die Bildungsabschlüsse garantieren, dass individuelle Leistungen belohnt und askriptive Faktoren (soziale Herkunft, Geschlecht etc.) keine Rolle bei der Verteilung gesellschaftlich privilegierter Positionen spielen. Je größer aber solche Einflüsse auf die Bildungsmöglichkeiten sind, desto mehr übertragen sich die ungleichen Lebensbedingungen und Lebenschancen der Elterngeneration bzw. der Geschlechter auf die nächste Generation (vgl. Müller / Steinmann / Schneider 1997: 219). Diese soziale ‚Vererbung' von Ungleichheit ist sowohl in den Haltungen und Handlungen der Bildung erwerbenden Akteure als auch in den Strukturen des Abschlüsse vergebenden Bildungssystems verankert und daher in ihrer Praxis nicht ohne weiteres sichtbar.

Dementsprechend ist die Analyse der Situation und Praxis studentischer MitarbeiterInnen eng mit der Strukturanalyse des deutschen Bildungssystems verbunden. Im Folgenden wird zunächst anhand der Reformen der

---

[3] Für einen Überblick über den Zusammenhang von Bildung und gesellschaftlichen Haltungen, Einstellungen, politischer Partizipation etc. (siehe Müller 1998).

1960er Jahre dargestellt, wie sich die Idee der Chancengerechtigkeit in der Bildungspolitik durchsetzte und die formale Öffnung des Schulsystems und damit des Zugangs zu den Universitäten vollzog (2.1). Allerdings wäre es verfehlt, die Öffnung des Bildungssystems als lineare Entwicklung zu begreifen. Vielmehr muss diese als dynamischer Prozess beschrieben werden, in dem wissenschaftlich jeweils nur ein gegenwärtig zu bestimmendes Kräfteverhältnis analysiert werden kann sowie Öffnungs- und Schließungstendenzen nebeneinander bestehen können (vgl. Müller / Haun 1994: 9). Die Dynamik dieser Kräfteverhältnisse zeigt sich am deutlichsten bei der Betrachtung des Wandels von ‚typischen' Bildungslaufbahnen und dem sich wandelnden Wert der Bildungstitel. Bildungslaufbahnen werden in diesem zweiten Abschnitt idealtypisch als Sequenz von selektiven Übergängen beschrieben (2.2), die als Stationen anhand der jeweils zu erreichenden Bildungstitel in einer hierarchischen Ordnung stehen und mit der Promotion – als dem höchsten deutschen Bildungstitel – enden.

Im Verlauf der daran anschließenden Argumentation wird deutlich, dass die Hartnäckigkeit, mit der das Bildungssystem soziale Ungleichheit reproduziert, nur durch die Dynamik dieser Prozesse erklärt werden kann (2.3). Denn es ist ohne Zweifel möglich, bei einem ausreichend großen historischen Rahmen einen Rückgang der Bildungsungleichheit (vgl. Müller / Steinmann / Schneider 1997: 235) statt einem einfachen ‚Fahrstuhleffekt' (Beck 1986) festzustellen. Soll eine Analyse jedoch nicht bei der trivialen Feststellung enden, im Verlauf der Geschichte gebe es eine gewisse (demokratische) Entwicklung, muss die These, die Öffnung des Bildungssystems sei eine fortlaufende lineare Entwicklung der Modernisierung, die zu einem immer demokratischeren Bildungssystem führe, strikt zurückgewiesen werden.

2.1 »Der Muff von 1000 Jahren«: Die Bildungsexpansion der 1960er Jahre

Etwa zwei Jahrzehnte nach dem Zweiten Weltkrieg kam es nahezu in der gesamten westlichen Welt zu einer Expansion des Bildungswesens. War höhere – insbesondere universitäre – Bildung zuvor lange eine Sache von kleinen wohl situierten männlichen Eliten, drängten nun insbesondere die Mittelschichten und Frauen in die deutschen Universitäten. Die alte Ordnung der Universität wurde in Frage gestellt und die Privilegien der bildungsbürgerlichen Eliten herausgefordert (vgl. Bourdieu 1992 [1984]: 243). Dieser Wandel veränderte den Alltag der Bildungsinstitutionen radikal und lässt sich deutlich an dem enormen Anstieg höherer Bildungsabschlüsse ablesen. Während 1970 nur etwa jeder zehnte die Hochschulberechtigung erreichte, erwarben 2004 ca. 42 % eines Jahrgangs das Abitur, womit sich der Anteil der Studienberechtigten nahezu vervierfacht hat (vgl. BMBF 2007: 78).[4]

Aufgrund der starken demographischen Auswirkungen muss jedoch zumindest zwischen absoluten Zahlen und der Bildungsbeteiligung differenziert werden. So stieg von den 1950er bis in die 1980er Jahre die Zahl der SchülerInnen an Realschulen (von 430.000 auf 1,3 Mio.) und Gymnasien (von 850.000 auf 2,1 Mio.) stark an, fiel dann jedoch bis zum Ende der 1980er Jahre wieder für beide Schulformen (auf 840.000 RealschülerInnen bzw. 1,5 Mio. GymnasiastInnen). Nur die Zahl der Studierenden stieg in diesem Zeitraum durchgängig und – von niedrigem Niveau ausgehend – auch am stärksten von 130 000 Studierenden auf 1,5 Millionen (vgl. Köhler 1992: 29). Nichtsdestotrotz lässt sich insbesondere hinsichtlich des Anstiegs der höheren Schulabschlüsse von einer Erhöhung des gesamtgesellschaftlichen Bildungsniveaus sprechen (Allmendinger / Aisenbrey 2002: 45). Dabei wandelte sich das Gymnasium zur am häufigsten besuchten Schulform, was sich einerseits in der starken Erhöhung der Studienanfängerzahlen ausdrückt und andererseits dazu führte, dass der Realschulabschluss zur Minimalvoraussetzung für viele Ausbildungsplätze wurde (vgl. BMBF 2007: 70).

Die Expansion des Bildungswesens führte gleichzeitig zu zahlreichen sozialwissenschaftlichen Untersuchungen dieses Wandlungsprozesses, die diesen auf verschiedene Weisen zu erklären versuchen. Allgemein gilt Bildung heute einerseits als Garant für den materiellen Wohlstand westlicher Gesellschaften[5] andererseits als wichtiger Integrationsfaktor politischer Systeme im Sinne von ‚Bildung als Bürgerrecht' (Dahrendorf 1968). In Zeiten der Globalisie-

---

[4] Diese Entwicklung wurde – exemplarisch für die gesamte Bildungsexpansion – entscheidend durch die stark steigende Anzahl von Frauen mit Abitur getragen (vgl. BMBF 2007: 82).
[5] Zum Schlagwort ‚Bildungsnotstand ist wirtschaftlicher Notstand' siehe Picht (1964).

rung betont die Politik in Deutschland zumeist den wirtschaftlichen Aspekt von Bildung als Standortfaktor im internationalen Wettbewerb – oft mit dem Verweis auf die Rohstoffarmut Deutschlands (vgl. z. B. Herzog 1997; Bundesregierung 2005). Dies deckt sich mit ökonomischen Erklärungsversuchen der Bildungsexpansion, wie sie beispielsweise die Humankapitaltheorie (siehe v. a. Schultz 1961; Becker 1964) vorgelegt hat. Dabei wird Bildung auf der Mikro- (Individuen) und der Makroebene (Gesellschaften) als Investitionsentscheidung unter Kosten-Nutzen Aspekten betrachtet. Sind die zu erwartenden Erträge aus erhöhter Bildung höher als die Bildungskosten, wird in Bildung bzw. entsprechende Strukturen investiert. In der Soziologie sind solche Theorien funktionalistischer bzw. rationaler Bildungsentscheidungen durchaus umstritten.[6]

Die Konsequenzen der Bildungsexpansion für die Frage der Chancengerechtigkeit sind bis heute umstritten. Insgesamt sind sich die meisten soziologischen Analysen darüber einig, dass mit der Bildungsexpansion die Verknüpfung von Bildungssystem und wirtschaftlicher Lage gelockert und die Bedeutung der Herkunftsfamilie gestärkt wird (siehe dazu 3.1.3). Wurde allerdings in den 1960er Jahren noch die geringe Bildungsbeteiligung von Mädchen fokussiert, wobei das ‚katholische Mädchen vom Lande' als Idealtyp verschränkter Ungleichheiten angesehen wurde, hat sich der Fokus der Bildungsforschung heute auf den ‚städtischen Migrantensohn' verlagert (siehe Dahrendorf 1968; vgl. Geißler 2005: 72). Köhler spricht gar davon, dass bis heute „die gesamte Bildungsexpansion in erheblichem Maße von der Erhöhung der Bildungsbeteiligung bei den Mädchen getragen [wurde]" (Köhler 1992: 66).

2.2 Bildungslaufbahn und Bildungstitel

Die Dynamik von Öffnungs- und Schließungstendenzen im Bildungssystem zeigt sich am deutlichsten in dem Wert der dort vergebenen Titel und Zertifikate auf dem Arbeitsmarkt sowie in den idealtypischen Bildungslaufbah-

---

[6] In diesem Sinne wurde Humankapital 2004 zum Unwort des Jahres gewählt, wobei die Jury in ihrer Begründung die „ökonomische Bewertung aller denkbaren Lebensbezüge" (Schlosser 2005) bemängelte.

nen. Um die Anstellung als StuMi in Bildungslaufbahnen zu verorten, können letztere als Sequenz von selektiven Übergängen bzw. Stationen gefasst werden (siehe Mare 1980). Dabei ist zu vermuten, dass die verschiedenen Stationen unterschiedliche Regeln und Voraussetzungen zum Weiterkommen beinhalten: „[B]ecause all phases of schooling may not require the same familial resources and structural advantages" (Mare 1980: 295). In nahezu allen europäischen Ländern sind die Bildungssysteme als eine solche „Abfolge von Bildungsetappen organisiert" (Müller / Steinmann / Schneider 1997: 219). Im Folgenden wird argumentiert, dass die Praxis studentischer MitarbeiterInnen den Übergang zwischen den Stationen Studium und Promotion organisiert und somit im Kontext individueller Bildungslaufbahnen den Zugang zum wissenschaftlichen Feld entscheidend prägt. An welchem Punkt eine Bildungslaufbahn beginnt und von SoziologInnen sinnvoll analysiert werden kann, ist eine schwierige Frage. Ohne Zweifel sind für bildungssoziologische Überlegungen bereits die vorschulischen Etappen nicht zu unterschätzen.[7] Die folgenden Überlegungen konzentrieren sich aber auf Stationen der Bildungslaufbahn, die Titel und Zertifikate produzieren, welche zum Übergang in die nächst höheren Bildungsstufen berechtigen.

Damit beginnt eine Analyse der Bildungstitel frühestens mit der Grundschule. Obgleich hier kein ‚Titel' im klassischen Sinne vergeben wird, wurde in einer Vielzahl von Untersuchungen auf die Bedeutung der ‚Empfehlungen für die Sekundarstufe I' für die Wahl der weiterführenden Schule verwiesen. Die Auswirkungen dieser ‚Empfehlungen' strukturieren die gesamte Bildungslaufbahn innerhalb des dreigliedrigen deutschen Schulsystems. Das Studium selbst stellt dann eher einen Oberbegriff für eine Vielzahl sehr unterschiedlicher Strategien (Fächerwahl, Auslandsaufenthalte, Integration, hochschulpolitische Arbeit, StuMi etc.) mit höchst unterschiedlichem Wert dar, wobei die vorliegende Arbeit die Tätigkeit der studentischen MitarbeiterInnen empirisch als eine effektive Strategie auf dem Weg zur Promotion

---

[7] Der Kindergartenbesuch bzw. die Kindergartenwahl korreliert offensichtlich besonders stark mit der sozialen Herkunft, da dieser nicht verpflichtend ist und eine z. T. hohe finanzielle Belastung darstellt. Nicht nur wegen der geringen Beteiligung von Kindern mit Migrationshintergrund fordern PolitikerInnen daher den Kindergartenbesuch zur Pflicht zu machen (siehe Berth 2005). Die Effekte der sozialen Ungleichheit gelten vermutlich noch weitaus stärker für den KITA-Besuch.

untersucht. In Anschluss an Hartmann wird die Promotion als höchster deutscher Bildungstitel gefasst, da diese auch außerhalb der Universität von Bedeutung ist, während die Habilitation als einzig formal höherer Titel nur für eine akademische Karriere relevant ist (vgl. Hartmann 2002: 23). Die selektiven Übergänge und Stationen innerhalb des Studiums und dabei insbesondere die Strategie der studentischen MitarbeiterInnen können dementsprechend als Weg zu diesem höchsten Titel begriffen werden.

2.3 Die Illusion der Chancengleichheit

Spätestens seit den 1970er Jahren besteht in den Sozialwissenschaften weitgehend Einigkeit über den massiven Einfluss des Elternhauses auf den Bildungserfolg und der nur gering egalisierenden Wirkung des Bildungssystems (vgl. Müller / Mayer 1976: 54). Der politische und wissenschaftliche Fokus entfernte sich teilweise resigniert von der Bildungspolitik. Die zu dieser Zeit ins Deutsche übersetzte Studie Bourdieus *Die Illusion der Chancengleichheit* (Bourdieu / Passeron 1971) ging in diesem Diskurs etwas unter. Aus konservativer Sicht stellten diese Diskussionen das Postulat der Chancengleichheit gar nicht erst in Frage. Demnach entspräche die Verteilung der Fähigkeiten eben der Verteilung nach sozialer Herkunft, während die Ausnahmen (also begabte Kinder aus den unteren und mittleren Schichten) durch die Begabtenförderung abgedeckt würden. Die Bildungsreformen der 1960er Jahre (Abschaffung des Schulgeldes und der Studiengebühren, Ausbildungsförderung, geographische Streuung der Gymnasien und die Einführung von Orientierungsstufe und Leistungskursen) brachten kein höheres Maß an Gerechtigkeit. Aus liberaler Sicht hingegen wäre erst mit der Abschaffung dieser formalen Barrieren die Chancengleichheit erreicht, d. h. wenn Kinder mit gleichen Fähigkeiten auch gleiche Bildungschancen besäßen (vgl. Müller / Mayer 1976: 25f.).

Heute liefert eine Vielzahl quantitativer Studien teilweise sehr verschiedene und differenzierte Befunde (siehe z. B. Choi 2009; BMBF 2010a; OECD 2010; Bos et al. 2011; Bertelsmann Stiftung / IFS 2012; OECD 2012). Während einige Zahlen dafür sprechen, dass die Bildungsexpansion nicht nur die Bildungsungleichheit zwischen Mädchen und Jungen verringert habe, sondern in gleichem Maße auch der Einfluss des familiären Hintergrunds gesunken sei (vgl. Müller / Haun 1994: 32), kommen andere Studien zu entgegengesetzten Ergebnissen. So fassen Shavit und Blossfeld (1993) die Ergebnisse von Studien aus 13 Ländern unter dem Titel *Persistent Inequality* zusammen. Insgesamt üben die sozioökonomischen Verhältnisse des Elternhauses einen bemerkenswert stabilen Effekt auf die Bildungslaufbahnen aus (Blossfeld 1993: 73). Auch Meulemann (1992: 123) geht in der historischen Betrachtung davon aus, dass die Expansion des Bildungswesens insgesamt als ungeeignetes Instrument zur Verringerung der ungleichen Bildungschancen betrachtet werden muss. Diese durchaus verschiedenen empirischen Forschungsergebnisse ergeben sich nicht zuletzt aus der unterschiedlichen Bewertung des sozialen Wandels in der Bundesrepublik der letzten Jahrzehnte. Obwohl die These von der Auflösung der Klassengesellschaft durch die Individualisierung der modernen Gesellschaft (Beck 1983; 1994b) angesichts fortbestehender strukturierter und institutionalisierter sozialer Ungleichheit zurückgewiesen werden muss (Berger / Kahlert 2005), weist Beck dabei auf wichtige Veränderung in der Struktur von Familien hin. Denn obgleich die Definition der sozialen Herkunft anhand des Status des (leiblichen) Vaters schon vor der Auflösung der „bürgerlichen Familie" eher Ausdruck eines patriarchalen Bildes von Gesellschaft in der Wissenschaft war als ein adäquates Messinstrument, bedeutet die Ausdifferenzierung vielfältiger Familienbeziehungen und Formen, dass es zunehmend schwierig wird, die soziale Herkunft empirisch zu bestimmen (siehe dazu auch 6.2.1).[8]

2.3.1 Pisa und das dreigliedrige Schulsystem

Im internationalen Vergleich lässt sich das deutsche Bildungssystem insbesondere dadurch charakterisieren, dass Selektionsprozesse relativ früh im Leben von Personen stattfinden und dann im Verlaufe der Bildungslaufbahn nur noch schwer zu ändern sind (vgl. Blossfeld 1993: 53f.; BMBF 2007: 96; PISA-Studien: Baumert 2001; Prenzel 2004; 2007; OECD 2010). Vernachläs-

---

[8] Es wäre zudem notwendig wesentlich komplexere „Verwandtschaftsbeziehungen" in die Analyse mit einzubeziehen. Je nachdem wie stark diese in das Forschungsdesign empirischer Untersuchungen einbezogen werden, können die Ergebnisse stark voneinander abweichen (vgl. Mare 1993: 373).

sigt man die frühkindliche Erziehung und den Kindergartenbesuch (2.2), stellt der Übergang von der Grundschule zur Sekundarstufe I den ersten Übergang der beginnenden Sequenz von Bildungsstationen dar. Verschiedene Studien belegen, dass dieser zugleich eine der schwierigsten Hürden für Kinder aus bildungsfernen Schichten darstellt (vgl. Krais 1996: 134; siehe Ditton 1992; Bos 2003; 2004; Ditton 2008; Bos et al. 2011). Regionale Befragungen von Grundschülern zeigten außerdem, dass die Gymnasialempfehlungen nur bedingt durch Leistungskriterien erklärt werden können (siehe Lehmann / Peek / Gänsfuß 1997).

Abbildung 1 zeigt, dass 37 % der befragten Grundschüler eine Gymnasialempfehlung erhielten. Während Mädchen (41 %) hierbei gegenüber Jungen (33 %) etwas im Vorteil sind, ergeben sich hinsichtlich der sozialen Herkunft erhebliche Differenzen. So erhielten 70 % der Kinder, deren Eltern die Hochschulreife erworben haben, eine Empfehlung für das Gymnasium, aber nur 16 % der Kinder deren Eltern keinen Schulabschluss vorweisen können. Die Studie zeigt außerdem, dass diese Unterschiede keineswegs auf eine biologische Vererbung von Intelligenz oder andere ‚tatsächliche' Leistungsunterschiede zurückgeführt werden können. Um dies zu überprüfen wurde ein unabhängiger Leistungstest mit Grundschülern durchgeführt, dessen Ergebnisse (unterer Balken) mit den späteren Gymnasialempfehlungen (oberer Balken) verglichen wurde (siehe Abbildung 1). Es zeigt sich, dass sich Schüler je nach Herkunft und Geschlecht sehr unterschiedlichen Leistungsanforderungen gegenüber sehen, die jedoch nicht expliziert werden. Insgesamt erhielt die Mehrzahl der Kinder, die 78 Punkte oder mehr im Test erzielen, auch eine Empfehlung.[9] Kinder, deren Eltern das Abitur bestanden haben, erhielten aber schon bei 65 Punkten eine Empfehlung, während der Nachwuchs von Eltern, die keinen Schulabschluss besitzen, erst ab 98 Punkten die Empfehlung bekam. Dieser Zusammenhang wird in einer aktuellen Untersuchung von Stefan Hradil an der Universität Mainz bestätigt (siehe IDW 2008).

---

[9] Bei 78 Punkten ist der Schwellenwert im Durchschnitt größer als 0,5 (=50%), d. h. bei dieser Punktzahl erhielten mehr als die Hälfte der Kinder auch eine Gymnasialempfehlung.

Abbildung 1: Gymnasialempfehlungen und tatsächliche Leistungsanforderungen nach Geschlecht und Bildungsabschluss der Eltern

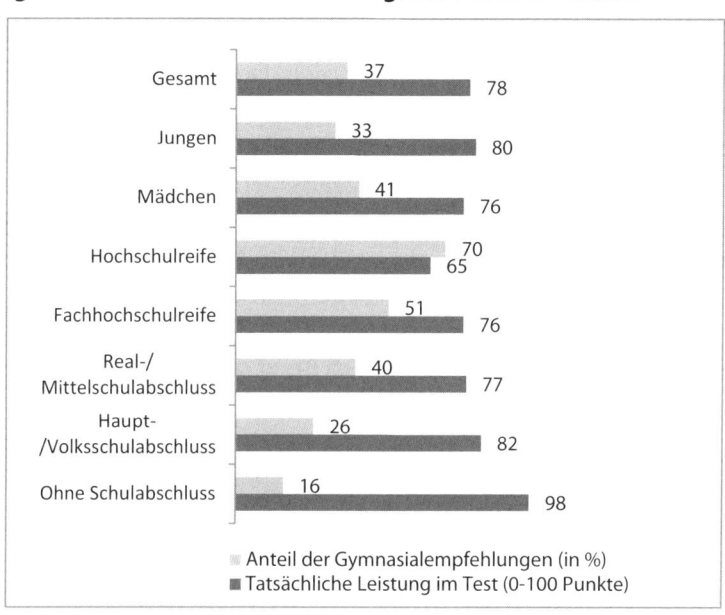

Quellen: Eigene Darstellung nach Lehmann / Peek / Gänsfuß 1997: Kap. 5.2.
Lesehilfe: Insgesamt erhalten 37% eines Jahrgangs eine Gymnasialempfehlung, wobei eine tatsächliche Leistung von 78 Punkten statistisch zu einer Empfehlung führt. Dagegen erhalten nur 16 % der Schüler deren Eltern über keinen Schulabschluss verfügen eine Empfehlung und diese auch erst ab einer tatsächlichen Leistung von 98 Punkten.

Über die Gründe dieser eklatanten Ungleichbehandlung wird zwar hinsichtlich unterschiedlicher schicht- und milieuspezifischer Ressourcen spekuliert (vgl. hierzu beispielsweise Lareau 1997), die genauen Mechanismen, die zu dieser Übersetzung von sozialer Herkunft in Bildungszugänge führen, bleiben in den meisten bildungssoziologischen Studien jedoch unklar (vgl. Allmendinger / Aisenbrey 2002: 48).

Auch in den weiterführenden Schulen lassen sich solche Ungleichheiten feststellen. Die PISA-Studien zeigen, dass Kinder aus höheren Schichten nicht nur bessere Noten erhalten und von den LehrerInnen besser eingestuft werden, sondern dass diese auch die besseren Leistungen erzielen. Hieraus ließe sich der Schluss ziehen, in der Schule würde ausschließlich nach Leistungskriterien bewertet. Zieht man jedoch die Ergebnisse zu den Auswirkungen verschiedener Schulformen hinzu, zeigt sich, dass Kinder aus unteren sozialen Schichten am Gymnasium am schnellsten ihre Leistungen verbessern. Das heißt aber, dass die Schulform die tatsächlichen Leistungen von SchülerInnen stärker bedingt als deren soziale Herkunft (vgl. Allmendinger 2003: 86), was paradoxerweise unter den bereits dargestellten Bedingungen des Übergangs in die weiterführenden Schulen eine massive Verletzung meritokratischer Prinzipien aufgrund der sozialen Herkunft bedeutet. Dies zeigt sich zudem an dem noch immer sehr niedrigen Anteil von Kindern aus ArbeiterInnenfamilien, die die Schule mit Abitur abschließen.

Abbildung 2: Besuch der Oberstufe nach Beruf des Vaters (in %)

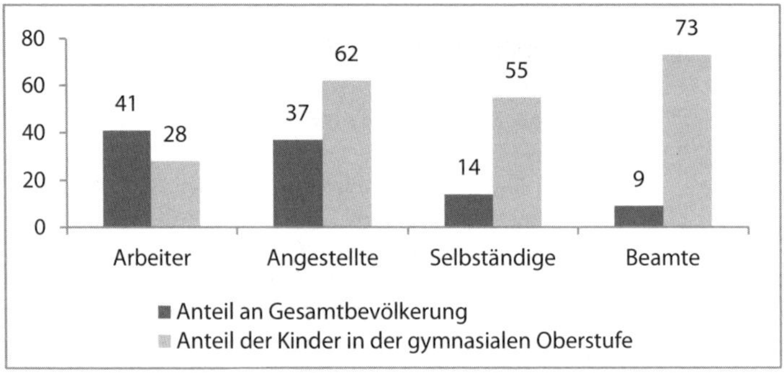

Beruf des Vaters	Anteil an Gesamtbevölkerung	Anteil der Kinder in der gymnasialen Oberstufe
Arbeiter	41	28
Angestellte	37	62
Selbständige	14	55
Beamte	9	73

Quellen: eigene Darstellung nach BMBF 2007: 47.

Gemessen an dem massiven Zuwachs an AbiturientInnen durch die Bildungsexpansion, ist dieser in Abbildung 2 gezeigte Zusammenhang umso erstaunlicher und belegt – trotz des insgesamt leicht rückläufigen Chancenverhältnisses – eindrücklich die Selektivität des stark segmentierten, dreigliedrigen deutschen Schulsystems. Berücksichtigt man zudem das Bildungsniveau des Elternhauses, zeigt sich die Chancenungleichheit noch weitaus deutlicher: Kinder von Akademikern erreichen demnach zu 88 % die gymnasiale Oberstufe, während Kinder aus bildungsfernen Familien (Eltern ohne Abitur) diese mit gerade halb so hoher Wahrscheinlichkeit (46 %) erreichen (vgl. BMBF 2007: 108).

2.3.2 Studium

Der Anteil der erfolgreichen AbsolventInnen eines Hochschulabschlusses ist pro Jahrgang nur etwa halb so hoch wie der Anteil der entsprechenden AbiturientInnen (siehe Abbildung 3). Dabei zeigt sich auch, dass dies nur begrenzt auf die formellen und informellen Zugangsbeschränkungen der Hochschulen zurückgeführt werden kann. Ein größerer Teil von Personen scheitert nicht am Zugang zur Universität, sondern während des Studiums.[10]

Abbildung 3: Übergang Bildungsschwellen (Anteil Jahrgang in %)

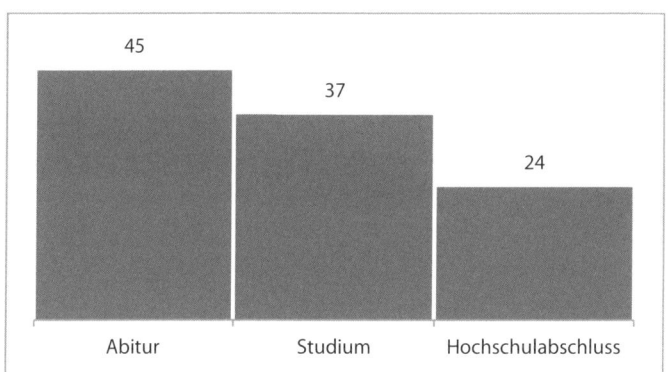

Quellen: Eigene Darstellung nach BMBF 2010a: 72.

Neben den finanziellen Schwierigkeiten, die während des Studiums auftreten können und die insbesondere die Kinder aus Arbeiterfamilien betreffen, gibt es eine Vielzahl von Faktoren die sich auf die *Art und Weise* beziehen, wie ein Studium in der Praxis verläuft und die maßgeblich bestimmen, ob es erfolgreich absolviert werden kann. Durch den starken Anstieg der Studierendenzahlen hat der Hochschulabschluss in Deutschland massiv an Exklusivität

---

[10] Einige Analysen befassen sich daher mit den verschiedenen Milieus und Lebenssituationen von Studierenden (siehe exemplarisch Köhler / Gapski 1997). Besonders ist in diesem Zusammenhang auf die methodisch sehr innovativen Erhebungen zu Habitusmustern in der Tradition der Milieuanalysen Michael Vesters hinzuweisen (siehe Bremer 2004; Lange-Vester / Teiwes-Kügler 2004; Lange-Vester / Teiwes-Kügler 2006; Bremer / Teiwes-Kügler 2007).

eingebüßt (siehe 3.1.3). Nach der Bildungsexpansion stellt sich also weniger die Frage, *ob* jemand ein Studium absolviert hat, sondern vielmehr *wie* sie oder er dies tut und welches Ziel mit diesem Abschluss verfolgt wird. Darüber hinaus – und dieser Punkt ist für die Analyse der StuMis zentral – welche Tätigkeiten neben und in dem Studium noch verfolgt wurden (Mitarbeit in Forschungsprojekten, Auslandsaufenthalte, Praktika, StuMi). Diese Tendenz dürfte sich durch die Reformierung des deutschen Bildungssystems im Rahmen des Bologna-Prozesses sogar noch verstärkt haben.

So stieg beispielsweise seit Beginn der 1990er Jahre die Anzahl derer, die einen studienbezogenen Auslandsaufenthalt absolvierten, stetig an und stagniert seit 2003 bei etwa einem Drittel (BMBF 2007: 165). Durch seine Verbreitung hat der Auslandsaufenthalt so seine exklusive Rolle verloren und ist heute obligatorisch für einen idealen Lebenslauf geworden (vgl. Hartmann 2002: 62). Ähnlich dürfte es sich auch mit den anderen genannten Tätigkeiten und Strategien innerhalb des Studiums verhalten.

Die Funktion der StuMis für den Zugang zum wissenschaftlichen Feld über das Studium hinaus ist allerdings nur deshalb als so vorteilhaft anzusehen, weil dort noch immer die (formal) höchsten Bildungstitel vergeben werden. Daher ist der klassischen Bildungslaufbahn im deutschen Bildungssystem (2.2) mit der Promotion eine weitere Station hinzuzufügen.

2.3.3 Promotion

Eine sehr umfassende Untersuchung zur Rolle der Promotion in der deutschen Gesellschaft lieferte der Elitenforscher Michael Hartmann. In seinem Buch „Der Mythos von den Leistungseliten" (2002) untersucht er den Zusammenhang von sozialer Herkunft, Bildung und späterer Position in der Sozialstruktur exemplarisch anhand eines Vergleichs der promovierten Ingenieure, Juristen und Wirtschaftswissenschaftler der Promotionsjahrgänge 1955, 1965, 1975 und 1985. Promovierte dieser Fachdisziplinen stellen zwar nur einen kleinen Anteil der AbsolventInnen insgesamt, sind aber in den Elitepositionen überproportional vertreten (vgl. ebd.: 23).

Dementsprechend stellte sich die Frage, ob die Promotion im Verlauf der Bildungsexpansion und der damit verbundenen Entwertung der Bildungstitel ihren exklusiven Wert behalten oder gar verstärken konnte, oder ob sie „in den Sog der allgemeinen Ausweitung und damit Abwertung von Bildungstiteln geraten" (ebd.: 53) ist. Hartmann kommt in seiner Untersuchung zu einem relativ eindeutigen Ergebnis: Der Doktortitel konnte seinen klassischen, den exklusiven Abschlüssen der französischen *grandes écoles* ähnlichen Wert in den untersuchten Disziplinen nicht nur beibehalten, sondern sogar ausweiten. Ebenso sei die Promotion nach wie vor ein sozial äußerst exklusiver Titel, da etwa 60 % der Promovierten aus dem gehobenen oder Großbürgertum stammten (vgl. ebd. 56).

Diese Erkenntnisse decken sich mit den Ergebnissen von Alexander Lenger (2008). In der Befragung von über 1896 DoktorandInnen aus 92 Fächern ergab sich nicht nur die Tendenz einer zunehmenden sozialen „Schließung der Promotion für nicht-akademische Schichten" (ebd.: 77), sondern auch ein bemerkenswerter Zusammenhang mit den ökonomischen Verhältnissen des Elternhauses. Demnach gehören etwa die Hälfte der befragten Promovierenden – gemäß ihren eigenen Angaben zur Höhe des Einkommens der Eltern – zu dem einen reichsten Prozent der deutschen Bevölkerung (vgl. ebd.: 79).

Wie Lenger richtig bemerkt, ist das Bemerkenswerte an der Promotion aber die Tatsache, dass sich Akteure, um den Doktortitel zu erlangen, auf die Spielregeln des wissenschaftlichen Feldes bzw. der wissenschaftlichen Welt einlassen müssen, auch wenn dieser Titel heute in der Mehrzahl der Fälle nicht für eine wissenschaftliche Karriere angestrebt wird (vgl. ebd.: 111).[11] In diesem Kontext stellen die StuMis eine effektive Strategie dar eben jenes gesellschaftliche Feld zu betreten, dass den höchsten deutschen Bildungstitel vergibt.

2.3.4 Studentische MitarbeiterInnen

In der hierarchisch geordneten Sequenz von Bildungsübergängen und Stationen nimmt die Praxis studentischer MitarbeiterInnen eine besondere Stellung für den Übergang bzw. Zugang zum wissenschaftlichen Feld ein, die oft

---

[11] Darauf verweist auch Vogel (1970), wenn sie bemerkt, dass die Ausbildung gleich ‚wissenschaftlich' sei unabhängig davon, ob eine akademische oder praktische Laufbahn angestrebt wird (vgl. ebd.: 35).

unterschätzt wird (siehe Schneickert / Lenger 2010). Bedenkt man die Übergänge und Stationen, die bis hierher gemeistert werden mussten, handelt es sich um eine sehr voraussetzungsvolle Praxis. Demnach ist zu vermuten, dass der Zugang zu der Beschäftigung bezüglich der sozialen Herkunft exklusiver ist als der bereits sehr exklusive Zugang zur Universität (siehe dazu Abschnitt 6.2.1). Gleichzeitig handelt es sich dabei jedoch auch um einen Wendepunkt bzw. Neubeginn innerhalb einer Bildungslaufbahn. Denn obgleich die Beschäftigung als StuMi eine bereits fortgeschrittene Bildungslaufbahn impliziert, stehen StuMis an unterster Stelle der wissenschaftlich Beschäftigten an der Universität. Anders ausgedrückt bietet die Anstellung den ersten möglichen Einstieg in die wissenschaftliche Laufbahn, die auch dann eine nicht zu unterschätzende Bedeutung hat, wenn keine universitäre Karriere angestrebt wird. Umso erstaunlicher ist, dass studentische MitarbeiterInnen sozialwissenschaftlich bisher kaum erforscht sind (vgl. Lenger / Schneickert / Priebe 2012: 10f.). Da die reproduktive Rolle der klassischen ‚koffertragenden Hilfskräfte' in der Praxis aber durchaus geläufig ist, scheint diese Forschungslücke die These von der Tabuisierung des Zusammenhangs zwischen askriptiven Faktoren von WissenschaftlerInnen und deren wissenschaftlicher Erkenntnis zu stützen (siehe Burkart 2002; 2003). Diese ergibt sich nicht zuletzt aus dem strengen Glauben an meritokratische Prinzipien in der Wissenschaft (vgl. Engler 2001: 453; siehe auch 3.1.4).

Andererseits ist die Rolle von studentischen MitarbeiterInnen im wissenschaftlichen Feld keineswegs eindeutig. So stellt die Anstellung als StuMi zunächst eine Ausweichstrategie dar. Was vor der Bildungsexpansion Eigenschaften der allgemeinen (elitären) universitären Ausbildung war – etwa der persönliche Kontakt zu ProfessorInnen –, muss nun über solche Strategien erreicht werden (siehe 3.1.3). Diese positiven Effekte eröffnen jedoch gleichzeitig die Möglichkeit zur Ausbeutung von günstiger Arbeitskraft und schafft eine Vielzahl prekärer Beschäftigungsverhältnisse im Sinne des Leitbildes des ‚unternehmerischen Selbst' (siehe Bröckling 2007 und ausführlich 3.3) die von den Beschäftigten in der Erwartung zukünftiger Vorteile billigend in Kauf genommen werden. Andererseits gehört die Anstellung als StuMi tatsächlich zu den besten Strategien, um möglichst früh das wissenschaftliche Feld im Sinne Bourdieus zu betreten und diesen Einstieg entsprechend mit der Promotion fortzusetzen (vgl. Lenger 2008: 103f.).

Während bundesweit ca. 20 % der Studierenden während ihres Studiums Erfahrungen als studentische MitarbeiterInnen sammeln (siehe zur Gesamtzahl ausführlich 6.1), zeigt Abbildung 4, dass in der Befragung von Doktoranden nahezu drei Viertel angaben, während des Studiums als StuMi beschäftigt gewesen zu sein. Demnach hat die Beschäftigung als StuMi durchaus einen strukturierenden Effekt auf den Übergang zur Promotion. Umgekehrt gibt es aber auch eine große Zahl studentischer MitarbeiterInnen, die später nicht promovieren. Aus dieser Diskrepanz ergibt sich letztlich der Zusammenhang zwischen bildungssoziologischer und arbeitssoziologischer Perspektive, auf dem die zentrale These der vorliegenden Untersuchung basiert.

Abbildung 4: Promovierende die während des Studiums als StuMi beschäftigt waren (in %)

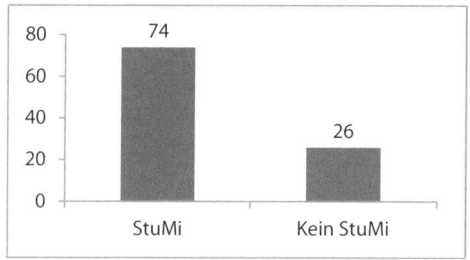

Quellen: Eigene Darstellung nach Lenger 2008: 104.

Entsprechend kann die Anstellung als StuMi allein den Übergang nicht erklären. Vielmehr müssen die feldspezifischen Strategien der studentischen MitarbeiterInnen als Gegensatz von subjektiven Erwartungen und objektiven Chancen im akademischen Feld auf dem Weg zur Promotion analysiert werden. Daher ist zunächst die Rolle der Promotion in Bildungssystem und Gesamtgesellschaft zu klären.

3 Soziale Herkunft, Geschlecht und Strategien im wissenschaftlichen Feld

Zur Erklärung der im Bildungssystem wirkenden Mechanismen bietet die Soziologie zwei sich widersprechende Theoriestränge an. Der Funktionalismus (siehe grundlegend Davis / Moore 1945; Parsons 1959; 1964) geht davon aus, dass es in allen Gesellschaften funktional differenzierte Positionen gibt, die nach Begabung und Fähigkeiten vergeben werden. Dabei übernimmt das Bildungssystem die Aufgabe, die Fähigkeiten zu vermitteln, wobei der Anreiz einer privilegierten Position im Erwerbsleben, die besonders Begabten dazu veranlassen soll, die für sie kostspielige Investition einer langen Ausbildungszeit auf sich zu nehmen. Demgegenüber argumentiert die Konflikttheorie (für einen Überblick siehe Bowles / Gintis 2000), das Bildungssystem sei primär ein Ort sozialer Kämpfe um die Verteilung von Status und Macht. Durch die historische Entwicklung von der feudalen zur bürgerlichen Gesellschaft und der damit einhergehenden Durchsetzung meritokratischer Ideale konnte die Weitergabe des familiären Status nicht mehr länger über direkte Vererbung erfolgen, sondern musste zumindest formal über das Bildungssystem organisiert werden. Die Entwicklung familiärer Reproduktionsstrategien ist in westlichen Industriegesellschaften in den letzten zweihundert Jahren demzufolge dadurch gekennzeichnet, dass Bildungsinvestitionen immer entscheidender wurden (vgl. Schultheis / Pfeuffer / Egger 1996: 23). Nach der Konflikttheorie wird die gesellschaftliche Ungleichheit somit über Bildungsinstitutionen reproduziert und gleichzeitig legitimiert (vgl. Allmendinger / Aisenbrey 2002: 44). Ähnlich argumentiert auch Bourdieu in seinen Arbeiten zum französischen Bildungswesen (vgl. Bourdieu / Passeron 1973: 93; Bourdieu / Boltanski / De Saint Martin 1981 [1973]: 25; Bourdieu 2004 [1989]: 455).

Anhand der Analyse der (fort)bestehenden Ungleichheiten im Bildungssystem wurde im vorangegangenen Kapitel aufgezeigt, dass Bourdieus mittlerweile 40 Jahre alte Analysen des französischen Bildungssystems prinzipiell auch für das deutsche Bildungssystem der Gegenwart Gültigkeit besitzen. Strukturierte Ungleichheiten (wie soziale Herkunft, Geschlecht, ethnische

Herkunft etc.) bilden weiterhin konstituierende Bestandteile der Reproduktion sozialer Ungleichheit und werden durch das Bildungssystem vermittelt und verschleiert. Das Bildungssystem ist dabei als ein dynamisches Feld zu verstehen, das durch die Bildungsexpansion der 1960er Jahre einem erheblichen Wandel unterworfen war und es durch die gegenwärtigen Bildungsreformen und deren Auswirkungen auch heute noch ist. In einem solchen Feld bleiben die Kräfteverhältnisse und Ungleichheiten nicht statisch bestehen, sondern ändern sich stetig.

Dabei wurde deutlich, dass StuMis einen ambivalenten Status besitzen: Einerseits stellt diese Tätigkeit eine voraussetzungsvolle Station der eigenen Bildungsbiographie und dem studentischen Feld dar andererseits kann diese den Einstieg – und somit die niedrigste Position – innerhalb des wissenschaftlichen Feldes bedeuten. Das wissenschaftliche Feld definiert Bourdieu wie folgt:

„Die Struktur des universitären Feldes ist nichts anderes als der zu einem jeweiligen Zeitpunkt vorliegende Stand des Kräfteverhältnisses zwischen den Akteuren oder, genauer, zwischen den Machtformen, über die sie jeweils persönlich und vor allem vermittels der Institutionen verfügen, denen sie angehören. Die innerhalb dieser Struktur eingenommene Position bildet die Grundlage der Strategien, die darauf abzielen, durch Modifikation bzw. Bewahrung der relativen Stärke der verschiedenen Machtformen oder, wenn man will, der zwischen den verschiedenen Kapitalarten bestehenden Äquivalenzen die Struktur zu verändern beziehungsweise zu wahren." (Bourdieu 1992 [1984]: 213)

In der vorliegenden Untersuchung stehen Zugang und Sozialisation der StuMis in das wissenschaftliche Feld im Mittelpunkt, da dies auf dem Weg zur Promotion auch für Personen relevant ist, die keine universitäre Karriere anstreben. Somit werden empirisch die Mechanismen eines Feldes untersucht, das den höchsten deutschen Bildungstitel vergibt und dadurch den Zugang zu den privilegierten gesellschaftlichen Positionen steuert. Andererseits sind StuMis aber auch ArbeitnehmerInnen. Daher muss in diesem Kapitel zunächst auf die theoretischen Konzepte von Habitus und Feld sowie dem arbeitssoziologischen Konzept des Arbeitskraftunternehmers eingegangen werden, um dann die subjektive Sicht der StuMis (Kapitel 5) und deren objektiven Bedingungen (Kapitel 6) empirisch zu untersuchen.

3.1 Habitus und Feld

Zu Beginn wurde im Rahmen der Analyse des deutschen Bildungssystems dargelegt, dass Kinder aus unterschiedlichen gesellschaftlichen Milieus und Schichten mit sehr unterschiedlichen Anforderungen konfrontiert sind. Im Folgenden werden diese Unterschiede als Effekte verschiedener ‚Denk-, Wahrnehmungs- und Handlungsschemata' von Menschen gefasst, die Bourdieu als Habitus bezeichnet hat (vgl. Bourdieu 1987 [1980]: 101; Bourdieu 1997: 159; Bourdieu 2001 [1997]: 177).

Die Entwicklung des Habitus als Konzept beginnt mit der Frage, wie es möglich ist, dass trotz ständigem Wandel und ohne dass Menschen in jeder Handlung einer formalen Regel folgen, die Praxis alltäglichen Handelns dennoch Konstanz und Regelmäßigkeit hervorbringt (vgl. Bourdieu 1992 [1987]: 86). Bourdieu argumentiert, dass Menschen nicht in jeder Situation anders, sondern prinzipiell ähnlich handeln, und zwar auf eine bestimmte *Art und Weise*, die einmal erlernt und dann durch stetige Wiederholung eingeübt wurde. Dieses Lernen orientiert sich nicht an abstrakten Modellen oder Regeln, sondern an der Praxis, nämlich dem Handeln anderer Menschen (vgl. Bourdieu 1976 [1972]: 189).

Habitus ist die lateinische Übersetzung des griechischen Begriffes Hexis (siehe grundlegend zu Bourdieus Konzeption des Habitus Krais / Gebauer 2002 sowie Lenger / Schneickert / Schumacher 2013). Aristoteles verwendete den Begriff Hexis als Haltung oder Disposition in Abgrenzung zu dem Begriff Zustand: Zustände sind leicht veränderbar, Haltungen dagegen nicht (vgl. Rehbein 2006: 88). Der Habitus ist das Dispositionssystem sozialer Akteure (vgl. Schwingel 1995: 59), beinhaltet die Geschichte der Verinnerlichung der sozialen Praxis und ist somit die Inkorporierung der sozialen Geschichte eines Individuums: „Als einverleibte, zur Natur gewordene und damit als solche vergessene Geschichte" (Bourdieu 1987 [1980]: 105) bleiben dessen Handlungsanweisungen dem Bewusstsein stets versagt.

Obgleich Bourdieu ähnliche Habitusformen zu Klassen zusammenzufasste, blieb er nicht bei den Überlegungen zu einer durch Ungleichheit strukturierten Klassengesellschaft stehen, sondern verband diese in seinen späteren Werken zunehmend mit dem Konzept sozialer Felder (siehe Bourdieu 1992 [1984]; Bourdieu 1999 [1992] Bourdieu 2000; Bourdieu 2001 [2000]; Bourdieu 2002; Bourdieu 2004 [1989], durch das er der für die moderne Gesellschaft charakteristischen Ausdifferenzierung Rechnung trug (Bourdieu 2004 [1989]: 162). Dem liegt die zentrale Überlegung zugrunde, dass Individuen nicht immer einheitlich handeln, sondern kontextabhängig agieren.

Der Feldbegriff stammt ursprünglich aus der Physik und gilt dort als Möglichkeit, in Vielteilchensystemen nicht die Eigenschaften jedes einzelnen Teilchens beschreiben zu müssen, sondern einem Feld bestimmte Zustände (z. B. eine Temperatur) zuschreiben zu können.[12] Der Begriff wurde dann vermutlich von Kurt Lewin in die Sozialwissenschaft übertragen (vgl. Vester 2002: 62; Bourdieu / Wacquant 1996 [1992]: 126). Laut Rehbein (2006: 105) bezieht sich Bourdieu bezüglich des Feldbegriffs zwar auf die Physik, in *Die Feinen Unterschiede* jedoch auf Bachelard statt auf Lewin (vgl. Bourdieu 1982 [1979]: 164). Zur Veranschaulichung bemüht er aber ohnehin lieber den Vergleich zu Spielen, insbesondere zu Mannschaftssportarten. Ähnlich einem guten Stürmer im Fußball, der immer an der richtigen Stelle steht, agiert der Habitus über den ‚praktischen Sinn' als Gespür für das (soziale) Spiel, also das was alltagssprachlich als Talent bezeichnet wird. In Bourdieus Worten:

> „Als besonders exemplarische Form des praktischen Sinns als vorweggenommener Anpassung an die Erfordernisse eines Feldes vermittelt das, was in der Sprache des Sports als »Sinn für das Spiel« (…) bezeichnet wird, eine recht genaue Vorstellung von Habitus und Feld, von einverleibter und objektivierter Geschichte, das die fast perfekte Vorwegnahme der Zukunft in allen konkreten Spielsituationen ermöglicht." (Bourdieu 1987 [1980]: 122)

---

[12] Ursprünglich konkurrierten zwei Hypothesen zur Feldtheorie (Nah- und Fernwirkhypothese) bis Heinrich Hertz durch die Entdeckung elektromagnetischer Wellen die Nahwirkungshypothese bestätigte. Demnach besitzen Felder eine eigene Energie und Veränderungen breiten sich nicht instantan, sondern wellenförmig nach und nach aus (siehe Landau / Lifsic 1962).

Jedes Feld, d. h. jeder gesellschaftliche Bereich wie etwa Wirtschaft, Politik, Wissenschaft, aber auch Religion oder Kunst, hat demnach eine spezifische Logik (Bourdieu 1998: 19), bestimmte Interessen und Einsätze (Bourdieu 1993: 107) und eigene Regeln, die von den teilnehmenden AkteurInnen anerkannt werden müssen. Je besser das, was auf einem Feld von Bedeutung ist, von den AkteurInnen verinnerlicht wird, desto geschickter können diese sich darin (unbewusst) richtig positionieren. Diese (soziale) Geschicklichkeit, die vom Flirten bis zum Bewerbungsgespräch in ganz unterschiedlichen Situationen zum Einsatz kommt, ist der ‚praktische Sinn', das Gespür für – den Umständen angemessene oder unangemessene – Handlungen. Die (allgemein) geteilte Anerkennung der Regeln, Einsätze und Ziele eines Feldes bezeichnet Bourdieu als *illusio* (Bourdieu 1998 [1994]: 152f.).

Der Vergleich sozialer Situationen mit Sportspielen impliziert jedoch nicht den in der Alltagssprache gebräuchlichen Gegensatz von Spiel und Ernsthaftigkeit – im Gegenteil geht es auf den sozialen Feldern geradezu um Leben oder Tod der sozialen Existenz (vgl. Rehbein 2006: 107), da die Akteure sich dort in Konkurrenz um soziale Positionen befinden (vgl. Krais / Gebauer 2002: 56). Ähnlich der Physik, wo ein Magnetfeld durch Eisenspäne dargestellt werden kann, ist es nach Bourdieu Aufgabe der Soziologie, die einem Feld zugrunde liegende (zunächst nicht sichtbare) Struktur zu analysieren und offen zu legen (Bourdieu 1992 [1984]: 54).

Dabei geht er mit dem Feldkonzept zwar, ähnlich wie Luhmann (siehe v. a. 1984), von der Ausdifferenzierung der Gesellschaft aus, die von SoziologInnen sichtbar zu machende Struktur besteht letztlich aber aus Ungleichheit und Herrschaft. Ein Feld hat nicht eine einzige unumstößliche Logik, vielmehr ist diese selbst Gegenstand ständiger Definitionskämpfe (vgl. Bourdieu 1992 [1984]: 191). Felder sind deshalb keine funktionalen, kohärenten und sich selbst regulierenden Systeme, wie Luhmann Subsysteme beschreibt (vgl. Luhmann 1986: 202ff.; 1988), sondern Kräftefelder im Sinne einer Machtstruktur (vgl. Bourdieu / Wacquant 1996 [1992]: 133f.).

Entsprechend zeichnen sich Felder durch die sie strukturierenden Gegensätze und Kämpfe sowie durch das Verhältnis zu anderen Feldern, insbesondere dem Machtfeld, aus. Als Prototyp dieser Feldgegensätze, die auf allen Feldern existieren, beschreibt Bourdieu den Gegensatz von Orthodoxie und Häresie auf dem religiösen Feld (vgl. Bourdieu 1992 [1984]: 120) sowie den

Gegensatz von autonomem und heteronomem Pol auf dem künstlerischen Feld (vgl. Bourdieu 1999 [1992]: 344; Schumacher 2011: 139-144). Die ProfessorInnen, als höchste Vertreter des wissenschaftlichen Feldes, stehen demnach innerhalb des Machtfeldes im Gegensatz zu den Unternehmern einerseits (vgl. Bourdieu 1992 [1984]: 48); innerhalb der Felder der kulturellen Produktion wiederrum im Gegensatz zu den Schriftstellern und Künstlern andererseits (vgl. ebd.: 82). Diese chiastischen Strukturen finden sich dann auch in allen Teilbereichen und Subfeldern eines Feldes wieder. Für das wissenschaftliche Feld hat Bourdieu etwa den Gegensatz zwischen natur- und geisteswissenschaftlichen Fakultäten (vgl. ebd.: 107, 114f.) oder zwischen den verschiedenen geisteswissenschaftlichen Instituten mittels Korrespondenzanalysen herausgearbeitet (vgl. ebd.: 140f.). In Anlehnung an dieses Vorgehen wurde auch für die StuMis auf dem deutschen wissenschaftlichen Feld der Gegenwart eine Korrespondenzanalyse durchgeführt (siehe Abschnitt 6.3.3).

In diesem Sinne werden die Konzepte von Habitus und (wissenschaftlichem) Feld zur Analyse der Praxis studentischer MitarbeiterInnen verwendet. Praxis formuliert Bourdieu wie folgt:

[(Habitus) (Kapital)] + Feld = Praxis (Bourdieu 1982 [1979]: 175)

Praxeologisch ist auch Bourdieus Bildungssoziologie zu betrachten, denn in „diesem Zusammenhang, der Heuristik von Habitus und Feld, steht die gesamte Bourdieusche Soziologie und muss sich auch eine Soziologie des Bildungswesens stellen lassen" (Schultheis / Pfeuffer / Egger 1996: 317).

3.1.1 Die Funktion von Bildung in der Reproduktion sozialer Ungleichheit

Bourdieus bildungssoziologische Überlegungen (für einen Überblick siehe Heim / Lenger / Schumacher 2009) sind von der zentralen These geleitet, dass in der modernen Gesellschaft Bildung verstärkt die Funktion der Legitimation und Reproduktion von Sozialstruktur und sozialer Ungleichheit einnimmt (Bourdieu / Passeron 1973; Bourdieu / Boltanski 1981 [1975]: 91). Bereits für die Krise von 1968 stellte er fest, dass das Bildungssystem als Verteilungsinstanz der privilegierten Positionen in der Gesellschaft immer stärker umkämpft wird (vgl. Bourdieu 1992 [1984]: 257). Die höchsten Bildungstitel jedoch in hohem Maße von der sozialen Herkunft und das Erreichen der Spitzenpositionen zudem stark vom Geschlecht abhängig (siehe BMBF 2005a; Bundesregierung 2006).

Ursache der ungleichen Bildungserfolge sind zunächst die schichtspezifischen Ansprüche und Erwartungen an Bildung, die sich in einem entsprechenden Habitus ausdrücken (vgl. Bourdieu / Passeron 1971: 22). Dies zeigt sich insbesondere in der Haltung zu höherer Bildung, etwa ob ein Studium als unnötig, als Chance zum Aufstieg, als Zeitvertreib oder Selbstverständlichkeit aufgefasst wird.[13] Neben den schichtspezifischen Einstellungen zu Bildung ist das wissenschaftliche Feld selbst auf Fertigkeiten und Verhaltensweisen ausgelegt, die Kinder aus oberen Schichten weit häufiger inkorporiert haben (Bourdieu / Passeron 1971: 35). Dieser Effekt der Beziehung von Habitus und Feld wird umso stärker, je höher die entsprechende Bildungsinstitution in der Hierarchie der Bildungsstationen steht.

Bourdieus Überlegungen zum Bildungswesen wurden oft hinsichtlich ihrer Reichweite und Aussagekraft kritisiert (siehe z. B. Blasius / Winkler 1989; für einen Überblick Fröhlich / Rehbein / Schneickert 2009). Wie zuvor dargelegt, besteht die Tendenz zur Reproduktion sozialer Ungleichheit im Bildungssystem aber fort, allerdings ist diese immer weniger sichtbar:

„[D]aß es seinen Benutzern keine derart brutale Frustration auferlegt wie das ältere System und daß im weiteren die verworrene Lage der Rangfolgen und Scheidelinien zwischen den Auserwählten und den Ausgeschlossenen, zwischen den wahren und den falschen Titeln zu einer sanften Eliminierung und zu einer sanften Anerkennung dieser Eliminierung beiträgt" (Bourdieu 1982 [1979]: 258).

Das alte starre Schulsystem war nach Bourdieu in seiner Exklusivität klarer, wohingegen das heutige System durch seine Undurchsichtigkeit und Kom-

---

[13] Hierbei ist zweifellos nicht nur der Habitus der betreffenden Person entscheidend, sondern auch die Habuitus der Bezugspersonen, insbesondere der Familie, Freunde bzw. peer-groups oder anderer Personen, die ideelle oder materielle Unterstützung gewährleisten.

plexität – bei nahezu gleich bleibenden objektiven Chancen – Karriereerwartungen befördert, die zum Scheitern verurteilt sind (Bourdieu 1993: 140). Dies zeigt sich exemplarisch an dem hohen Anteil von ‚Arbeiterkindern' und Frauen in den sozialwissenschaftlichen Fächern (vgl. Müller / Steinmann / Schneider 1997: 213, 217; BMBF 2007: 94f., 153), in denen die Karrierewege wesentlich indirekter auf höhere Positionen zulaufen, weswegen auch weniger direkte Zugangsbeschränkungen benötigt werden (Bourdieu / Passeron 1971: 24f.). Die empirische Untersuchung der studentischen MitarbeiterInnen geht anknüpfend an diese Überlegungen der Frage nach, inwieweit die Anstellung als StuMi diese indirekten Karrierewege beeinflussen (siehe 6.5.2). Denn die Bildungstitel erzielen ihren höchsten Wert zwar in der Wirtschaft, müssen aber auf dem Feld der Wissenschaft und gemäß dessen feldspezifischen Regeln erworben werden, wodurch dieses Feld eine gewisse Autonomie besitzt (Bourdieu / Boltanski 1981 [1975]: 90). Dennoch unterscheidet sich das wissenschaftliche Feld in den grundlegenden Prinzipien nicht von anderen gesellschaftlichen Feldern (vgl. Bourdieu 1998: 29), weswegen eine Analyse zunächst davon ausgehen kann, dass darauf höchst verschiedene Positionen und damit verbundene Handlungsressourcen existieren. Welche speziellen Interessen, Kämpfe und Positionen es gibt und welche Handlungsressourcen auf dem Feld der Wissenschaft dabei von Bedeutung sind, lässt sich dagegen nur empirisch bestimmen. Die besonderen Ressourcen oder Möglichkeiten eines Individuums auf einem bestimmten Feld bezeichnet Bourdieu als Kapital.

3.1.2 Feldspezifisches Kapital

Bourdieu verwendet den Begriff des Kapitals – im Gegensatz zu der gängigen ökonomischen Gebrauchsweise – in einem umfassenden Sinn und unterscheidet verschiedene Kapitalbegriffe. Am einflussreichsten ist jedoch die Unterscheidung von ökonomischem, sozialem und kulturellem sowie symbolischem Kapital (siehe ausführlicher Bourdieu 1983). Jedes Kapital ist akkumulierte Arbeit, dessen Umfang, Struktur und Art des Erwerbs die Handlungsmöglichkeiten von AkteurInnen auf einem Feld bestimmen (vgl. Fröhlich 1994: 41). Umgekehrt ist die Struktur des Feldes zu großen Teilen durch die Verteilung des spezifischen Kapitals festgelegt (vgl. Bourdieu

1998: 21). Im Wesentlichen versucht diese Konzeption von Kapital zu zeigen, dass alle Praxisformen einer Ökonomie unterliegen, wobei damit keineswegs die ökonomische Logik der Wirtschaftswissenschaften gemeint ist (siehe Lenger 2013). Bourdieu wendet sich hier vielmehr gegen eine rein ökonomische Beschreibung der sozialen Welt. Positionen im sozialen Raum lassen sich gerade *nicht* rein ökonomisch bestimmen, denn obgleich das Einkommen von Bedeutung ist um „den Abstand zu den elementaren Zwecken der »Notwendigkeit«" (Bourdieu 1982 [1979]: 289) zu bestimmen, hat es keinerlei Aussagekraft für höchst unterschiedlich Praxisformen und Lebensweisen bei gleichem Einkommen.

Während seiner Feldforschung in Algerien erkannte er, dass Ehre bei den kabylischen Bergvölkern eine äußerst vielseitige und wertvolle Ressource darstellte und bezeichnete diese entsprechend als symbolisches Kapital (vgl. Bourdieu 1958: 23). Der Einsicht in die Bedeutung nichtökonomischer Handlungsressourcen folgend, erklärte er die massive Ungleichheit schichtspezifischer Bildungschancen im französischen Bildungssystem durch das Konzept des kulturellen Kapitals (Bourdieu 1982 [1979]: 47). Dieses hat sich insbesondere aufgrund der Untergliederung in institutionalisiertes (Bildungstitel), objektiviertes (Bücher, Gemälde etc.) und inkorporiertes (Habitus) Kapital als besonders erklärungskräftig für die herkunftsspezifischen Bildungsungleichheiten erwiesen (siehe Bourdieu 1983).

Auf dem wissenschaftlichen Feld spielt das symbolische Kapital (wissenschaftliche Reputation) die zentrale Rolle, während die Position der studentischen MitarbeiterInnen insbesondere die Akkumulation des dafür notwenigen sozialen (,Vitamin B') und kulturellen (Habitualisierung der wissenschaftlichen Verhaltencodices) Kapitals erlaubt. Eine zentrale These des vorliegenden Buches lautet, dass diese beginnende Akkumulation feldspezifischen Kapitals als *Feldsozialisation* gefasst werden kann, die durch die Primärsozialisation (Habitusformierung) zwar maßgeblich strukturiert wird, aber durchaus eine eigene Dynamik entfaltet.

Kapitalakkumulation auf dem wissenschaftlichen Feld zeichnet sich dadurch aus, dass sie viel Zeit benötigt. Entsprechend werden die verschiedenen Stationen einer Bildungslaufbahn bzw. einer wissenschaftlichen Karriere häufig mit einem bestimmten Alter assoziiert (vgl. Bourdieu 1992 [1984]: 153). Dieser Zusammenhang wurde durch die Ausweitung des höheren Bildungswesens im Zuge der Bildungsexpansion temporär entkoppelt, was stark beschleunigte bzw. später verlangsamte Karriereverläufe zur Folge hatte (vgl. ebd.: 214, 221).[14]

3.1.3 Reproduktionsstrategien im Wandel: Die Abwertung der Bildungstitel

In Kapitel 2 wurde auf die Bedeutung von Bildung hinsichtlich der späteren Position im Erwerbsleben hingewiesen. Kritisch ist dabei auf die Paradoxie der entwerteten Bildungstitel hingewiesen worden, die schließlich die eigentliche Idee der Öffnung des Bildungswesens verkehrte, indem sie askriptive Faktoren gestärkt hat (vgl. Beck 1986: 139). Bei der Verschiebung der Wertigkeiten der Bildungszertifikate scheint es sich jedoch um einen allgemeinen soziologischen bzw. ökonomischen Sachverhalt zu handeln, den Rainer Geißler prägnant formulierte: „Was viele besitzen, kann nicht das allein ausschlaggebende Kriterium für die Verteilung von Privilegien an viele sein" (Geißler 1992: 221).

Bourdieu hingegen wendet sich gegen eine solche Sichtweise als „mechanischen Prozess der Inflation und Abwertung" (Bourdieu 1982 [1979]: 255). Gerade die Bemühungen, soziale Mobilität und Aufstieg über Bildung zu ermöglichen, führe zur Entwertung der Bildungstitel, insbesondere für diejenigen, die aufgrund ihrer sozialen Herkunft ohnehin benachteiligt seien. Dies gelte jedoch nur bedingt bzw. in einem wesentlich komplexeren Verhältnis für den Anstieg der weiblichen Bildungsbeteiligung. So gehe dessen schneller Anstieg eher zu Lasten der Personen aus ArbeiterInnenfamilien und ist unabhängig von deren Geschlecht, da „jede Segregation (...) durch den ihr immanenten *Numerus-clausus-Effekt* zur Dämpfung der Abwertung" (ebd.: 225) beiträgt. Jedoch zeigte gerade die Kritik und Krise der 1960er Jahre, die Struktur des Feldes, die im ‚Normalbetrieb' verborgen bleibt:

---

[14] So beschriebe Bourdieu für Frankreich, dass diejenigen ProfessorInnen, die zur Zeit der Bildungsexpansion ihre Promotion ablegten, einige ‚natürliche' Stufen überspringen und sehr viel schneller ProfessorIn werden konnten als es in der ‚normalen' Struktur des Feldes möglich gewesen wäre (vgl. Bourdieu 1992 [1984]: 221).

"Die Krise bringt in der Rückschau das Feld (hier: das universitäre) in seiner objektiven Wahrheit zum Vorschein – als ein System objektiver Regelmäßigkeiten, die mehr oder minder (in diesem Falle: fast überhaupt nicht) die Form ausdrücklicher Regeln oder Bestimmungen annehmen und mit denen jeder Akteur bei der Organisation seiner Investitionen (im vielfachen Sinne) rechnen kann und rechnen muß. Die dieser Welt objektiv innewohnenden Möglichkeiten sind im wesentlichen von vorneherein verteilt: Das (objektivierte und inkorporierte Kapital verleiht gewissermaßen Vorkaufsrechte auf diese Möglichkeiten – Positionen, die eingenommen, Machtbefugnisse und Privilegien, die in Besitz genommen werden können. Diese »temporelle« Struktur des Feldes, die sich in Karrieren, Laufbahnen, in cursus honorum sichtbar niederschlägt, findet sich durch die Krise nachhaltig erschüttert" (Bourdieu 1992 [1984]: 287).

In diesem Sinne hat die Bildungsexpansion einen Strukturwandel bewirkt, der eine Anpassung der (habituellen) Strategien notwendig machte und bis heute macht (vgl. Bourdieu 1992 [1984]: 222). Die Praxis studentischer MitarbeiterInnen wird hier als eine solche Anpassungsstrategie analysiert.

Strukturell wird diese Entwicklung allerdings durch die Dynamik des, durch Geschlechtsungleichheiten segregierten, Arbeitsmarktes abgemildert, die dazu führt, „daß es zu einem Vordringen von Frauen in einstige Männerdomänen vor allem dann kommt, wenn Männer eine Branche verlassen, weil diese an Bedeutung und damit an Einkommens- und Aufstiegschancen verliert" (Wetterer 1993: 54). Ähnliches dürfte auch für andere Ungleichheiten (soziale und ethnische Herkunft, Alter etc.) gelten: auch hier scheint es sich um einen allgemeinen Mechanismus sozialer Ungleichheit zu handeln. Beispielsweise zeigt eine Vielzahl an Untersuchungen auf, dass ein hoher Frauenanteil in einer Profession mit deren insgesamt niedrigerem Status korreliert (Teubner 1989: 34). Was Bourdieu als Dialektik bezeichnete, ist für Wetterer ein Wettrennen, bei dem Frauen mit einer „quasi zwangsläufigen Unausweichlichkeit fortwährend zu spät" (Wetterer 1993: 43) kommen.[15]

---

[15] Wetterer belegt dies an verschiedenen Berufen, etwa der Ausdifferenzierung des medizinischen Sektors in (männliche, akademische) Ärzte und (weibliche) Schwestern, Hebammen, Helferinnen oder der Entwicklung des angesehenen (männlichen) Sekretärs – von dem noch heute etwa die Bezeichnung des UNO-Generalsekretärs stammt – zur Rolle der weib-

Je stärker die Inflation und damit die Entwertung der Bildungstitel (d. h. des institutionalisierten kulturellen Kapitals) voranschreitet, desto wichtiger werden die Wirkungen des inkorporierten kulturellen Kapitals, etwa der richtigen Verhaltensweisen zum richtigen Zeitpunkt, aber insbesondere auch des sozialen Kapitals (vgl. Bourdieu 1982 [1979]: 227). Praktisch gesprochen: Steigt die Konkurrenz gleich qualifizierter BewerberInnen auf einen Posten, wird die Bedeutung von ‚richtigem' Verhalten (Habitus, also inkorporiertes kulturelles Kapital) und Beziehungen (‚Vitamin B', also soziales Kapital) immer größer. Inwieweit neben den Wirkungen des familiären Habitus auch die Feldsozialisation, d. h. ein feldspezifischer Habitus zur Akkumulation dieser Ressourcen beitragen kann soll empirisch am Beispiel studentischer MitarbeiterInnen untersucht und geklärt werden.

3.1.4 Habitus, praktischer Sinn und das wissenschaftliche Feld

Bourdieu beschäftigte sich bereits früh mit den verschiedenen Positionen auf dem wissenschaftlichen Feld und unterschied zunächst grob in ‚Junge' und ‚Alte', d. h. Professoren und Assistenten, wobei die Jungen gleichzeitig um die Stellen der Alten konkurrieren, sich diesen aber hierarchisch unterordnen müssen (vgl. Bourdieu / Boltanski / Maldidier 1981 [1971]: 146f.).

Für Deutschland haben insbesondere die Arbeiten von Steffanie Engler (ProfessorInnen) und Sandra Beaufaÿs (Habilitierende) Aufschluss über die Positionen in diesem Feld gegeben. Die Untersuchung studentischer MitarbeiterInnen knüpft daran an und bearbeitet die aufgeworfenen Fragen aus zwei weiteren Perspektiven: Einerseits, aus bildungssoziologischer Sicht, wie Wissenschaft als Feld funktioniert und wie Wissenschaftler darin ‚gemacht' werden (siehe Beaufaÿs 2003; Engler 2001) sowie nach dem Zugang zum Feld und der zunehmenden Feldsozialisation, die dann zur Promotion führen kann (siehe Hartmann 2002; Lenger 2008). Andererseits aus arbeitssoziologischer Perspektive, wie es für die Universität als Arbeitgeber möglich wird, Zugriff auf eine große Zahl flexibel einsetzbarer und relativ günstiger Ar-

---

lichen Sekretärin als „Tippse" (Wetterer 1992: 23). Kreissl geht gar davon aus, dass in der Politik heute nur deshalb so viele Frauen in hochrangige Positionen gelangen konnten, weil die nationalstaatliche Politik gegenüber der globalen Ökonomie insgesamt an Macht verloren hat (siehe Kreissl 2000).

beitskräfte zu erhalten und welche Auswirkungen diese Form der Beschäftigung auf die gesamtgesellschaftlichen Arbeitsformen hat (siehe 3.3).

Neben den zentralen Gegensätzen und Kämpfen, die ein Feld strukturieren, sind in der historischen Genese (Autonomisierung) sowie für das Funktionieren des Feldes die eigene Logik und die damit verknüpften Spielregeln entscheidend: „Was im wissenschaftlichen Feld die Menschen umtreibt und konkurrieren lässt, ist nicht dasselbe wie das, was sie im ökonomischen Feld umtreibt und konkurrieren lässt" (Bourdieu 1998 [1994]: 145). So sind beispielsweise Publikationen in Fachzeitschriften für die wissenschaftliche Karriere äußerst wichtig, besitzen jedoch kaum ökonomischen Wert (vgl. Beaufaÿs 2003: 53). Entsprechend nehmen die Kämpfe, Strategien, Interessen und Profite auf dem wissenschaftlichen Feld spezifische Formen an (vgl. Bourdieu 1975: 19).

Robert K. Merton (1985: 131) erkannte die treibende Kraft der Wissenschaft in dem Streben nach Anerkennung. Diese Art des – nach Bourdieu – symbolischen Kapitals kann laut Merton in Akten der ‚schöpferischen Originalität' durch persönliche Leistungen (‚Ich-Stärke') erworben werden (1972: 127). Wissenschaftliche Leistung sei klassischerweise gegenstandsbezogen und solle möglichst objektive Erkenntnisse hervorbringen. Laut Karl Mannheim ist Wissen jedoch standortbezogen, weshalb nur Intellektuelle zu solchen, von der sozialen Lage unabhängigen, Erkenntnissen gelangen könnten:

> „Eine solche stets experimentierende, eine soziale Sensibilität in sich entwickelnde, auf die Dynamik und Ganzheit ausgerichtete Haltung wird aber nicht eine in der Mitte gelagerte Klasse, sondern nur eine relativ klassenlose, nicht allzu fest gelagerte Schicht im sozialen Raum aufbringen. (...) Jene nicht eindeutig festgelegte, relativ klassenlose Schicht ist (...) die sozial freischwebende Intelligenz." (Mannheim 1965 [1929]: 135)

Die Vorstellung, Wissenschaft könnte frei von sozialen Einflüssen (soziale Herkunft, Geschlecht usw.) sein, zeigte sich sowohl in der ProfessorInnenbefragung von Engler (2001: 453) als auch in der Untersuchung von Habilitierenden durch Beaufaÿs (2003: 13). Demnach ist wissenschaftliche Erkenntnis keine Frage askriptiver Faktoren, sondern das Ergebnis ‚harter Arbeit' (Weber 1922) in ‚Einsamkeit und Freiheit' (Humboldt 1969 [1869]) und stellt offensichtlich den allgemein geteilten Glauben im wissenschaftlichen Betrieb dar, den Bourdieu als *illusio* des Feldes bezeichnet (vgl. Bourdieu 1992 [1984]: 253). Dieser Glaube impliziert ein Verständnis von Wissenschaft als ganzheitliches Unternehmen, auf das sich Akteure mit ihrer ganzen Person, d. h. mit Leib und Seele, einlassen müssen (vgl. Beaufaÿs 2003: 132).

Wissenschaft als Feld im Sinne Bourdieus zu konstruieren erlaubt es zunächst davon auszugehen, dass niemand per se mit den wissenschaftlichen Regeln vertraut ist, sondern in die spezifischen Funktionsweisen und Umgangsformen der Wissenschaft erst sozialisiert werden muss. Nichtsdestotrotz verschaffen bestimmte Habitus ihren InhaberInnen erhebliche Vor- bzw. Nachteile, diese Sozialisation auch erfolgreich verlaufen zu lassen. Die Praxis studentischer MitarbeiterInnen auf dem wissenschaftlichen Feld ist eine privilegierte Möglichkeit, die Regeln des ‚Spiels Wissenschaft' zu erlernen. Wie genau der in der familiären Sozialisation und unter bestimmten klassenspezifischen Existenzbedingungen (sozialer Raum), erworbene Habitus den Zugang zu und die Sozialisation in ein Feld reguliert, steht im Zentrum der empirischen Analyse studentischer MitarbeiterInnen.

Die Rede von ‚Spielen' meint dabei aber gerade *nicht* die alltagssprachliche Entgegensetzung von Arbeit und Spiel, also den Gegensatz von (ökonomischer) Ernsthaftigkeit und (kultureller) Leichtigkeit, sondern vielmehr dessen Aufhebung. So sind für Bourdieu die ‚Spiele' auf einem Feld schon deshalb ernst, weil die Akteure den Glauben (die Illusio) an die Einsätze nicht nur scheinbar annehmen, sondern in ihrer gesamten sozialen Existenz akzeptieren (d. h. auch verkörpern) müssen. In diesem umfassenden Sinne lässt sich dann tatsächlich von der Lebensform Wissenschaft sprechen (siehe Mittelstraß 1997a; 1997b). Die Autonomisierung des ‚Bildungsfeldes' entstand mit der „Entwicklung eines geordneten Heeres von Fachleuten, die dort nicht nur Brot, sondern auch Lorbeer zu verdienen [suchen]" (Schultheis / Pfeuffer / Egger 1996: 331) und so die Illusio universalistischer Bildungswerte im eigenen partikularen Interesse weiter stärkten (vgl. Krais 2000a: 37f.). Dabei erlaubt die vorliegende Untersuchung anhand der Begriffe von Habitus und Feld, die studentischen MitarbeiterInnen als heterogene Gruppe von AkteurInnen auf dem Feld zu begreifen, die sich untereinander erheblich unterscheiden können (vgl. Beaufaÿs 2003: 67).

3 Soziale Herkunft, Geschlecht und Strategien im wissenschaftlichen Feld

In der theoretischen Konstruktion des wissenschaftlichen Feldes wurde stets darauf verwiesen, dass es sich dabei nicht nur um ein vorwiegend vom Bürgertum beherrschtes, sondern auch um ein männlich dominiertes Feld handelt. In der Praxis der Wissenschaft kommt es demnach zu einer „milden Isolierung" (Mayntz 1996: 235). Bourdieu glaubt die Wirkung des Geschlechts weniger darin zu erkennen, dass Frauen von der Wissenschaft an sich ausgeschlossen seien, sondern vielmehr von den in diesem Feld stattfindenden Spielen.[16] Diese Spiele seien die symbolische Ebene der Konkurrenzkämpfe um Macht und Anerkennung, welche sich aus der geschlechtsspezifischen Sozialisation wie folgt erklären lassen:

„Da die auf Geschlechtsdifferenzierung gerichtete Sozialisation die Männer dazu bestimmt, die Machtspiele zu lieben, und die Frauen dazu, die Männer, die sie spielen, zu lieben, ist das männliche Charisma zu einem Teil der Charme der Macht, der verführerische Reiz, den der Besitz der Macht von selbst auf Körper ausübt, deren Sexualität politisch sozialisiert worden ist." (Bourdieu 1997: 201)

Begriffe wie soziale Herkunft, Geschlecht, ethnische Herkunft usw. werden aber in ihren Wirkungen nicht verständlich, wenn diese als Kategorien im Vordergrund stehen, sondern erst im Zusammenspiel von Habitus und Feld, d. h. in Begriffen einer umfassenden ‚Ökonomie der Praxis' (vgl. Bourdieu 1987 [1980]:95).

Es ist sicherlich richtig, dass die Vorstellung der Wissenschaft als ganzheitliches, die Person vollständig involvierendes Unternehmen mit der ebenfalls ganzheitlichen Rolle der Familie kollidieren kann. Eine Analyse im Sinne der Theorie der Praxis vermeidet aber die reifizierende und substantialistische Deutung der Familie als weiblich und der Wissenschaft als männlich, sondern fragt nach der Praxis, welche diese vermeintliche Unvereinbarkeit eher Frauen zuschreibt (siehe zum Problem der Reifikation Degele 2006).

---

[16] Etwa freitagnachmittags im Büro oder Labor zu sein, die informellen Gespräche bei Bier oder Wein nach einer offiziellen Konferenz oder die ‚berühmten' Kaffee- bzw. Zigarettenpausen. All jene Praktiken also, die den AkteurInnen selbst möglicherweise als Zeitverschwendung erscheinen, aber ohne Zweifel eine nicht zu unterschätzende soziale Funktion erfüllen.

Ohnehin liegt die Vermutung nahe, dass es weniger um die theoretische Möglichkeit geht, Familie und Wissenschaft tatsächlich zu vereinbaren, sondern vielmehr um die gelungene Darstellung, dass Wissenschaft der einzige Lebensinhalt sei (vgl. Beaufaÿs 2003: 243).

So liegt es in der Funktionsweise und in der Illusio gerade dieses Feldes, dass geniale wissenschaftliche Erkenntnis angeblich nicht beim Abwasch oder beim Windeln wechseln entsteht (vgl. Beaufaÿs 2003: 166), sondern beim Spaziergang auf dem Todtnauberg oder auf dem Kanapee.

3.2 Machtkämpfe und Strategien

Die Regeln eines Feldes sind nicht starr festgelegt, sondern selbst das Objekt von Kämpfen, indem sich Akteure strategisch verhalten können (vgl. Bourdieu 1992 [1984]: 191). Obgleich strategisches Verhalten zur Verbesserung der sozialen Position innerhalb eines Feldes dient, auf dem um den Wert und um die Verfügung über spezifisches Kapital gekämpft wird, meint Bourdieu damit keine rationale (intentionale) Strategie eines ‚homo oeconomicus'. Dieser sei lediglich eine Verallgemeinerung des kapitalistischen Handlungsmodells auf alle anderen Formen praktischen Handelns (vgl. Lenger / Schneickert 2009). Vielmehr ergeben sich die Strategien aus dem Habitus, der den AkteurInnen einverleibt ist. Über den Habitus können Strategien durchaus den spezifischen Regeln eines Feldes objektiv angepasst sein, ohne den AkteurInnen bewusst zu sein (vgl. Bourdieu 2001 [2000]: 177).

Dies gilt insbesondere für den Glauben an meritokratische Prinzipien auf dem wissenschaftlichen Feld. Dabei ist für die AkteurInnen gerade nicht entscheidend, ob sie von strukturierten Ungleichheiten, die über alle Felder hinweg wirken, wissen. Für die Handelnden auf einem Feld ist es durchaus möglich – und für das Funktionieren des Feldes unabdingbar – davon auszugehen, dass diese Ungleichheiten gerade auf dem aktuellen Feld nicht wirken. Die Praxis eines Feldes ist demzufolge in drei Bereichen zu analysieren: Erstens, die Bedingungen der historischen Entstehung (Autonomisierung) des Feldes; zweitens, die antagonistische Struktur und die Logik des Feldes und drittens das Verhältnis des Feldes zur Gesamtgesellschaft und deren Diskurse (sozialer Raum und Feld der Macht). So ist das wissenschaftliche Feld in

Deutschland (historisch) durch zwei gesamtgesellschaftliche Diskurse sozialer Ungleichheit geprägt, die im Folgenden kurz umrissen werden.

3.2.1 Individualisierung und der Tod des Klassenbegriffs

Ein Gründungsmythos der Bundesrepublik Deutschland ist die Vorstellung der ‚Stunde null', in der nach dem Zweiten Weltkrieg alle gleich waren – gleich elend und arm (vgl. Krais 2001: 7). Aufgrund dieser Vorstellung und im Zuge des mit dem ‚Wirtschaftswunder' einhergehenden Wirtschaftswachstum gab es in den folgenden Jahren wenig Verteilungskämpfe sowie Diskussionen um Ungleichheit und Sozialstruktur. Erst in den 1960er Jahren erfuhr der Klassenbegriff durch die massive Marx-Rezeption im Umfeld der Studentenbewegung einen Bedeutungsgewinn. Nicht zuletzt aus diesen Diskussionen entstanden die bereits angesprochenen Bildungsreformen.

Die erste Phase der deutschsprachigen Rezeption von Bourdieus Klassentheorie begann Ende der 1980er Jahre (siehe exemplarisch den Sammelband von Klaus Eder 1989; vgl. Rehbein 2006: 239). In dieser Zeit waren die Debatten der 1960er und 1970er Jahre jedoch längst vorbei und der wissenschaftliche Diskurs von Vertretern der ‚Individualisierungsthese' (siehe Beck 1983; Beck 1986; Schulze 1992) dominiert. Demnach sei die moderne Gesellschaft maßgeblich durch Tendenzen zur Individualisierung, d. h. die „Auflösung vorgegebener sozialer Lebensformen – zum Beispiel das Brüchigwerden von lebensweltlichen Kategorien wie Klasse und Stand, Geschlechtsrollen, Familie, Nachbarschaft usw." (Beck / Beck-Gernsheim 1994a: 11) bestimmt. Aber auch in der Sozialstrukturanalyse wurde Bourdieus Klassenbegriff von Beginn an stark kritisiert (siehe Blasius / Winkler 1989; Hradil 1989). Obwohl das Habituskonzept den Gegensatz von Subjektivismus und Objektivismus zu überwinden suchte, blieb Bourdieu in geistiger Nähe und Vertrautheit zum Strukturalismus (vgl. Gebesmair 2004: 199). Daraus ergibt sich der viel kritisierte Eindruck einer deterministischen Deutung des Sozialen (vgl. Janning 1991: 32). In der schlüssigen Argumentation der Beziehung von Herkunft, Habitus und späterer Position kann leicht das Bild eines vorbestimmten Lebensweges entstehen (vgl. Barlösius 2006: 180ff.), d. h. das genaue Gegenteil der bürgerlichen Idee individualisierter, aus unendlichen Wahlmöglichkeiten bestehender, Lebenswege.

Allerdings bezeichnet Bourdieu als (objektive) Klasse zunächst nur eine soziologische Kategorie, in der Akteure mit ähnlichen Existenzbedingungen zusammengefasst werden können (vgl. Bourdieu 1982 [1979]: 175), und somit keine politische Klasse im Marxschen Sinne als historische Akteurin (siehe ausführlich Eder 2013). Dieser Klassenbegriff wird zudem noch deutlich komplexer, da diese objektive Klasse für Bourdieu ‚auf dem Papier' eine rein statistische Relation darstellt, wobei Subjekte innerhalb solcher Klassen selbst klassifizierende Akteure sind (vgl. Bourdieu 1982 [1979]: 137). Indem Menschen andere Menschen in Klassen ein- bzw. zuordnen, bilden sie solche *klassifizierten Klassen* (ebd.: 730). Ein solcher Begriff von Klasse ist relational zu denken. Eine Klasse existiert nicht wie der Mond oder eine Flasche Wein, sondern bestimmt sich in der Abgrenzung zu anderen Klassen (vgl. Rehbein / Schneickert / Weiß 2009: 142). Aus diesem Grund können Klassifizierungen im empirischen Material (siehe besonders Kapitel 5) besonders wichtige Hinweise auf (unbewusste) Wirkungen des Habitus der Interviewten geben.
[17] Bourdieu warf Marx vor, einen ‚salto mortale' von der theoretischen Existenz sozialer Klassen zur Existenz von Klassen in der Praxis zu vollführen (Bourdieu 1998 [1994]: 25). Klassen bilden sich aber erst in der Praxis über Klassifikationen bzw. Bewertungen. Diese sind Teil der Denk-, Wahrnehmungs- und Bewertungsschemata von Menschen und somit – als klassenspezifischer Habitus – Teil deren Praxis. Grundsätzlich ist in einer solchen Definition von Klasse die Möglichkeit der Verschränkung verschiedener Ungleichheiten bereits angelegt.

---

[17] Umgekehrt ergibt sich die Schwierigkeit der qualitativen Analyse, dass sie klassifizieren muss, um zu Aussagen gelangen zu können. Da aber WissenschaftlerInnen nicht außerhalb der sozialen Welt existieren, sagt die Analyse – auch in diesem Bereich – stets mehr über die Klassifikationsschemata, also den Habitus, des Analysierenden aus als über die Analysierten. Siehe zu diesem Problem Kapitel 4.

3.2.2 Rhetorische Gleichberechtigung und faktische Benachteiligung

Im Laufe der 1990er Jahre zeigte die deutsche Bildungsforschung ein vermehrtes Interesse an der Ungleichheit der Geschlechter im Bildungswesen[18]. So sind zahlreiche – wenn auch nicht immer aktuelle – Dokumentationen über die Beteiligung und soziale Positionierung von Frauen im wissenschaftlichen Feld zugänglich, die bereits früh auch Überlegung zur Förderung von Frauen in der Wissenschaft beinhalteten (Clemens 1986; BLK 1989; Wermuth 1992; Arndt 1993; BLK 1997; Lang / Sauer 1997; BLK 1998; Krais 2000c).

Zu Beginn des 20. Jahrhunderts gehörte es noch zur Normalität, dass Frauen aufgrund ihrer ‚Natur' die Wissenschaftlichkeit abgesprochen wurde. Während es hinsichtlich der sozialen Herkunft, über den Umweg der genetischen Ausstattung und Vererbung von Intelligenz, sowie der direkten Wirkung des Habitus noch immer Tendenzen in diese Richtungen gibt, gilt es heute als politisch unkorrekt, Frauen generell die Befähigung zu wissenschaftlichem Arbeiten abzusprechen. Dies bedeutet aber auch, dass Mechanismen und Strategien, die Frauen von privilegierten Positionen abhalten, subtiler und indirekter geworden sein müssen und nicht zuletzt von einer ausgefeilten Rhetorik verdeckt werden (vgl. Wetterer 2000: 212).

Diese Tendenz zeigt sich insbesondere an der Tatsache, dass fast 20 Jahre Frauenförderung nichts Wesentliches an der Marginalität von Frauen in höheren Positionen der Hochschulen verändert hat (vgl. Wetterer 2000: 195).[19] Ohne Zweifel war es vergleichsweise einfacher, die formalen Zugangsbeschränkungen zu lockern als die vielfältigen und subtilen strukturellen und sozialpsychologischen Barrieren zu verändern, die heute existieren (vgl. Bielby 2000: 69). Angesichts der fortbestehenden Marginalität von Frauen in den privilegierten Positionen spricht Hassauer von einem „akademischen Frauensterben" (Hassauer 1994: 35), während Angelika Wetterer sogar

---

[18] Dies ergibt sich in nicht unerheblichem Ausmaß aus den Umwälzungen im Zuge der Wiedervereinigung, wobei kurzfristig ein Erstarken der Frauen- und Geschlechterforschung die Folge war (siehe Dölling 2000).

[19] Das heißt natürlich nicht, dass Frauenförderung per se nutzlos ist, sondern zeigt nur – ganz im Sinne der Theorie Bourdieus – wie stabil patriarchale Machtstrukturen konstruiert sind.

die gesamte Diskussion um Frauenförderung für wirkungslos und teilweise kontraproduktiv hält (Wetterer 2000: 195). Zudem führe die Erklärung dieser Tatsache durch die unterschiedliche Sozialisation von Männern und Frauen an dem Problem vorbei, da davon ausgegangen werden muss, dass dem „schlußendlichen ‚Wahl'verhalten Desillusionierungsprozesse und die Auseinandersetzung mit normativen Erwartungen an für Frauen angemessene Berufsziele vorausgingen" (Wetterer 1992: 20).

Das Habituskonzept Bourdieus wurde in diesem Zusammenhang von der Frauenforschung zunächst als theoretischer Ansatz angesehen, um diese subtilen Prozesse und Mechanismen zu analysieren (vgl. Wetterer 1992: 45), wurde dann aber nicht systematisch ausgearbeitet. Engler wies zu Recht darauf hin, dass „in differenzierten Gesellschaften (…) Geschlecht und Klasse als grundlegende Dimensionen sozialer Ungleichheit anzusehen sind", woraus folgt, „dass die Unterscheidung in zwei Geschlechter als eine zentrale Dimension des Habitus zu denken ist (ebenso wie Klasse)" (Engler 2006: 171). Dementsprechend ist es wenig sinnvoll, in Kategorien von Haupt- und Nebenwidersprüchen zu denken (vgl. ebd. 184).

Folgerichtig müssen die Konzepte Habitus, sozialer Raum und Feld wesentlich inkonsistenter gedacht werden (vgl. Krais 1993), um die verschiedenen, sich partiell überlagernden und in komplexen Wechselbeziehungen stehenden Ungleichheiten fassen zu können. Somit ist die Strategie der Verschleierung sozialer Ungleichheit heute nicht allein in deren subtiler und indirekter Wirkungsweise zu suchen, sondern zugleich in der Komplexität sich überlagernder Ungleichheiten (siehe zur Debatte um Intersektionalität Degele / Winker 2009; Degele / Winkler 2011). Darin, dieser Komplexität methodisch gerecht zu werden, besteht die Herausforderung heutiger Forschung zu sozialer Ungleichheit.

Wenn soziale Herkunft und Geschlecht höchst unterschiedliche Auswirkungen auf unterschiedliche Stationen und Bereiche des Bildungssystems haben, aber nahezu die gesamte Berufswelt durch die soziale Herkunft sowie durch geschlechtliche Segregation markiert ist, müssen beide Ungleichheiten als stabile soziale Klassifikationsmuster betrachtet werden, welche – wenn auch durch höchst unterschiedliche Praktiken – durch das Bildungssystem reproduziert werden (Wetterer 1993: 52). Dabei gilt grundsätzlich, dass Frauen umso stärker ‚verschwinden' je höher die betrachteten gesellschaftlichen

Positionen sind (vgl. Hansen / Goos 1997: 16). In der Literatur wird daher von einer ‚gläsernen Decke' (siehe Cotter et al. 2001) gesprochen, die Frauen in der Regel nicht durchbrechen können. Für die vorliegende Untersuchung stellt sich die Frage, ob es bereits beim Zugang und der beginnenden Feldsozialisation solche Ungleichheiten gibt oder diese erst später wirksam werden (siehe 6.2.2).

In diesem Sinne kann das Bild von Frauen als Bildungsgewinnerinnen (vgl. Abschnitt 2.1) nicht einfach übernommen werden, sondern muss zugunsten der Annahme verworfen werden, dass Ermutigungen bzw. Entmutigungen innerhalb eines Lebenslaufes eine Karriere anzustreben bereits lange vor Promotion bzw. Habilitation einsetzen (vgl. Krais 2000b: 15) und lediglich weniger sichtbare Formen annehmen. Denn Wissenschaft ist stark stratifiziert, weshalb schon kleine (feine) Unterschiede in Qualifikation, Erfahrung und Arbeitseinstellung zu großen Unterschieden im Ergebnis werden können (vgl. Bielby 2000: 56).

Auch zur historischen Genese des wissenschaftliches Feldes – als zunehmende Autonomisierung im 19. Jahrhundert (vgl. Bourdieu 1992 [1984]: 84) – gehört die Konstruktion einer explizit bürgerlichen und männlichen Universität. Dies ist bei der Analyse zu beachten, da auch die AkteurInnen, die heute die Veränderung des Feldes vorantreiben, gezwungen sind auf die historisch konstruierten Spielregeln und Handlungsressourcen zurückzugreifen (vgl. Bourdieu 1992 [1984]: 347). Die Konstruktion von Wissenschaft als männliches Feld hat Magdalena Baus in ihrer historischen Studie über *Professorinnen an deutschen Universitäten* (Baus 1994) veranschaulicht. Gerade in der historischen Exklusion von Frauen wird die Überschneidung bzw. Überlagerung von sozialer Herkunft und Geschlecht deutlich. So gab es zwar im Mittelalter hochgebildete Frauen, diese stammten jedoch ausschließlich aus den Oberschichten bzw. dem Adel, wie Baus exemplarisch an Roswitha von Gandersheim, Mechthild von Magdeburg oder Hildegard von Bingen aufzeigt (vgl. ebd.: 17). Mit Genehmigung Friedrichs des Großen durften 1844 dann die ersten Frauen promovieren. Die erste Frauenbewegung, die sich im Umfeld von 1848 entwickelte, thematisierte dabei bereits den Zugang von Frauen zu akademischer Bildung im Zusammenhang mit der beruflichen Inklusion von Frauen insgesamt (vgl. ebd.: 18). Ab 1920 durften sich Frauen in Preußen habilitieren. Aufgrund des Frauenbildes der Nationalsozialisten wurde diese Liberalisierungen im Dritten Reich jedoch rückgängig gemacht und eine landesweite (Frauen-)Studierquote von maximal zehn Prozent festgelegt. Hierbei stand die Sorge im Mittelpunkt, gebildete Frauen würden ihre Pflichten als Hausfrau und Mutter vernachlässigen (vgl. ebd.: 19f.).

Eine grundsätzliche Auseinandersetzung mit dem Nationalsozialismus, die auch dessen spezifischen Antifeminismus einschließt, blieb die Gesellschaft der Bundesrepublik jedoch bis heute schuldig (vgl. Mohr 1987: 24). Die historischen Vorurteile gegenüber Frauen in Wissenschaft und Führungspositionen gehörten in eben diesen Bereichen zur Alltagspraxis der BRD. Dies zeigte sich insbesondere an einer – in der Frauenforschung viel zitierten – Studie zu „Problemen der deutschen Universität" (siehe Anger / Davis 1960), in der ein noch völlig unverschleierten Sexismus innerhalb der deutschen Universitäten ausfindig gemacht wurde (siehe ebd.: 479-494). Zur besseren Veranschaulichung seien hier in Auszügen einige Zitate von befragten Professoren angeführt:

> *„Früher war ein Professor ganz etwas Hohes. Die Distanz hat sich gemindert. Man kann geradezu von einer Akademisierung des Lebens sprechen. So kommen auch Frauen auf die verrückte Idee, Hochschullehrer zu werden. Es gibt aber auch gute Frauen."* (Interview 719 [o. Prof.], In: Anger / Davis 1960: 482)

> *„Ich vermute Inferiorität, Andersartigkeit, z. B. logisches Denken liegt der Frau nicht. Die Arbeit des Hochschullehrers ist Schwerarbeit, die robuste Kräfte erfordert, das Gewicht der Persönlichkeit, Stimmstärke. Das geht über die Kräfte einer Frau hinaus."* (Interview 709 [Wiso], In: ebd.: 480)

> *„Geistigkeit ist ein Privileg der Männer. Wenn eine Frau Geistigkeit in gleichem Maße besitzt, dann fehlt ihr etwas anderes. Sie ist dann keine Frau mehr."* (Interview 409 [ao. Prof.], In: ebd.: 481)

Im Grunde kreisen alle diese Aussagen um den Aspekt, dass Frauen in Wissenschaft oder Führungspositionen im Zwiespalt zwischen Erfüllung oder Verfehlung von ‚Frausein' stehen. Diese Vorstellung ist jedoch ohne Zweifel bis heute in der Debatte um die Vereinbarkeit von Familie und Beruf (nur bei Frauen) existent (vgl. Baus 1994: 130).

Das ist umso erstaunlicher, bedenkt man die zunehmende marktwirtschaftliche Umgestaltung des wissenschaftlichen Feldes (siehe Münch 2011) und die damit einhergehende Verstärkung des meritokratischen Glaubens. Denn wie keine andere bekannte gesellschaftliche Ordnung ist der Kapitalismus auf Rechtfertigung angewiesen (vgl. Weber 1972 [1921]: 17-19, 129), paradoxerweise insbesondere darauf, dass die durch kapitalistische Ordnung hervorgebrachte sozioökonomische Ordnung als gerecht angesehen wird (siehe Boltanski / Chiapello 2003 [1999]: 69-75). Entsprechend integrieren kapitalistische Gesellschaften und deren Felder fortwährend Kritik und verändern dadurch ihre Produktionsverhältnisse.

In diesem Punkt erklärt sich schließlich auch der Zusammenhang von bildungs- und arbeitssoziologischer Perspektive, d. h. in welcher Weise StuMis als AkteurInnen auf historisch konstruierten und durch soziale Ungleichheit strukturierten Feldern einerseits sowie als moderne Form hochflexibilisierter und prekärer ArbeitnehmerInnen andererseits konzipiert werden können.

3.3 Das unternehmerische Selbst

Gemeinsamer Ausgangspunkt der bildungssoziologischen wie der arbeitssoziologischen Perspektive ist die Gesellschaftskritik der 1960er und 1970er Jahre. So lassen sich einige der Grundcharakteristika der heutigen Arbeitswelt aus den Forderungen der Alternativbewegung herleiten, wobei die Vereinbarkeit von Arbeit und Leben und ein Zugewinn persönlicher Autonomie im Mittelpunkt stehen (vgl. Bröckling 2007: 257). Die Anpassung des Kapitalismus an die „Künstlerkritik" von 1968 hat so zu dessen Wiederbelebung und zur Flexibilisierung der heutigen Arbeitswelt geführt (vgl. Boltanski / Chiapello 2001: 459, 468).

Die bildungssoziologischen Überlegungen haben gezeigt, dass mit der Anstellung als StuMi einige Vorteile und Privilegien verknüpft sind, die ihren besonderen Wert durch die Abwertung der formalen Bildungstitel durch die Bildungsexpansion gewinnen. Nun sind StuMis aber nicht nur Studierende, sondern auch ArbeitnehmerInnen, die somit subjektiv eine besonders positive Einstellung zu ihrer Arbeit aufweisen. Damit stehen die studentischen MitarbeiterInnen im Zentrum eines Wandels gesellschaftlicher Arbeitsformen. Kern dieses Wandels ist die Rationalisierung der eigenen Arbeitskraft bzw. des eigenen Lebens nach dem Vorbild der UnternehmerIn. Diese Entwicklung bezeichnet Ulrich Bröckling (siehe 2007) als Diskurs des ‚unternehmerischen Selbst', der im Folgenden kurz dargestellt und zusammen mit den Überlegungen von Voß und Pongratz (siehe 1998) zum Konzept der ‚ArbeitskraftunternehmerInnen' (AKU)[20] sowie von Boltanski und Ciapello (siehe 2003 [1999]) zur projektbasierten Polis als Kern des ‚neuen Geistes des Kapitalismus' auf die Situation studentischer MitarbeiterInnen angewendet wird. Dabei wird deutlich, wie individuelle Dispositionen (des Habitus bzw. der Subjektzurichtung) und strukturelle Effekte zusammenhängen, wodurch Produktivitätssteigerungen und Ausbeutung flexibler Arbeitskraft möglich werden. In diesem Sinne handelt es sich bei den studentischen MitarbeiterInnen tatsächlich um ein hervorragendes empirisches Beispiel der Subjektivierung von Arbeit (vgl. Pongratz / Voß 2003: 12f.).

Mit dem Konzept des ‚Unternehmerischen Selbst' legt Bröckling eine Beschreibung des Diskurses vor, mit dem das Regime der Subjektivierung, nicht aber die subjektivierten Akteure selbst untersucht werden sollen (vgl. Bröckling 2007: 10). Die vorliegend Studie zeigt am empirischen Beispiel studentischer MitarbeiterInnen einige konkrete Subjekte des Diskurses und zwar gerade im Hinblick auf entscheidende Sozialisationseffekte in individuellen Bildungsbiographien. Denn: „Ein unternehmerisches Selbst ist man nicht, man soll es werden." (Bröckling 2007: 47)

Entscheidend ist darüber hinaus, dass der Diskurs darauf ausgelegt ist, über die Arbeitswelt hinaus in andere gesellschaftliche Bereiche zu diffundieren (vgl. Bröckling 2007: 50). Unter Beachtung der gesamtgesellschaftlich steigenden Studierendenzahlen (siehe 2.1) sowie der steigenden Zahl studentischer MitarbeiterInnen (siehe 6.1) können die StuMis tatsächlich als Materialisierung eines Sozialisationstypus des ‚Unternehmerischen Selbst' gelten.

---

[20] Das Konzept wird bisher konsequent in der männlichen Form bezeichnet, was zweifellos aus dem männlich konnotierten Begriff des ‚Unternehmers' herrührt. Der Begriff wurde für dieses Buch angepasst, da dieser in deutlichem Widerspruch zu der Tatsache steht, dass insbesondere Frauen von diesen neuen prekären Arbeitsverhältnissen betroffen sind (siehe dazu auch Pongratz / Voß 2003: 208-215).

Der komplementäre Typus zur These der Feldsozialisation wäre somit der Sozialisationstyp des unternehmerischen Selbst.

Letztlich geht Bröckling davon aus, dass sich der Diskurs aus der 1968er-Kritik entwickelt hat, die einerseits die Versöhnung von Arbeit und Leben und andererseits mehr Autonomie forderte:

„Als besonders perfide Zurichtung der Individuen im Dienste eines neuen Akkumulationsregimes wäre diese Subjektivierungsform gründlich missverstanden. Zu einer hegemonialen Gestalt konnte das unternehmerische Selbst (…) vielmehr nur werden, weil sie an ein kollektives Begehren nach Autonomie, Selbstverwirklichung und nichtentfremdeter Arbeit anschloss." (Bröckling 2007: 58)

Dabei geht das Mehr an Selbstbestimmung stets mit einem Weniger an sozialer Absicherung einher (vgl. ebd.: 57). Insgesamt geht es darum ständig an sich zu arbeiten und verantwortlich für das eigene Leben zu sein; sprich: das eigene Leben und die eigenen Unternehmungen zu kontrollieren. Mit Verweis auf Michel Foucault spricht Bröckling von einem Regimewechsel von ‚Überwachen und Strafen' zur ‚aktivierenden Selbststeuerung' (vgl. ebd.: 61). Der Idealtypus dieses Diskurses zeigt sich im Konzept der ArbeitskraftunternehmerInnen bei Voß und Pongratz.

3.3.1 Studentische ArbeitskraftunternehmerInnen

Das Konzept der ArbeitskraftunternehmerInnen (AKU) stammt ursprünglich aus der Industriesoziologie. Voß und Pongratz (1998) bezeichnen damit den gesellschaftlichen Strukturwandel der Arbeitsformen von dem Idealtyp der ‚tayloristisch-fordistisch verberuflichten' ArbeitnehmerInnen, die unter formalisierten und standardisierten Bedingungen arbeiteten, zur ArbeitskraftunternehmerIn. Kern dieses Wandels ist die Abnahme institutioneller Regelungen von Arbeitsverhältnissen und die Zunahme flexibler Arbeitsformen (vgl. Voß / Pongratz 1998: 131f.). Dem Diskurs des ‚unternehmerischen Selbst' folgend zeichnen sich ArbeitskraftunternehmerInnen durch einen unternehmerischen Umgang mit der eigenen Arbeitskraft aus (vgl. Pongratz / Voß 2003: 9).

Demnach gibt es drei Schnittstellen zwischen dem Strukturwandel und der betrieblichen Reorganisation von Arbeit: Erstens, der Wertewandel, der seit den 1960er Jahren zu dem Anspruch nach mehr Selbstbestimmung und Sinnbezug geführt hat. Zweitens, die neoliberale Wirtschafts- und Arbeitspolitik sowie drittens, der wirtschaftliche Wandel zum Dienstleistungssektor (vgl. Voß / Pongratz 1998: 135). Dabei wird betriebliche Kontrolle natürlich nicht vollständig abgeschafft, sondern nur verfeinert (‚Rahmensteuerung'). Die höhere Autonomie geht zudem mit einer Erhöhung der Leistungsanforderungen und einer Verschärfung der Arbeitsbedingungen (Zeitdruck, weniger Personal, Kürzung von Ressourcen) einher (vgl. Voß / Pongratz 1998: 139; grundlegend auch Sennett 2000).

Überträgt man diese Überlegungen auf die Situation studentischer MitarbeiterInnen, so ist interessant, dass auch die Universitäten zunehmend unter dem Druck stehen unternehmerisch zu handeln (siehe grundlegend Münch 2011). Entsprechend zeigen sich die zentralen Merkmale der ArbeitskraftunternehmerInnen auch in den universitären Arbeitsbedingungen[21]: Die Restrukturierung und Flexibilisierung der Arbeitszeiten, die räumliche Entkopplung der Arbeit (‚home office'), Team- und Projektarbeit, erhöhte fachliche Anforderungen, insbesondere im EDV-Bereich sowie der Einsatz eigener bzw. privater technischer Geräte (vgl. Voß / Pongratz 1998: 140f.). Darüber hinaus erbringen StuMis, wie für die ArbeitskraftunternehmerInnen beschrieben, vorwiegend immaterielle und flexibilisierte Dienstleistungen (vgl. Voß / Pongratz 1998: 146).[22]

Entscheidend ist aber die subjektiv positive Einstellung zur eigenen Arbeit, die im Fall der StuMis durch die Vorteile und Privilegien für die eigene Bildungskarriere extrem bestärkt wird. In Anlehnung an Max Weber lässt sich von einer bejahenden Einstellung zur eigenen Arbeit ausgehen; einem rationalen kapitalistischen Geist, der sich durch hohes Engagement und starke persönliche Einbindung auszeichnet (vgl. Boltanski / Chiapello 2001: 462;

---

[21] Neben den StuMis dürfte dies zunehmend für alle Qualifikationsstellen, d. h. auch Promovierende, Habilitierende usw. gelten, deren Arbeitsbedingungen unter diesen theoretischen Prämissen gesondert zu untersuchen wären.

[22] Grundsätzlich kann davon ausgegangen werden, dass die gesamte technische Modernisierung der Universität zu einem nicht unerheblichen Teil auf dem Know-How der studentischen MitarbeiterInnen beruht, für die der Umgang mit dieser völlig selbstverständlich ist.

Peter 2003: 77, 80). In der engen Verbindung von eigenem Studium und Lohnarbeit ist dieser Zusammenhang für die StuMis definitiv gegeben:

> *„Zunehmend empfindet er nun zwei Seelen in seiner Brust: Er ist abhängige Arbeitskraft und hat zugleich mehr als alle anderen Arbeitskrafttypen gelernt, im Sinne eines fremden Unternehmens zu handeln, zu denken und zu fühlen."* (Voß / Pongratz 1998: 152)

Herrschaft und Selbstbestimmung verschwimmen dabei in ihren Konturen zunehmend und der Klassenkampf wird in das Subjekt verlegt (vgl. Peter 2003: 87). Genau dies beschrieb Vogel schon in den 1970er Jahren angesichts der Doppelrolle der Hilfskräfte zwischen Studium und Institut (vgl. Vogel 1970: 3 und Abschnitt 6.5).

3.3.2 Projektbasierte Polis und Generation Praktikum

Marktwirtschaftlich organisierte Gesellschaften sind auf Legitimation durch Gerechtigkeit angewiesen, wobei es nicht darum geht, dass die Ordnung in irgendeinem objektiven Sinne gerecht ist, sondern diese als gerecht wahrgenommen wird (vgl. Boltanski / Chiapello 2003 [1999]: 71). Paradoxerweise führt dies dazu, dass durch die Integration der sogenannten ‚Künstlerkritik' der 1960er Jahre die Arbeitsverhältnisse heute einerseits subjektiv autonomer, flexibler und kreativer sind und sich durch flache Hierarchien auszeichnen, auf der anderen Seite objektiv prekäre Arbeitsbedingungen im Sinne der ‚Generation Praktikum' (siehe exemplarisch Briedis / Minks 2007; Kirschler / Kastlunger / Braunger 2007) erzeugen. Für ArbeitskraftunternehmerInnen wie für die Generation Praktikum werden höhere Berufs- und Bildungsabschlüsse obligatorisch, aber inhaltlich weniger wichtig, während spezifische Berufserfahrungen im Sinne des ‚Unternehmerischen Selbst' an Bedeutung gewinnen (vgl. Voß / Pongratz 1998: 148). In diesem Sinne ist die Bedeutung der Tätigkeit als StuMi für den Lebenslauf als Möglichkeit zu bewerten, bereits im Studium solche Erfahrungen zu sammeln.

Diesen Zusammenhang beschreiben Boltanski und Ciapello als „cité par projets" (vgl. Boltanski / Chiapello 2001: 466), die die Gegensätze zwischen Arbeit und Nicht-Arbeit, Stabilität und Instabilität, Selbstinteresse und Fürsorge etc. hinter sich lässt: „Das Leben wird als eine Folge von Projekten aufgefasst." (ebd.) Projektarbeit endet nicht, bevor das Ziel des Projekts erreicht wurde; das Projektziel bestimmt die Zeiteinteilung (vgl. Bröckling 2007:273). Projekte ersetzen die arbeitsteilige Spezialisierung durch temporäre Teamkooperation, wobei ProjektmitarbeiterInnen Spezialisten für bestimmte Projekte sind, im Projekt aber als Generalisten funktionieren (vgl. Bröckling 2007: 256). Wenn solche ProjektarbeiterInnen nun den wünschenswerten Zukunftstypus von Arbeitskraft darstellen, dann sind die Anforderungsprofile der studentischen MitarbeiterInnen dafür perfekt ausgelegt (siehe 6.3, 0 und 6.6).

Die kontrollierte Autonomie stellt aus Sicht der Unternehmen – und in diesem Sinne agiert die Universität unternehmerisch – eine Möglichkeit dar, die Kosten der Kontrollen zu reduzieren und durch Selbstkontrolle zu ersetzen. Historisch hat so die ‚Künstlerkritik' die Sozialkritik des 19. Jahrhunderts abgelöst, was sich nicht zuletzt in einem Bedeutungsverlust der Gewerkschaften zeigt (vgl. Boltanski / Chiapello 2001: 466).

Wenn das unternehmerische Selbst den gesellschaftlichen Diskurs beschreibt und die ArbeitskraftunternehmerInnen den Idealtypus darstellen, so ist die projektbasierte Polis die Legitimierungsform dieser Ordnung. Sie beschreibt wie Diskurs und Idealtypus aus der Kritik an früheren Diskursen und Idealtypen hervor gegangen sind (vgl. Bröckling 2007: 266). Der beständige Kern dieses Zusammenhangs besteht aber weiterhin in den Spezifika kapitalistischer Produktion: Gesteigerter Produktivität einerseits (vgl. Bröckling 2007: 293), erhöhte Konkurrenz und permanente Unsicherheit andererseits (vgl. Boltanski / Chiapello 2001: 462).

Als Diskurs im Sinne Foucaults oder als Idealtyp in Anlehnung an Weber sind ‚Unternehmerisches Selbst' und ArbeitskraftunternehmerInnen empirisch nur schwer zu fassen (vgl. Voß / Pongratz 1998: 133; Pongratz / Voß 2003: 10; Bröckling 2007: 62, 73). Am Beispiel studentischer MitarbeiterInnen kann hingegen konkret gezeigt werden, wie diese Leitbilder gesellschaftlicher Arbeitsorganisation schon möglichst früh im Lebens- und Karriereverlauf eingeübt werden. Erklären lässt sich dieser Zusammenhang durch die Verknüpfung bildungssoziologischer und arbeitssoziologischer Überlegungen (siehe Schneickert / Lenger 2010) und der Analyse von StuMis als AkteurInnen auf dem wissenschaftlichen Feld in Anschluss an Bourdieu.

4 Methodisches Vorgehen

Zur Bearbeitung der Frage, wie sich Ungleichheit an verschiedenen Stationen und durch unterschiedliche Mechanismen innerhalb von Bildungslaufbahnen auf dem wissenschaftlichen Feld reproduziert und sich auf dieser Basis der Strukturwandel der Arbeitsformen vollzieht, wurde in Anlehnung an die Soziologie Bourdieus ein methodischer Forschungszugang gewählt, der insbesondere durch die Verbindung quantitativer und qualitativer Erhebungs- und Auswertungsinstrumente sowie einer systematischen Rückbindung der empirischen Ergebnisse an die theoretischen Überlegungen gekennzeichnet ist. Dies dient der detaillierten Rekonstruktion der subjektiven Sichtweisen einerseits sowie der Darstellung der objektiven Strukturen des Feldes andererseits.

4.1 Qualitatives Forschungsdesign

Qualitative Sozialforschung ist dort besonders aussagekräftig, wo es um subjektive Motive, bewusste und unbewusste Strategien sowie kritische Punkte oder Störungen innerhalb von Biographien und Bildungslaufbahnen geht (siehe exemplarisch Roth 1971; Mayring 2002; Bohnsack 2007). Da es sich bei Entscheidungen über die Bildungslaufbahn aus Sicht der Individuen um in der Zukunft liegende und somit unter hoher Unsicherheit getroffene Entscheidungsprozesse handelt, die durch die Illusio des wissenschaftlichen Feldes noch verstärkt werden, bietet sich zur Analyse dieser Zusammenhänge zwischen Habitus und Feld ein qualitatives Vorgehen an (siehe Roth 1971; Oevermann 1976; Köhler / Gapski 1997; Garz / Blömer 2002).[23]

Das qualitative Forschungsdesign umfasst 14 biographische Leitfadeninterviews, in denen studentische MitarbeiterInnen der Albert-Ludwigs-Uni-

---

[23] Dies wird auch am empirischen Material selbst belegt, wenn es um die in der Zukunft liegenden Vorhaben, etwa einer akademischen Karriere geht (vgl. 5.2.4). Hierfür spricht auch das Interesse an studentischen Lebensläufen und Konflikten, das seit Anfang der 1990er Jahre in einige qualitative Studien mündete (siehe Kokemohr / Marotzki 1989; Kokemohr / Marotzki 1990; Lange-Vester / Teiwes-Kügler 2004; 2006).

versität Freiburg ausführlich (ein- bis zweistündig) zur eigenen (Bildungs-) Biographie, zu Studium, Motiven und Strategien sowie zur eigenen Zukunft befragt wurden. Diese Interviews wurden aufgenommen, vollständig transkribiert und sequenzanalytisch durch Interpretationsgruppen analysiert. Darüber hinaus wurden zehn Interviews mit ProfessorInnen zur Einschätzung der Lage der StuMis bezüglich Rekrutierung, Zukunftsaussichten und Ungleichheit auf dem wissenschaftlichen Feld durchgeführt.

Semistrukturierte qualitative Interviews basieren meist auf einem mehr oder weniger strukturierten, offenen Leitfaden (vgl. Hopf 1978: 117; siehe Scheuch 1973; Kohli 1978; Hoffman-Riem 1980; Flick 2006). Theoretischer Hintergrund ist dabei die Erwartung, dass durch offene Interviewsituationen die subjektiven Sichtweisen stärker zur Geltung kommen als in standardisierten Erhebungen, gleichzeitig aber eine grundsätzliche Vergleichbarkeit der Antworten erlauben.

Analytisch wurden dabei Vorgehensweisen aus objektiver Hermeneutik (siehe Oevermann et al. 1979), dokumentarischer Methode (siehe Bohnsack 2001) und Habitushermeneutik (Bremer 2004) kombiniert, das Erhebungsinstrument besteht aus einer Verbindung von Elementen narrativer, episodisch biographischer (siehe Schütze 1976) und problemzentrierter Interviews (siehe Merton / Kendall 1979).

Die Objektive Hermeneutik wurde von Oevermann et al. (1979) entwickelt und versteht „die Welt als Text" (Flick 2006: 301). Dementsprechend wird großen Wert auf die sehr genaue Transkription der aufgezeichneten Interviews gelegt. Grundsätzlich geht diese Forschungsrichtung davon aus, dass durch methodische Schritte zwischen der subjektiven Sicht (dem ‚subjektiven Sinn') und objektiven Strukturen (den ‚latenten Sinnstrukturen') unterschieden werden kann. Für die vorliegende Arbeit wurde die ausfürhliche Transkription und die strenge Sequenzanalyse in Gruppen aus dieser Methodenlehre übernommen, um die biographischen Elemente der Interviews hinsichtlich der Habitusformierung (familiäre Sozialisation) in Abhängigkeit von sozialer Herkunft und Geschlecht möglichst unabhängig von den subjektiven Klassifikationsschemata (d. h. des Habitus) des Autors analysieren zu können.

Im Gegensatz zum reinen narrativen Interview wurde zur Befragung der StuMis die ‚ökonomischere' Methode des Leitfaden-Interviews gewählt. Ein

Leitfaden erhöht die Vergleichbarkeit der Daten und die Strukturiertheit der Fragen (vgl. Flick 2006: 144f.). Im Gegensatz zur quantitativen Erhebung sozialstruktureller Daten erlaubt die qualitative Befragung eine tiefgehende Analyse der familiären Sozialisation einzelner Individuen, durch die der Zusammenhang zwischen Habitus und Eintritt in das Feld detailliert erörtert werden kann. Da biographische Interviews an der Schnittstelle zwischen Subjektivität und gesellschaftlicher Objektivität stehen (siehe Marotzki 1999) wurde die Methode zusätzlich um narrative Elemente ergänzt. Entsprechend wurden wenige Leitfragen (Schlüsselfragen) in Anlehnung an die Methode des ‚narrativen Interviews' (siehe Schütze 1976; 1983), als Erzählaufforderungen konzipiert. Diese sehr offenen Schlüsselfragen konnten im Gespräch um sogenannte *konkrete Nachfragen* (Eventualfragen) ergänzt werden (vgl. Schnell / Hill / Esser 2011: 379). Zentrale Überlegung ist dabei, dass das Interview von Seiten der Interviewer nicht durch Verständnisfragen, direktive Interventionen („hätte man nicht...") oder normative Bewertungen gestört wird, sondern der Interviewer als Zuhörer (z. B. durch begleitende „Hms") signalisiert, dass er die erzählte Geschichte und die Perspektive zu verstehen sucht (vgl. Flick 2006: 149). Die Verbindung von Leitfaden und narrativem Interview entspricht dem Vorgehen so genannter ‚episodischer Interviews' (vgl. ebd.: 165). Zudem wurde das Vorgehen um Elemente des ‚problemzentrierten Interviews' (siehe Witzel 1982; 1985) erweitert. Hierbei wurden insbesondere die vorgeschalteten Fragebögen (Sozialdaten) und das standardisierte *postscriptum* übernommen (vgl. Witzel 1985: 237; siehe Anhang: 197, 200).

Da sich die qualitative Sozialforschung nicht auf die Strenge standardisierter Kriterien empirischer Forschung stützen kann, steht dort die Reflexion des Forschungsprozesses stärker im Mittelpunkt. Die ForscherInnen müssen demnach ihren eigenen Standpunkt klären und deutlich machen, weshalb sie eine Aussage machen können (vgl. Bourdieu 1998 [1994]: 38), um durch diesen Reflexionsprozess zumindest ein gewisses Maß an Objektivität zu erlangen (vgl. Bourdieu / Wacquant 1996 [1992]: 97f). Dazu wurden die Interviews in Interpretationsgruppen sequenzanalytisch interpretiert und habitushermeneutisch ausgewertet (siehe Bremer 2004; Bremer / Teiwes-Kügler

2007).²⁴ Dieses äußerst aufwändige Vorgehen sei in Bourdieus Worten begründet:

> *„Denn der positivistische Traum von der perfekten epistemologischen Unschuld verschleiert die Tatsache, daß der wesentliche Unterschied nicht zwischen einer Wissenschaft, die eine Konstruktion vollzieht, und einer, die das nicht tut, besteht, sondern zwischen einer, die es tut, ohne es zu wissen, und einer, die darum weiß und sich deshalb bemüht, ihre unvermeidbaren Konstruktionsakte und die Effekte, die diese ebenso unvermeidbar hervorbringen, möglichst umfassend zu kennen und zu kontrollieren."* (Bourdieu 2005 [1997/1993]: 394)

Dennoch stellt sich hinsichtlich der Darstellung des empirischen Materials in Form ausgewählter Ausschnitte die Frage nach der Überprüfbarkeit der Daten (siehe Kapitel 5). Indem zur strukturierten Darstellung Ausschnitte aus dem Kontext einzelner Interviews genommen werden, wird die Möglichkeit zur Überprüfung der Plausibilität durch den Leser selektiert. Die unter dem Schlagwort der „selektiven Plausibilität" (Flick 2006: 317) verstandene Problematik fragt kritisch nach der Nachvollziehbarkeit so erhobener Daten (vgl. Bühler-Niederberger 1985: 475). Da sich die soziale Welt grundsätzlich von naturwissenschaftlichen Gegenständen unterscheidet, ist Reliabilität im Sinne der genauen Wiederholbarkeit einer Erhebung für die qualitative Forschung aber kein sinnvolles Kriterium (vgl. Kirk / Miller 1986: 42).

Stattdessen spielt die Verschriftlichung (Transkription) der Interviews für die Nachvollziehbarkeit eine zentrale Rolle.²⁵ Tabelle 1 stellt die Regeln dar nach denen das vorliegende Interviewmaterial transkribiert wurde (in Anlehnung an Lamnek 1989: 104-106).

---

[24] Die Auswertung in Interpretationsgruppen fand im Rahmen des Hauptseminars *Habitus und praktischer Sinn. Eine praktische Anwendung* im Wintersemester 2007/2008 am Institut für Soziologie der Albert-Ludwigs-Universität Freiburg statt, das ich gemeinsam mit Alexander Lenger und Boike Rehbein durchgeführt habe. Für diese Möglichkeit und die gute Arbeitsatmosphäre sei den beiden anderen Dozenten sowie den TeilnehmerInnen des Seminars herzlich gedankt.

[25] Die vollständigen Transkripte befinden sich in einem gesonderten Datenbuch (Schneickert 2009), das auf Anfrage auch digital zugänglich gemacht werden kann. Auf diesen Band beziehen sich die Belege der ausgewählten Interviewpassagen.

Tabelle 1: Transkriptionsregeln

Transkription	Bedeutung
(.)	Mikropause (<1sec)
(..)	Pause (1-2 sec)
(3), (4), (5), ...	Pausen in Sekundenlänge
=	Wortverschleifungen
-	Satzabbrüche
((lachend).......)	Sprachbegleitende Handlung
(?Gangster-Rap?), (???)	Vermuteter Wortlaut, unverständlich
((lacht))	Außersprachliche Handlung
akZENT	Primärakzent
ak!ZENT!	Extra starker Akzent
[Großstadt]	Anonymisierung
(...)	Auslassung

Darüber hinaus kann es in der qualitativen Sozialforschung aufgrund der geringen Fallzahlen keine Generalisierung im quantitativen Sinne geben. Vielmehr stellt sich die Frage nach der Reichweite der erhobenen Daten, die sich wesentlich aus der Realisierung des theoretischen Samples ergibt (vgl. Flick 2006: 336f.).

Studentischen MitarbeiterInnen stellen eine bereits mehrfach privilegierte Gruppe dar, weshalb sich bezüglich der sozialen Herkunft eine relationale Auswahl anbietet. Bildungssoziologisch war zudem eine stärkere Bedeutung der StuMi-Tätigkeit für die Feldsozialisation in den geistes- und sozialwissenschaftlichen Fakultäten zu erwarten, weshalb sich die explorative qualitative Erhebung auf studentische MitarbeiterInnen dieser Fachrichtungen beschränkt (vgl. Vogel 1970: 25). Entsprechend wurde in drei ausgewählten Fächern einer Fakultät (Geschichte, Soziologie und Politikwissenschaft)[26] eine Vorerhebung der Sozialdaten (n = 82) durchgeführt und anhand dieser Angaben (vgl. Anhang: 197) möglichst heterogene Fälle ausgewählt. Zur leichteren Lesbarkeit wird in der Auswertung die Bezeichnungen „bildungsnäher" und „bildungsferner" gewählt, wobei sich dies nicht auf die Gesamtbevölkerung, sondern relational zu den Hilfskräften des jeweiligen Faches bezieht. Aus diesen Daten wurden dann möglichst unterschiedliche Fälle

---

[26] Diesen Fächern ist ihre marginale Rolle in der Hierarchie der Fakultäten (Philosophische Fakultät) gemeinsam, wobei angenommen wurde, dass sie sich untereinander stark unterscheiden (vgl. Bourdieu 1992 [1984]: 90f., 107, 114f.).

ausgesucht. Bei zwei zu untersuchenden Ungleichheitsstrukturen (soziale Herkunft und Geschlecht) in drei Fächern ergab sich eine Mindestanzahl von zwölf Interviews für dieses Sample:

Tabelle 2: Sample der qualitativen Erhebung

Fächer	Sozialstrukturelle Kombinationen	
Soziologie	Weiblich / „bildungsnah"	Männlich / „bildungsnah"
Politikwissenschaften		
Geschichte	Weiblich / „bildungsfern"	Männlich / „bildungsfern"

Zur Durchführung der Interviews wurde diesen Überlegungen entsprechend, ein aus fünf biographisch-episodischen Blöcken bestehender Leitfaden erstellt (siehe Anhang: 186). In Block I werden die Themen Eltern, geschlechtliche Rollenverteilungen, Erziehung und das Wohnumfeld thematisiert. Der zweite Block konzentriert sich auf das kulturelle Kapital, vornehmlich in den Bereichen Schulalltag, Fächer, Hobbies, Freundeskreis und Entschluss zum Studium. Dem Studium selbst widmete sich der dritte Block. Auch hier standen insbesondere die Alltagspraktiken im Mittelpunkt des Interesses, wobei auch die Orientierung zu Beginn des Studiums sowie die Einschätzung und Zufriedenheit mit dem Erfolg des eigenen Studiums thematisiert werden sollte. Der vierte Block zielt dann direkt auf die Anstellung als StuMi. Hierbei stand die möglichst ausführliche Erzählung im Vordergrund, wobei insbesondere die Umstände der Bewerbung, die eigene Tätigkeit, die Einbindung in den akademischen Betrieb sowie der Auswirkungen auf das eigene Studium thematisiert werden sollten. Der letzte Block widmet sich dann der Einschätzung der eigenen Zukunft der Befragten, wobei insbesondere die weitere Karriereplanung im Vordergrund steht.

Die Blöcke begannen mit einer jeweils spezifischen offenen Erzählaufforderung:

1. Erzählen Sie doch mal, wie Sie so aufgewachsen sind.
2. Und wie war es dann so während der Schulzeit?
3. Erzählen Sie doch mal wie ihr Studium so läuft.
4. Wie kam es denn so dazu, dass Sie studentische Hilfskraft wurden?
5. Können Sie sich vorstellen, wie Ihre weitere Ausbildung aussieht?

4.2 Quantitatives Forschungsdesign
UNTER MITARBEIT VON TOBIAS RIEDER UND CHRISTOPHER WIMMER

Quantitative Forschungsdesigns eignen sich zur numerischen Darstellung objektiver Strukturen und Zusammenhänge und basieren auf dem Prinzip der Datenreduktion. Da es sich bei studentischen MitarbeiterInnen um eine sozialwissenschaftliche bisher kaum erforschte Gruppe handelt, geht es in der vorliegenden Untersuchung nicht darum mittels inferenzstatistischer Verfahren Hypothesen zu prüfen und generalisierte Aussagen zu tätigen. Vielmehr hat die quantitative ebenso wie die qualitative Erhebung explorativen Charakter. Aufgrund der theoretischen und empirischen Vorarbeiten (siehe insbesondere Schneickert / Lenger 2010; Lenger / Schneickert / Priebe 2012) waren starke Effekte durch die föderale Gliederung des deutschen Bildungssystems zu erwarten. Diese sind für die Ausgestaltung der arbeitsrechtlichen und studienrelevanten Situation von entscheidender Bedeutung. Da die Grundgesamtheit der studentischen MitarbeiterInnen in Deutschland darüber hinaus unklar ist (siehe zur Schätzung Abschnitt 6.1) basiert die Erhebung anstelle einer Zufallsstichprobe auf einem strukturierten föderalen Sampling der größten Hochschulen in allen 16 Bundesländern.

Demnach wurden für diese Hochschulen vollständige Emaillisten über die Websites sowie die Sekretariate erstellt. Die so recherchierten studentischen MitarbeiterInnen (n=2872) wurden im Januar 2011 mittels einer standardisierten Einladung per Email angeschrieben und auf den Link zur Online Befragung hingewiesen sowie nach drei Wochen per Email an die Befragung erinnert. Die Ausschöpfungsrate der direkten Anschreiben liegt bei ca. 35 %.[27] Ende Februar wurden dann in einem zweiten Schritt die Sekretariate und zentralen Einrichtungen angeschrieben. Insgesamt wurden so 3961 studentische MitarbeiterInnen aus 139 Fächern befragt.

Grundlegendes Problem bei Online-Befragungen ist das Verhältnis von Grundgesamtheit und Stichprobe (vgl. Schnell / Hill / Esser 2011: 369-377).

---

[27] Rücklaufquoten lassen sich nur für die direkten Anschreiben berechnen. Fasst man direkte Anschreiben und das Schneeballsystem zusammen, wurden insgesamt 5944 Anfragen versendet und 4044 Fragebögen ausgefüllt (siehe ausführlich Lenger / Schneickert / Priebe 2012: 102-104).

Für die Gruppe der studentischen MitarbeiterInnen kann aufgrund des Alters, des Bildungsgrades und nicht zuletzt aufgrund der Anforderungsprofile der Tätigkeit davon ausgegangen werden, dass es sich um eine Gruppe handelt, die in der absoluten Mehrheit sehr gut per Email zu erreichen ist und mit dieser Art von Kommunikation auch selbstverständlich vertraut ist.

Diese Überlegungen führen zu der Frage der Repräsentativität der Stichprobe. Bei der Frage der Repräsentation geht es um die Übereinstimmung der Merkmalsverteilung von Stichprobe und Grundgesamtheit. Der Hinweis auf eine ähnliche häufige Verteilung in beiden ist aber noch kein Beleg für die ‚Repräsentativität'. Ohnehin ist der Begriff aus wissenschaftlicher Sicht fragwürdig, da streng genommen nur zählt, ob es sich bei der Erhebung um eine Zufallsstichprobe handelt oder nicht, wobei die Güte einer Studie nicht an einer einzelnen Maßzahl bestimmt werden kann (vgl. Schnell / Hill / Esser 2011: 299f.). Die vorliegende Untersuchung kann Aussagen über studentische MitarbeiterInnen der untersuchten größten Hochschulen der 16 Bundesländer in den relevanten Bereichen (Alter, Geschlecht, Nationalität, Fächer, Studienabschlüsse und regionale Herkunft) treffen.

Neben den deskriptiven Statistiken wurden für Kapitel 6 Regressionsanalysen und Signifikanztests (z. B. t-Tests als Mittelwertvergleiche) durchgeführt. Für Abschnitt 6.3.3 wurde darüber hinaus eine Faktoren- und Korrespondenzanalyse angewendet. Generell wird in der vorliegenden Untersuchung bei einem Signifikanzniveau von 5 % ($\alpha=0,05$) von ‚signifikant' und von 1 % ($\alpha=0,01$) von ‚sehr signifikant' gesprochen. Bei Mittelwertvergleichen wird zudem stets der kritische t-Wert (t_{krit}) an entsprechender Stelle angegeben. Bei einer linearen Regression liegt der Determinationskoeffizient R^2 zwischen 0 und 1 und drückt den erklärten Anteil von Varianz an der Gesamtvarianz aus. Unterscheidet er sich deutlich von 0, kann der Regressionskoeffizient inhaltlich interpretiert werden. Liegt der Wert nahe bei 0, kann die abhängige Variable durch die unabhängigen Variablen nicht erklärt werden. Der Regressionskoeffizient gibt an, um wie viele Einheiten sich die abhängige Variable bei einer Änderung der unabhängigen Variabel um eine Einheit ändert. Ist die abhängige Variable kategorial oder dichotom (z. B. vorhanden / nicht vorhanden) wird anstelle der linearen eine logistische Regression verwendet, bei der die abhängige Variable auf Grundlage des Maximum-Likelihood-Verfahrens geschätzt wird (vgl. Schnell / Hill / Esser

2011: 445f.). Die statistische Analyse dient hier jedoch nicht dazu eine vermeintlich objektive Wahrheit gegen die vermeintlich subjektive Wahrheit des qualitativen Designs zu stellen. Bourdieu spitzt dies wie folgt zu:

„Die ostentative Befolgung der formalistischen Normen normaler Wissenschaft (Signifikanztest, Irrtumswahrscheinlichkeit, bibliographische Hinweise usw.) wie die äußerliche Einhaltung notwendiger, aber nicht hinreichender Minimalvorschriften (...) garantieren dem Führungspersonal der großen Wissenschaftsbürokratien nicht nur wissenschaftliche Respektabilität, die in keinem Verhältnis zu ihren tatsächlichen wissenschaftlichen Leistungen steht. Die institutionelle Wissenschaft neigt vielmehr dazu, eine in Routine erstarrte Praxis zum Modell wissenschaftlicher Tätigkeit zu erheben, bei der die unter wissenschaftlichen Gesichtspunkten entscheidenden Operationen gedankenlos und ohne kritische Kontrolle vollzogen werden können, da die scheinbare Unangreifbarkeit der sichtbaren Verfahren – die übrigens nicht selten bloßen Handlangern anvertraut werden – von jeder weiteren Problematisierung und damit auch Infragestellung der Respektabilität des Wissenschaftlers und seiner Wissenschaft ablenkt. Eine über ihre sozialen Bedingtheiten wissenschaftlich aufgeklärte Sozialwissenschaft stellt daher (...) die machtvollste Waffe gegen die »normale Wissenschaft« und gegen die positivistische Selbstsicherheit [dar], die das schlimmste soziale Hindernis für den Fortschritt der Wissenschaft darstellt." (Bourdieu 1992 [1984]: 75)

Entsprechend geht es im quantitativen Forschungsdesign vielmehr darum, im Kontext der theoretischen Überlegungen und der qualitativen Analyse, die ‚objektiven' Strukturen des wissenschaftlichen Feldes sichtbar zu machen. In Gebieten, in welchen unsystematische Messfehler erwartet werden oder die theoretisch noch kaum durchdrungen sind, werden häufig große Zahlen von Variablen erhoben, mit der Erwartung, dass diesen wenige Dimensionen zugrunde liegen. Dabei spricht man von dimensionsreduzierenden Verfahren, das bekannteste ist die Faktorenanalyse (vgl. Schnell / Hill / Esser 2011: 455). Dabei liegt die Überlegung zu Grunde, dass eine Beziehung zwischen sichtbaren Variablen (Indikatoren) und unsichtbaren Hintergrundgrößen, d. h. latenten Variablen (Faktoren) besteht (vgl. Diekmann 2010: 268; Kühnel / Krebs 2010: 614). Im vorliegenden Fall wurde die Faktoranalyse benutzt, um die verschiedenen Tätigkeiten, die studentische MitarbeiterInnen durchführen, zu Faktoren zusammenzufassen.[28] Die von Jean-Paul Benzécri entwickelte Methode der Korrespondenzanalyse ist in den deutschen Sozialwissenschaften derzeit nicht weit verbreitet (siehe Blasius / Schmitz 2013), spielt aber eine zentrale Rolle in den empirischen Analysen Bourdieus und eignet sich ebenfalls zur explorativen Datenauswertung unter Berücksichtigung einer großen Zahl von Variablen. So stellt Bourdieu fest:

> *„Und wenn ich im allgemeinen lieber mit der Korrespondenzanalyse arbeite als zum Beispiel mit der multiple regression, dann eben auch deshalb, weil sie eine relationale Technik der Datenanalyse darstellt, deren Philosophie genau dem entspricht, was in meinen Augen die Realität der sozialen Welt ausmacht. Es ist eine Technik, die in Relationen »denkt«, genau wie ich das mit dem Begriff Feld versuche."* (Bourdieu / Wacquant 1996 [1992]: 125f.)

Das Testen von Signifikanzen hat in Korrespondenzanalysen eine nachrangige Bedeutung, vielmehr kommt es auf die Identifikation und Beschreibung von Strukturen in den Daten an (siehe Blasius / Schmitz 2013). Grundsätzlich ist die Korrespondenzanalyse somit ein Verfahren, dass Objekte auf Grund ihrer Nähe (Ähnlichkeit) oder Entfernung (Unähnlichkeit) in einem graphischen Raum in Zeilen und Spalten darstellt. In diesem Sinne eignen sich Korrespondenzanalyse insbesondere um die Struktur eines Feldes explorativ darzustellen.

Das Achsenkreuz als Zentrum des Raumes konzentriert die Variablen, die in vielen Fällen vorkommen. Grundsätzlich liegen Variablen die häufig in gleichen Fällen vorkommen, sich also ähnlich sind, räumlich näher beieinander und umgekehrt. Eine solche Korrespondenzanalyse wurde mit den Tätigkeiten der studentischen MitarbeiterInnen durchgeführt (siehe Abschnitt 6.3.3). Diese Tätigkeiten, sowie die Motivationen für die Beschäftigung bil-

---

[28] Zur Verwendung von ordinalen und dichotomen Variablen in der Forschungspraxis siehe Bacher / Pöge / Wenzig 2010: „Nur bei einer deutlichen Trennung der Indikatoren in der Faktorladungsmatrix kann davon ausgegangen werden, dass überhaupt verschiedene Dimensionen gemessen werden." (ebd.: 127). Eine solche Einfachstruktur liegt bei der hier durchgeführten Faktoranalyse aber eindeutig vor.

den die aktiven Merkmale, die den Raum aufspannen. Negative Variablen werden anschließend in diesen Raum eingefügt, haben aber keinen statistischen Einfluss auf dessen Konstruktion. Bourdieu spricht in diesem Zusammenhang von „Hauptvariablen" und „illustrativen" oder illustrierenden Variablen (vgl. Bourdieu 1992 [1984]: 349). Eine höhere Anzahl von Variablen erlaubt – wie bei anderen Interdependenzstatistiken – eine genauere Interpretation, erhöht allerdings auch die Komplexität der Aussage. Die Korrespondenzanalyse unterteilt keine streng getrennten Klassen von Merkmalen, sondern zeigt eher so etwas wie Familienähnlichkeiten im Sinne Wittgensteins an, die normalerweise nur intuitiv erfasst werden (vgl. Bourdieu 1992 [1984]: 67).

5 Die Perspektive der studentischen MitarbeiterInnen

Im Folgenden wird anhand von Ausschnitten aus 14 qualitativen biographischen Leitfadeninterviews die subjektive Sicht der studentischen MitarbeiterInnen rekonstruiert. Die Interviews wurden im Wintersemester 2009/10 durchgeführt (siehe ausführlich Abschnitt 4.1).

Die theoriegeleitete Auswertung arbeitet die grundlegenden Mechanismen heraus, die im Forschungsprozess sowohl für die theoretische Argumentation als auch für die spätere quantitative Studien von entscheidender Bedeutung war. Im letzten Abschnitt wurden zudem die Aussagen aus zehn Interviews mit ProfessorInnen ausgewertet.

5.1 Studentische MitarbeiterInnen im Studium

Aus den theoretischen Vorüberlegungen ergab sich die These, die Praxis studentischer MitarbeiterInnen würde eine zentrale Rolle beim Zugang und der Sozialisation in das wissenschaftliche Feld spielen. Daher ist zunächst zu klären, welche Wechselwirkungen zwischen Studium und Anstellung aus subjektiver Sicht bestehen.

Die Betreuungssituation an deutschen Universitäten ist häufig sehr schlecht (vgl. BMBF 2010b: 24f.; Lenger / Schneickert / Priebe 2012: 12). Die vielbeschworene Einheit von Forschung und Lehre ergibt sich daher häufig erst durch die Einbindung als StuMi. Dies wird exemplarisch von einer Befragten hervorgehoben: „Verschiedene Leute am Lehrstuhl die dann sagen, ok die kennen wir, die ist da und da sehr gut oder da und da braucht sie noch Hilfe" (C002 Historikerin, „bildungsferner": 111, 26)[29].

---

[29] Die folgenden Belege beziehen sich auf das Datenbuch (siehe dazu Abschnitt 4.1). Auf anschauliche ‚falsche Namen' wurde verzichtet, da dies zu starke Assoziationen hervorruft. Stattdessen werden das Fach und die relative Bildungsnähe des Samples genannt. Interviewzitate im Text wurden der Rechtschreibung angepasst; in längeren Ausschnitten wurden Substantive groß geschrieben und teilweise inhaltliche Kommata eingefügt um die Lesbarkeit zu erleichtern. Im Datenbuch sind alle Transkripte vollständig codiert.

5.1.1 »Man muss irgendwas machen um nicht nur ein normaler Student zu sein«

Die positiven Auswirkungen auf das eigene Studium lassen sich dabei bereits als beginnende Feldsozialisation (als Abgrenzung gegenüber den regulären Studierenden) beschreiben: „Da kriegt man eine gewisse Schärfe, ein gewisses Bewusstsein für; also insofern ist das eine positive Entwicklung" (C004 Historiker, „bildungsferner": 140, 19-23). Diese Entwicklung schildert ein anderer Befragter als „Reinrutschen" in die universitäre Welt:

> „Also !VOR! dieser Zeit an der Uni (.) war ich glaub ich so der Durchschnittsstudent auf jeden Fall (.) also ich hatte Lehrveranstaltungen und wenn ich (.) hab dann noch relativ zentral gewohnt bin dann auch [Datum] umgezogen das war auch noch mal so was (.) wenn ich dann ne längere Pause hatte, bin ich heimgegangen [CS: mh] keine Ahnung, ich weiß nich (.) was ich gemacht hab (.) Computer gezockt, keine Ahnung; auf jeden Fall wenn ich JETZT drei Stunden zwischen zwei Sachen hab (.) sitz ich irgendwie am Schreibtisch oder in der ub oder unten im [Fachbibliothek] also NUTZE diese Zeit auch fürs Studium (.) und früher hab ich nur die Lehrveranstaltungen besucht und hab gedacht das wär's [CS: (.) mh] das is alles was Uni is" (C003 Historiker, „bildungsnäher": 122, 31-42).

Der studentische Alltag wird hier generell durch viele Unterbrechungen und Leerphasen charakterisiert. Der Tagesablauf ist durch fehlende Strukturen geprägt. Der Interviewte beschreibt, wie er dieser Struktur früher wenig entgegenzusetzen hatte („Keine Ahnung was ich gemacht hab, Computer gezockt"), diese Zeiten heute jedoch zu nutzen weiß („fürs Studium").

Zwei weitere MitarbeiterInnen beschreiben diese beginnende Integration in das wissenschaftliche Feld mit besonderem Blick auf die Beziehung und Wahrnehmung durch die Lehrenden:

> „Ich glaub schon auch (.) dass es einem ne andere Position verschafft wenn die Leute einen (.) einfach dich schon mal gesehen haben (.) mit dir zusammenarbeiten dich kennen (.) als wenn du einer von hunderten von Studenten bist" (B002 Politologin, „bildungsferner": 70, 30-32).

> „Meine (.) Chefs dann jeweils die warn schon sehr interessiert daran dass ich nachher mal weiter mache und auch n Doktor mache und (.) die wollten wissen wo ich gerade meine Hausarbeit drüber schreibe und da wird auf einmal dieses (.) WISSENSCHAFTLICHE was man macht auch gewertschätzt (.) und das is natürlich (.) ja einmalig weil man das sonst (.) ich glaub sonst hat man das nich so als normaler Student oder viel weniger (C001 Historikerin, „bildungsnäher": 104, 48-53).

So hebt eine Befragte beispielsweise besonders den persönlichen Kontakt und das bessere Verständnis „als der normal sterbliche Student" (vgl. C002 Historikerin, „bildungsferner": 11, 41) hervor. Dabei rekurriert sie zudem darauf, dass durch die Anstellung als StuMi „halt 'ne andere Sicht auf Dinge" (vgl. C002 Historikerin, „bildungsferner": 112, 25-30) entstehe. Die Wirkung der doppelten Rolle der StuMis zeigt sich nirgends deutlicher als in der ambivalenten Beziehung und dem ständigen Wechsel zwischen verschiedenen Rollen: Studierende und Dozierende einerseits und MitarbeiterInnen und ChefInnen aber auch kollegiale Verhältnisse andererseits. Dies bringt ein StuMi besonders prägnant auf den Punkt:

> „Irgendwie dieser Kreis der Kollegen die sich duzen lassen wollen von dir wird immer größer [CS: mhmh] Das is n ganz guter Indikator (.) das du auch irgendwie so ungefähr weißt wo du (.) wo du stehst (.) und (..) ganz ehrlich ich finde mich gar nich mehr also so STUDENT (.) sondern eben als (.) als Kollege (.) und werde eben eigentlich auch so akzeptiert (.) also ich halt mich da schon n bisschen zurück so (.) weil auch man wird da akzeptiert als KOLLEGE (.) nich irgendwie als HILFSkraft" (C003 Historiker, ‚bildungsnäher': 123, 48-58).

Aus einer solchen Perspektive dient die Anstellung als StuMi einerseits der Abgrenzung gegenüber anderen Studierenden andererseits der institutionellen Einbindung auf dem wissenschaftlichen Feld, was strategisch genutzt wird. Diese Doppelrolle beschreibt eine Politologin durchaus kritisch:

"Ich glaube, dass Hiwis so n bisschen so ne (.) ÜBERHEBLICHKEIT gegenüber anderen Kommilitonen entwickeln (.) ich find das (.) das wird auch gefördert durch diese Bevorzugung durch die Dozenten (.) aber es liegt ja n bisschen auch in der Natur der SACHE man iss halt schon im System man duzt sich mit den Dozenten oftmals (.) weiß auch viel über DIE auch aus privaten Dingen (.) ähm und dann is man so n bisschen, man kommt sich so n bisschen vor wie ZWISCHEN Student und Dozent hab ich das Gefühl (.) für manche (.) das führt zu also ich finde manche sind da (.) bei denen zu so n bisschen zu ner ARROGANZ (.) ja ich bin ja Hiwi und deswegen bin ich so n bisschen Student erster Klasse (.) und dass is glaub ich so n bisschen das Fatale an dieser Zwischenstellung bei Hiwis" (B001 Politologin, „bildungsnäher": 57, 51-59).

Damit ist zudem eine Kenntnis von der Funktionsweise von Wissenschaft verbunden, die über die Vorstellung ‚normaler' Studierender weit hinausgeht, nämlich – wie es ein Historiker ausdrückt –, dass „man selber forschen kann" und es nicht allein um die Frage geht: „Welche Scheine muss ich dieses Semester machen?" (C003 Historiker, „bildungsnäher": 120, 45).

"Das steht so in dem Kontext überhaupt man MUSS irgendwas machen also die (.) von diesem Gefühl man muss irgendwas machen um NICH nur n normaler Student zu sein (..) so und hinter der wissenschaftlichen Hilfskraft steckt (..) irgendwie so hab ich das Gefühl zumindest institutionelle Lebenswege die man irgendwie sich als Option offen halten will" (B003 Politologe, ‚bildungsnäher': 76, 47-50).

Im Anschluss an die theoretischen Überlegungen Bourdieus ist hier jedoch darauf hinzuweisen, dass die Feldsozialisation zwar durch eine bestimmte (bildungsbürgerliche) Habitusformierung positiv beeinflusst wird, ein bildungsnahes Elternhaus aber die Feldsozialisation nicht zwangsläufig ersetzen kann. In diesem Sinne ist die Praxis der StuMis auch für Personen aus höheren Schichten hilfreich, wie in diesem Abschnitt deutlich wird:

"Also ich denk, dass das schon auch so ne (.) so n Faktor vielleicht is (.) dass ich eben im UMGANG (.) vielleicht schon einfach im Umgang mit Dozenten

oder Professoren einfach lockerer bin [CS: mhmh] weil ich weiß (.) die beißen auch net [CS: mhmh] also MANCHE wissen das von vornerein (.) aber ich bin jemand der muss das erst lernen (.) weil ich halt relativ vorsichtig bin [CS: mhmh] bei solchen Sachen und ich denk eben, dass das auch so was isch (.) dass man eben sich n bisschen sicherer bewegt (.) dass man weiß was man sagen muss (.) das man weiß, dass man nichts sagen darf (.) so n bisschen im Spielchen mitspielen kann." (A003, Soziologe, „bildungsnäher": 40, 31-42)

Offensichtlich wird hier, dass StuMis Zugänge zu einer Seite des ‚Spiels' Wissenschaft haben, die anderen Studierenden verwehrt bleibt. Diese Strategie erzeugt offensichtlich auch auf dem studentischen Feld Anerkennung bzw. symbolisches Kapital, wie eine StuMi exemplarisch nahe legt:

„Ich glaub das is schon ne privilegierte Stelle unter den Studenten die man hat (.) also auch (.) alle gucken auch immer n bisschen so (.) wenn man sagt ja ich bin Hiwi (.) bei vielen is so die Reaktion wow" (C001 Historikerin, „bildungsnäher": 102, 44-46).

5.1.2 »Du traust dich dann mehr an der Uni«

Die Entwicklung der deutschen Universitäten zu Großorganisationen im Rahmen der Bildungsexpansion (siehe 2.1) hat dazu geführt, dass es heute weit weniger darauf ankommt zu studieren, als auf die Art und Weise, *wie* ein Studium absolviert wird. Bereits in den 1970er Jahren wies Vogel auf die daraus entstandene subjektiv profitable Strategie der Hilfskräfte hin (vgl. Vogel 1970: 83). Denn selbst sehr gute Studienleistungen können in der Masse leicht unter gehen. Diese Strategien werden von den StuMis unterschiedlich bewusst auch thematisiert:

„Was wo ich nich denke dass is halt (.) wird halt jetzt eingereiht in alle Magisterarbeiten irgendwie oder halt in so ne Mappe (.) eigentlich isses auch egal, weil so hab ich das zumindestens das Gefühl bei Hausarbeiten weil letztlich relativ egal is (.) was das Ergebnis is" (A001 Soziologin, „bildungsnäher").

Auf den positiven Aspekt einer stärkeren Integration durch eine Tätigkeit als StuMi wird auch von einer anderen Befragten explizit hingewiesen:

„Was das Studieren mir auch n bisschen leichter gemacht hat (.) denk ich, weils diese SCHWELLE die man am Anfang vielleicht hat (.) wenn man frisch kommt (.) oder die man bei manchen Profs (.) die man noch nich gut kennt sowieso auch noch hat (.) je nach dem wie sie auftreten oder so ähm (.) dass so ne ganz große Distanz besteht und ähm (.) und man sich nich so sicher is, was die von ei- (.) für ein Verhalten von einem erwarten (.) und es fällt natürlich total weg, wenn man regelmäßig zusammen arbeitet und einfach weiß (.) der tickt so und der läuft so und [CS: mhmh] dass man sich halt viel weniger beeindrucken lässt (.) davon und äh (.) so und die die Hierarchie so n bisschen (.) äh UNwichtiger wird dadurch." (B002 Politologin, „bildungsferner": 70, 36-45)

Gerade für Personen aus bildungsferneren Haushalten dürfte dieser Effekt für die Feldsozialisation entscheidend sein, auch wenn diese Strategie selbst gar nicht in diese Richtung gewertet wird, wie bei einem StuMi deutlich wird:

„Das Einzige (.) du siehst wie verschiedene Abläufe gehen (.) vonstatten gehen (.) du siehst wie (.) zugänglich die Sekretärinnen sind (.) die Professoren selbst (.) du TRAUST dich dann mehr an der Uni (.) du hast also im Grunde genommen (.) dir Zugänge geöffnet die anderen verschlossen bleiben [CS: hm] aber (.) mehr als das (.) dürfts wohl nicht bringen." (C004 Historiker, „bildungsferner": 143, 7-12)

5.1.3 »Ich hab auf einmal einfach begriffen, was daran interessant sein kann«

Insgesamt wurde die Auswirkung der Tätigkeit in allen Interviews als sehr positiv für das eigene Studium geschildert. Diese Einschätzung ist unabhängig von der tatsächlichen Auswirkung (siehe Lenger / Schneickert / Priebe 2012: 49-52; 68f.) zweifellos für die hohe Gesamtzufriedenheit zentral, die auch in der quantitativen Studie bestätigt wurde (vgl. 6.4.3). Subjektiv ist dabei besonders das zunehmende Verständnis für Wissenschaft entscheidend, das letztlich ein Indikator für die Feldsozialisation ist:

„((räuspern)) Ich glaube es hatte ne sehr positive Ausbildung auf mein (.) äh Auswirkung auf mein (.) äh mein [Fach2] Studium und auf meine (.) ähm mein Spaß an dem Studium (.) also ich hab das auf einmal einfach mehr beGRIFFEN [A: mhmh] wie (.) WIESO die Leute das machen (.) und was daran interessant sein kann" (C001 Historikerin, „bildungsnäher": 103, 33-37).

Auf dem studentischen Feld (siehe Lange-Vester / Teiwes-Kügler 2004) zählen Fähigkeiten und Kenntnisse, die dort nicht zwingend vermittelt werden. Dazu zählt unter anderem die Fähigkeit zum wissenschaftlichen Arbeiten. Sofern dies nicht durch eine bildungsbürgerliche soziale Herkunft mitgebracht wird, stellt die Tätigkeit als StuMi eine geeignete Strategie dar, diese Fähigkeiten praktisch zu erlernen. Das beschreibt eine Mitarbeiterin sehr deutlich:

„Also ich glaub das mein Studium auf jeden Fall (.) auf JEDEN Fall sehr, sehr bereichert wurde (.) durch das Hiwi sein (.) ich glaub ich hätt vom Studium nich annähernd so viel mitgenommen wenn ich nich [A: (.) mh] die EINSICHT durch den Hiwi-Job bekommen hätte (.) dadurch hab ich alles auch n Stück weit ernster genommen und interessanter gefunden und mehr verstanden und [A: (.) mh] das is sicher eines der (?Hauptverdienste?) an der (.) also das is (.) !DA! bekommt man dann mal Interesse an der (.) an meiner Person als (.) als [Fach2] Student (.) oder so (.) also sonst die Profs fragen dich ja nich wirklich ja was haben sie denn mal vor" (C001 Historikerin, „bildungsnäher": 104, 37-46).

Kritisch ist dabei allerdings anzumerken, dass die Vorteile, die hier beschrieben werden im Grunde auch Teil eines regulären Studiums sein sollen. In diesem Sinn lässt sich auch der folgende Abschnitt deuten:

„Dass man da auch mal (.) FRAGEN kann also (..) ich schreib jetzt ne Examensarbeit bei den [anderes Fach] und dann hab ich halt mal bei den His-

> *torikern gefragt (.) wie is das denn da und da mit der Literatur (.) da kann man dann auch mal nachfragen und da wird einem auch geholfen (.) also da wird dann von den Dozenten auch geholfen und wird gesagt (.) ja klar (.) man muss n Vortrag halten und (.) ja warum nich, kannst du doch auch bei uns erst mal probehalten und dann kannste den da richtig halten (.) also das find ich (.) hat schon Vorteile [A: mhmh] durchaus [A: mh] schade, dass das nich alle haben (.) aber äh [A: ja] B: is auf jeden Fall gut, dass man das so hat"* (C005 Historiker, „bildungsferner": 150, 12-23).

Die Tatsache, dass die Fähigkeiten und das Verständnis von wissenschaftlichem Arbeiten für viele Studierende erst mit der Tätigkeit als StuMi vermittelt werden, ist natürlich besonders im Hinblick auf die ungleichheitstheoretischen Überlegungen relevant. Schließlich ist Wissenschaftlichkeit nicht in erster Linie eine Frage von Begabung und Talent, sondern muss sich weitgehend erst angeeignet werden. Dabei ist im Anschluss an Bourdieu anzunehmen, dass das Erlernen der Regeln eines Feldes nicht anhand abstrakter Modelle oder Theorien, sondern durch praktisch nachahmendes Lernen geschieht. Auf diesen Zusammenhang verweist ein Befragter in Bezug auf wissenschaftliche Fähigkeiten:

> *„Weil man dann wie gesagt das Know-how entwickelt äh (..) und das gut läuft (.) und man sich natürlich auch Sachen abguckt ja (.) ich mein (.) das is (.) wenn man merkt wie der Professor schreibt und wie der (.) wissenschaftlich arbeitet kann man (.) sich da auch gewisse Sachen aneignen (.) also gerade argumentieren (.) wie kann man GUT argumentieren in ner Arbeit (.) und wissenschaftlich (.) ja so was lernt man halt dann intensiver (.) KLAR wenn man jetzt die Bücher nur liest kann man's auch lernen (.) aber wenn man halt im Editierungsprozess noch mit drin is [A: mh] und das selber mitkriegt wie dann Sachen umformuliert werden oder halt Sachen besprochen werden (.) dann is das zum Beispiel was eher (.) was sehr interessantes [A: mhmh] was man auch (.) sich merken kann [A: mh] ja (.) oder bei Konferenzen oder so wenn man da dabei is"* (B004 Politologe, „bildungsferner": 89, 69-90, 10).

Was hier beschrieben wird, ist das Erlernen der Regeln eines Feldes bzw. die Akkumulation feldspezifischen Kapitals und eines entsprechenden Habitus. Zu dieser Feldsozialisation gehört – wie oben bereits dargestellt – die Außenwirkung, bereits als StuMi mit ‚Haut und Haar' der Wissenschaft verpflichtet zu sein. Darauf verweist eine Mitarbeiterin aus der Geschichte:

> „Weil (.) ja man hat halt au- (.) ich hab halt auch das erste Mal Leute kennen gelernt die wirklich !VOLL!BLUT (..) ä=e Studenten sind und [CS: mh] die sitzen von morgens bis abends im Hiwi-Zimmer und machen und schreiben so nebenher noch zwei Hausarbeiten und machen eigentlich sonst (.) RIESIGE arbeiten für ihren Dozenten und [CS: mh mh] investieren so viel Zeit, so viel Energie und machen das mit so viel (..) ja EHRgeiz auch [CS: mhmh] das ich halt gemerkt hab, dass das bei mir (.) also das konnt ich dann n bisschen realistischer einschätzen (.) wo ich irgendwie n bisschen da stehe" (C001 Historikerin, „bildungsnäher": 103, 58-104, 5).

Die Darstellung von Wissenschaft ‚in Einsamkeit und Freiheit' wurde bereits als zentraler Bestandteil der Illusio des Feldes identifiziert. Diese geht mit der elitären Idee der Auslese einher, den ein Befragter kritisch beschreibt als „entgeistigte Typen, die irgendwie vom Professor und Gottes Gnaden ausgewählt worden sind" (vgl. A003 Soziologe, „bildungsnäher": 12, 33-41).

5.2 Studentische MitarbeiterInnen auf dem wissenschaftlichen Feld

Subjektiv wird das Erkennen der Regeln des Feldes als ‚Entzauberung' bzw. Entmystifizierung von Wissenschaft (bzw. deren Illusio) wahrgenommen. Wissenschaftliches Arbeiten wird so zu einem „sehr konkreten Handwerk" (vgl. C001 Historikerin, „bildungsnäher": 102, 9-16). Aus theoretischer Sicht ist dabei interessant, dass die Illusio des Feldes für das Erlernen der feldspezifischen Regeln zunächst erschüttert werden muss. Dies zeigt sich etwa, wenn sich der akademische Betrieb aus Sicht der Hilfskräfte als chaotische Organisation darstellt, wobei die Arbeit darin eher bürokratisch anmutet bzw. wie ein Interviewter formuliert: „Dass es eben ein Organisationsjob ist" (A003

Soziologe, „bildungsnäher": 38, 4). Vor allem aber müssen die Verkörperungen der Illusio, die ProfessorInnen, entzaubert werden.
„Was tut ein Professor den ganzen Tag, wenn er sich nicht den Studierenden in der Lehre zeigt?" (vgl. Beaufaÿs 2003: 124) Die Antwort auf diese Frage bleibt Studierenden zumeist verborgen, wenn sie nicht – wie Beaufaÿs anmerkt (vgl. ebd.: 125) – durch die Tätigkeit als StuMi ein solches ‚implizites Wissen' (siehe Polanyi 1985) erwerben können. Huber (1986) und Gerholm (1990) verweisen auf die Wichtigkeit solcher Kenntnisse für eine akademische Karriere. Da die akademische Karriereleiter durch die Rolle der Promotion auch für andere gesellschaftliche Teilbereiche (insbesondere die Wirtschaft) von Interesse ist (vgl. Abschnitt 2.3.3), können die Erfahrungen als StuMi für Personen mit sehr unterschiedlichen Zukunftsvorstellungen interessant sein. Durch den persönlichen Kontakt wird die Möglichkeit einer akademischen Karriere natürlich besonders deutlich greifbar (vgl. Geenen 2000: 93).

Eine Befragte formuliert die Entzauberung des akademischen Betriebes sehr anschaulich, indem sie den Vergleich mit ihrem Freiwilligen Sozialen Jahr (FSJ) bemüht:

„Man SIEHT einfach den Uni-Alltag (.) ich kann das auch vergleichen (.) ich hab auch im Krankenhaus gearbeitet und, und wenn man da so als AUSSENSTEHENDER guckt dann denkt man oh guck mal die Schwestern in weiß (.) ne die bringen einem das essen morgens und dann kommt der Arzt in weiß und sagt oh ja äh sie haben sich das Bein gebrochen aber in zwei Wochen is alles wieder gut (.) und dann is man plötzlich in dieser Struktur drin (.) mitten in dieser Krankenhaus-Struktur (.) und man is plötzlich als FSJler noch viel mehr der Trottel (.) man sieht einfach was dahinter läuft (.) einfach das da (.) das es gibt immer irgendwie Streit und immer Hierarchien und besondere Freundschaften" (C002 Historikerin, „bildungsferner": 113, 36-43).

Der Vergleich ist auch deshalb sinnvoll, weil StuMis wie FSJler die Perspektive auf die jeweiligen Strukturen von der niedrigsten Position aus richten. Übertragen auf die Feldtheorie ist damit angesprochen, dass eine Fassade (Illusio) existiert und eine dahinter bzw. darunter liegende Struktur, die sichtbar wird, wenn das Feld von AkteurInnen tatsächlich betreten wird (man „dahinter guckt"). Das gilt insbesondere, wenn die Perspektive der niedrigsten Position („der Trottel") eingenommen wird.

Zudem werden diese unteren Positionen sicherlich (noch) nicht als echte Konkurrenz wahrgenommen, weswegen diese sozusagen ‚geschont' werden. Dies spiegelt sich auch in der Tatsache wider, dass StuMis aufgrund ihres arbeitsrechtlichen Status kaum Verantwortung tragen bzw. zur Rechenschaft gezogen werden können, aber dennoch verantwortungsvolle Tätigkeiten ausführen. Diesen ambivalenten Status beschreibt eine Befragte wie folgt:

„Man kriegt halt so (.) interne Differenzen so n bisschen mit [A: mh ((lacht))] find ich ganz lustig (.) kann sich natürlich ganz gut raushalten als Hiwi kann nur so lauschen oder [CS: ja] hören und (..) damit nich viel zu tun haben" (A001, Soziologin, „bildungsnäher": 17, 7-12).

Anhand dieser Passage wird deutlich, dass Hilfskräfte sich zwar bereits auf dem wissenschaftlichen Feld befinden, jedoch eine eher passive Rolle einnehmen. Diese Rolle erlaubt es, sich aus den ernsten Kämpfen „raushalten" zu können und Verhalten sowie Strukturen des Feldes relativ unbeteiligt beobachten zu können („lauschen oder hören").

5.2.1 »Man vergisst oft, dass auch ein Professor ein Mensch ist«

Wird das wissenschaftliche Feld auf der untersten Position betreten, scheint eine der ersten und eindrucksvollsten Lernprozesse darin zu bestehen, dass ProfessorInnen nicht als solche geboren werden, sondern einen Karriereweg bestritten haben, der nun in konkreten Schritten erkennbar wird. Ein Befragter äußert sich in diesem Zusammenhang insbesondere über Mängel und Fehler, die er bei ProfessorInnen nicht vermutet hätte:

„Der EINBLICK i=in (.) Abläufe (.) Arbeitsabläufe meiner Vorgesetzten (.) zu sehen wie Arbeiten an der Uni erledigt werden (.) wie die großen, wunderbaren Professoren zum Teil äh (.) Sachen verschlampen oder Termine vergessen oder erinnert werden müssen (.) das die MEISTEN was mir aufgefallen is (.) das die meisten Dozenten Termine nicht einhalten können (.)

wenn's drum geht Arbeiten zu schreiben (.) also die Dinge; ich hab dann oft gedacht (.) das is ne reine Projektion wenn n Professor oder n Dozent den Studenten verBIETET auch nur einen Tag über die von ihnen vorgegebene Abgabefrist zu kommen" (C004 Historiker, „bildungsferner": 140, 28-34).

Konkret wird hier die zusammenbrechende Illusio an der Person des Professors. Hier schwingt zunächst eine Enttäuschung darüber mit, dass diese keineswegs perfekt sind, die sofort auf die Infragestellung der legitimen Autorität übertragen wird. Die Desillusionierung als temporärer Zusammenbruch der feldspezifischen Illusio ist notwendig, um die Regeln des Feldes zu erlernen. Gleichzeitig stellt sich diese Situation subjektiv als Krise dar, die je nach sozialer Herkunft bzw. besser je nach Habitus in sehr unterschiedlicher Intensität erfahren wird.

Im vorliegenden Fall ist diese Enttäuschung für den Befragten so groß, dass dies für ihn vermeintliche Konsequenzen bezüglich der Zukunftsplanung beinhaltet:

„Das hat dazu geführt dass ich mir keine Zukunft mehr an der Uni vorstellen kann (..) weil mir die Art der Kommunikation die Art der Arbeit (.) die Arbeitsweise nicht zusagt (.) ähm ob ich jetzt gerne wissenschaftlich arbeite oder nich ((hustet)) kann ich nich mehr sagen seit ich Hiwi bin (.) also ich seh Sachen jetzt viel mehr aus ner Innenperspektive und sie wurden dadurch nicht schöner; also von außen man sieht (.) vieles is Habitus (.) vieles is reine Show wenn ich das jetzt mal so plakativ sagen kann (.) also die Leute die sich nach außen hin Studenten gegenüber unnahbar und fehlerfrei geben (.) ham selbstverständlich auch ihre Mängel wie alle natürlich (.) nur vergisst man das oft (.) und man vergisst eben leider auch oft zu sehen, dass auch ein Professor ein Mensch ist" (C004 Historiker, „bildungsferner": 140., 40-49).

Das Ausmaß der Enttäuschung ist dabei umso größer, je stärker die ursprüngliche ‚Verblendung' durch die Illusio wirkte. Eine Befragte verweist in diesem Zusammenhang auf die Bedeutung dieses strategischen Wissens für die Binnenbeziehungen der StuMis:

„Der Blick hinter die Kulissen (.) so wie der akademische Betrieb läuft (.) also man bekommt natürlich (.) ich war jetzt nich so eine die sich mit den anderen Hiwis besonders gut verstanden hat (.) ich hab jetzt die nich sehr gut kennen gelernt (.) so dass die mir persönliche Sachen erzählt hätten aber trotzdem wenn man dann im Hiwi-Zimmer saß hat man sehr viel von dem was so geredet wurde mitbekommen [CS: mhmh] man wusste halt auf einmal sehr viel über die Profs was man als Student NIE mitbekommen hätte und das is glaub ich ganz gesund (.) also man versteht irgendwie n bisschen mehr warum Entscheidungen getroffen werden und wie Sachen ablaufen (.) und das wird auch eigentlich viel interessanter dadurch (.) man is nich mehr so anonym man gehört irgendwie dazu (.) is halt auch so n Stück der Uni (.) weiß halt schon n halbes Jahr vorher, wer welche Seminare wieso anbietet vielleicht und das is halt [CS: mh] das macht alles viel mehr Sinn (.) das hab ich sehr cool gefunden (..) ja (.) auch wie die ähm (.) teilweise arbeiten (.) das kriegt man natürlich auch sehr genau mit" (C001 Historikerin, „bildungsnäher": 102, 17-31).

Die Entzauberung der ProfessorInnen kann einerseits als Enttäuschung andererseits auch als Erleichterung wahrgenommen werden. Den Verlust des übermäßigen Respekts schildern zwei Befragte wie folgt:

„Da wurde mir so n bisschen die ANGST vor genommen das (.) äh sind hochwissenschaftliche Leute die äh (.) die sehr verstu- stu- (.) äh verstudiert sind [CS: mhmh] und sehr gebildet sind (.) also so schlau wirst du NIE sein (.) das kannst du eh nie schaffen und man lernt diese Leute halt kennen (.) sieht das sind auch Menschen [CS: mhmh] das sind sogar teilweise sympathische Menschen (.) man kann sich or- gut mit denen unterhalten (.) natürlich machen sie ne gute wissenschaftliche Arbeit (.) aber sagen einem oder erzählen einem auch immer (.) dass sie auch Probleme hatten und so was nimmt einem auch natürlich Angst (.) auch vielleicht selber mal so was einzu- äh (.) schlagen" (C005 Historiker, „bildungsferner": 151, 58-152, 4).

„Und dann so dieses (.) die sind auch nur Menschen (.) und da hinter den Kulissen da fetzen die sich auch (.) und da diese Sicht is beeinflussend (.) glaub ich als Student (.) das man den viel eher als Menschen gegenüber tritt

(.) das man auch nich dieses (.) oh ich muss heut zum do- zum Professor hoffentlich reißt der mir nich den Kopf ab, sondern (.) der hat halt diesen Titel aber das is kein Grund um jetzt zu sagen oh ne (.) ich hab völliche Angst (.) ich schlaf ne Nacht davor nich (.) also das is n (.) das is was als Hiwi da schon hilft" (C002 Historikerin, „bildungsferner": 111, 33-38).

Die Motive der Angst und Ehrfurcht vor Position und Titel, welche mit zunehmendem Einblick in das wissenschaftliche Feld ihre Macht verlieren, werden von dieser Historikerin wenig später im Interview noch weiter zugespitzt:

„*Man lernt unglaublich viel (.) ich hab unglaublich viel Gelegenheit an Oberseminaren teilzunehmen (.) was man normalerweise in meinem Semester gerad noch nicht dürfte (.) ähm auch wenn ich da gerad nix sag (.) aber man nimmt da halt total viel mit und kriegt Erfahrung (.) man darf HINTER die Kulisse gucken und es verändert vor allem als Student (.) mein Blick auf die Dozierenden (.) wo man vielleicht als normaler Student so diese (.) wenn's Arzt wären so diese Götter in Weiß halt so die Götter im Doktormantel so*" (C002 Historikerin, „bildungsferner": 111, 26-31).

Der erneute Vergleich mit dem Gesundheitswesen ist von besonderem Interesse, da er auf das symbolische Kapital, dem Prestige der institutionellen Rollen von ÄrztInnen und WissenschaftlerInnen anspielt. Diese Einschätzungen werden vermutlich sehr stark vom eigenen Herkunftsmilieu geprägt. Denn die mit der Götter-Metapher implizierte Unerreichbarkeit dieser sozialen Positionen steht und fällt mit dem Kontakt zu konkreten Menschen, die solche Positionen innehaben. In diesem Sinne ist die Differenz zwischen Erwartungen, Ehrfurcht oder Respekt und der Desillusionierung bei denjenigen Befragten am größten, die aus bildungsfernen Elternhäusern stammen. Die daraus resultierenden Auswirkungen können mitunter jedoch stark variieren. Der relative Gewinn an Selbstsicherheit ist bei diesen Personen vermutlich am höchsten, die Einschätzung von Wissenschaft insgesamt schwankt jedoch zwischen Erleichterung und Enttäuschung.

Aufschlussreich ist dabei, dass offensichtlich davon ausgegangen wird, dass WissenschaftlerInnen wenige bis keine Interessen neben der Wissenschaft hätten. Die Privatpersonen WissenschaftlerIn scheint Vielen einer Art ‚black box' zu gleichen. Eine Befragte formuliert ihre Überraschung und Erleichterung in diesem Kontext wie folgt:

„*Auch so diese MENSCHEN die dahinter stehen also man kriegt auch so was Privates mit (.) also wenn ich mal so n Dozenten nur im Seminar hab dann is mir das egal wo der herkommt oder was der für Probleme hat oder was der in seiner Freizeit macht oder so (.) wenn man rausfindet dass n Dozent (.) jetzt aus der Hiwi-Position zum Beispiel (.) KEIN Fußball spiel verpasst vom [lokaler Verein] dann is das so was wo ich denk so (.) ((schnipst mit fingern)) GEIL ((lacht)) [CS: mhmh] das find ich super*" (C002 Historikerin, „bildungsferner": 113, 51-58).

Die Anstellung als StuMi gibt also den Blick auf die Menschen hinter den WissenschaftlerInnen frei, d. h. „den Menschen hinter der Funktion [zu] sehen" (vgl. C002 Historikerin, „bildungsferner": 114, 1). Dabei wird ausdrücklich thematisiert, dass dies den Hilfskräften als Studierenden die Wissenschaft insgesamt deutlich näher bringt. Auch an dieser Stelle ist anzumerken, dass diese Erkenntnis stark davon abhängt, ob es etwa WissenschaftlerInnen in der eigenen Familie oder dem Herkunftsumfeld gibt. Zusammenfassend bleibt jedoch festzuhalten, dass sich Wissenschaft zunächst als Feld darstellt, indem die konkreten Menschen hinter den Funktionen bzw. den Forschungsgegenständen und Themen zu verschwinden scheinen. Dies deckt sich mit den theoretischen Vorüberlegungen, dass die Illusio des Feldes gerade darin besteht, dass Wissenschaft vorgibt gegenstands- und nicht personenbezogen zu sein (vgl. Abschnitt 3.1.4).[30]

---

[30] In diesem Punkt ist Bourdieus Feldtheorie Luhmanns Subsystemen meiner Ansicht nach überlegen, da die Konzeptualisierung von gegenstandbezogener (funktionaler) Differenzierung, d.h. als Systemlogik, bei Bourdieu selbst als Illusio eines Feldes gefasst werden kann.

5.2.2 »Als ob ich so 'n Hang zu solcher institutionellen Einbettung habe«

Die theoretischen Vorüberlegungen beinhalteten die These, dass der Habitus über den praktischen Sinn unbewusst vermittelt, was auf den jeweiligen Feldern von Bedeutung ist und zwar abhängig von der sozialen Herkunft und dem Geschlecht. Dementsprechend variiert die Wahrnehmung und Bewertung der Anstellung als StuMi in der Praxis zum Teil beträchtlich. So spricht ein Politologe beispielsweise ganz selbstverständlich von der ‚Etappe Hilfskraft':

> „Bisschen hängts auch zusammen mit zu dem Kontext also mit den Studenten mit denen ich relativ viel zu tun hab guten Freunden auch (.) jetzt wiederrum interessanter Weise nich in (Studienort) (..) ähm durch die ich mit ner Stiftung verbunden bin und da is der Kontext immer (.) wissenschaftlicher Mitarbeiter oder wissenschaftliche Hilfskraft (.) äh so was Selbstverständliches was dazu gehört irgendwie [A: hm] also das is n (.) äh ne Geschichte die TUT man" (B003 Politologe, „bildungsnäher": 77, 5-11).

Demgegenüber formuliert eine interviewte Historikerin den größtmöglichen Kontrast zu dieser Perspektive, als sie die Situation beschreibt, nachdem sie das Angebot erhielt, Hilfskraft zu werden:

> „Ob ich nicht der Hiwi sein will (.) da war ich erst mal vollkommen platt (.) und hab gesacht klar (.) der erste Schritt gen Uni (.) den nehm ich mit (.) über diese Klausur dieses Seminar (.) dieses sehr gute Seminar auch wenn's überhaupt nichts mit dem Thema zu tun hatte (.) bin ich da rein gerutscht (.) also nichts mit bewerben oder so (.) das war auch immer so Hiwi so (.) ja die gibt's aber die warn außerhalb meiner Vorstellungswelt" (C002 Historikerin, „bildungsferner": 110, 25-30).

Im Gegensatz dieser beiden Positionen und Positionierungen zeigt sich die relational größte sozialräumliche Distanz. Entscheidend aber ist, dass beide von der Tätigkeit als StuMi eine erleichterte Feldsozialisation erwarten können. Mit der sozialräumlichen Beziehung geht allerdings auch eine (physische) räumliche Neuordnung einher, wie ein StuMi berichtet:

„*Und diese diese Nähe hat im Prinzip ja eigentlich auch so ne so ne ja man sieht die im Gang stehen (.) und rum läschtern (.) das is eben so ne so ne ZONE [CS: mhmh] so ne abgeschlossene Zone in die man eigentlich nich reinkommt und das eigentlich ja (.) glaub ich als Hiwi ja auch so n zentrales Teil (.) n zentrales DING, dass du im Prinzip (.) in ne Zone reinkommscht (.) die sonscht eigentlich (.) du nur (.) entweder auf Aufforderung oder auf Termin betreten darfscht [A: mhmh] und du sozusagen (.) ne räumlich, ne räumliche (.) n räumlichen Zugang hasch*" (A003, Soziologe, „bildungsnäher": 35, 5-13).

Dieser Ausschnitt steht bei dem Befragten in einem vergleichenden Kontext mit der Schule, wo der Raum der Schülervertretung in der „Zone" der Lehrer lag. Auch dort habe sich die soziale Ordnung in einer räumlichen Differenzierung gezeigt. Die hier hervorgehobene Sonderstellung studentischer MitarbeiterInnen wird durch den (sozial-)räumlichen Wechsel symbolisiert oder wie eine StuMi es ausdrückt: „Man ist plötzlich mittedrin statt nur dabei" (C002 Historikerin, „bildungsferner": 113, 46-51).

Schließlich ergibt sich aus dieser Einbindung und durch die gemeinsame Arbeit eine Art Gemeinschaftsgefühl, welches die stark ausgeprägte Hierarchie auf dem wissenschaftlichen Feld abmildern kann. Auf diesen Aspekt zielt der bereits oben zitierte Interviewte an anderer Stelle ab:

„*Wenn man mal länger (.) irgendwie mit Leuten zusammen gearbeitet hat (.) die jetzt auch in der Hierarchie eindeutig ÜBER einem stehen [CS: mhmh] ähm (.) das man da eben (.) gewisse Dischtanzen dies vielleicht auch gibt oder die man vielleicht glaubt (.) die man vielleicht glaubt dass es die gibt (.) das man die überbrücken kann mit dem (.) im Prinzip dann miteinander arbeiten, reichen kann das auf ner (.) wesentlich äh (.) ja kollegialeren und angenehmeren ebene isch*" (A003, Soziologe, „bildungsnäher": 34, 9-15).

In allen angeführten Ausschnitten geht es letztlich um die Verringerung solcher Distanzen, wobei bewusste und unbewusste Strategien nebeneinander bestehen. Während einige Befragte diese Effekte bewusst herbeizuführen suchen, sind andere davon völlig überrascht. Interessanterweise wundert sich ein Befragter mit sehr bildungsbürgerlichem Habitus selbst über sein unbewusst strategisches Verhalten, wenn er bemerkt: „Es scheint so zu sein als ob ich einen HANG zu solcher institutionellen EINBETTUNG habe ((lacht))" *(B003 Politologe, „bildungsnäher": 79, 22-27).*

5.2.3 »Dass man 'ne gewisse Form von Stallgeruch annimmt«

Trotz dem die Illusio WissenschaftlerInnen als ‚einsame Cowboys' (vgl. Beaufaÿs 2003: 191) stilisiert, ist die Wirkung von sozialem Kapital auf dem wissenschaftlichen Feld kaum zu unterschätzen. Das symbolische Kapital entsteht nämlich zu einem beträchtlichen Teil erst aus den Netzwerken, der Zugehörigkeit zu prestigeträchtigen Institutionen sowie Forschungsgruppen, Sonderforschungsbereichen oder einfach namhaften ProfessorInnen. Dabei ist davon auszugehen, dass das symbolische Kapital der ProfessorInnen auf ihre Hilfskräfte partiell übertragen wird. Ein Politologe erwähnt dies wie folgt:

„Die MEISTEN Studenten schon wissen, dass man halt auch (.) klar auch (.) die Politik-Studenten die lau- (.) die kommen auch an Professor [Professor]s Büro vorbei (.) an unserem Hiwi-Büro und wissen halt auch (.) dass wir die Hiwis sind [CS: mhmh] und das äh (.) hat halt auch Konsequenzen (.) keine Ahnung wenn man Leute die einen selber nich kennen (.) SPRECHEN einen an (.) irgendwo im Uni-Innenhof [CS: mhmh] und fragen einen was oder (.) in die Richtung oder (.) ja allgemeine Sachen oder spezielle Sachen (.) also das is der Umgang mit den Studenten (.) äh jetzt zum Beispiel im Freundeskreis hat sich da GAR nix geändert (.) also die kenn mich auch als NICH Hiwi (.) also von daher is das alles (.) stinknormal" (B004 Politologe, „bildungsferner": 89, 38-48).

Im Grunde ist hiermit ein zentrales Prinzip für Hilfskräfte, wie für den akademischen Betrieb überhaupt formuliert: Fehlende materielle Ressourcen (etwa gut bezahlte oder leicht erreichbare Positionen) werden durch symbolisches Kapital (Prestige, Anerkennung) ausgeglichen. In diesem Sinne ist auch Mertons These zu verstehen, dass es im wissenschaftlichen Feld vorwiegend um Anerkennung geht (vgl. Merton 1985: 131), die jedoch auf Gruppen und Institutionen ausgeweitet werden kann. Ein StuMi formuliert das folgendermaßen:

> *„Wenn du sozusagen (.) eng mit jemandem zusammen gearbeitet hasch (.) ähm (.) dass du sozusagen (.) ja der kann gut mit der (.) ne das is natürlich auch so das man WAHRscheinlich (.) so ne gewisse Form von Stallgeruch auch annimmt"* (A003, Soziologe, „bildungsnäher": 40, 17-29).

Damit wird angesprochen, dass neben dem sozialen Kapital sowie dem Interesse an Forschung und Gegenstand insbesondere auch die Art und Weise sich im Feld zu verhalten, d. h. gewisse Formen des Habitus von Bedeutung sind. Auch hier bedarf es einer feldspezifischen Anpassung des Habitus, die der Befragte folgendermaßen zusammenfasst:

> *„Ich mein man WIRD nich genauso wie die (.) w=wie die eigenen Dozenten (.) glaub ich nich (.) würde mich wundern, wenn das so wäre (.) aber ich glaube man nimmt schon n bisschen was an (.) und so n gewisses, so n gewisses (.) so n DUKTUS vielleicht (.) so ne gewisse ART vielleicht auch sich zu präsentieren (.) ne gewisse ART sich sich (.) sich zu verteidigen zum Beispiel"* (A003 Soziologe, „bildungsnäher": 40, 47-51).

Um das wissenschaftliche Feld dauerhaft zu betreten, bedarf es daher eines kompetitiven Habitus. Das bestimmte habituelle Dispositionen der Primärsozialisation diese feldspezifische Anpassung maßgeblich erleichtern bzw. erschweren können, liegt auf der Hand.

5.2.4 »Also ich kann immer, wenn ich will, jetzt an diesem Lehrstuhl promovieren, ganz simpel«

In den bildungssoziologischen Überlegungen wurde bereits auf die Verbindung von der Tätigkeit als StuMi und einer möglichen Promotion hingewiesen. In verschiedenen Interviews wurde deutlich, dass die Promotion als realistische Option erst durch die Akkumulation feldspezifischen kulturellen Kapitals vermittelt werden muss. Eine Befragte verdeutlicht dies:

> „Also die Doktorarbeit von [Dozent] wenn ich da länger mit dran gearbeitet hätte dann wär ich glaub ich (.) ähm (.) ja hätt ich kein Problem mit gehabt, selber direkt eine zu schreiben (.) weil man einfach so VIEL organisatorisches mitbekommt und die Programme wie Endnote also (.) kennt man dann (.) man hat einfach dessen ganze Methode so mitbekommen" (C001 Historikerin, „bildungsnäher": 101, 33-36).

Dabei besteht der Vorteil einer solchen Mitarbeit zunächst in der konkreten Einsicht in wissenschaftliches Arbeiten und damit der Möglichkeit der mimetischen Aneignung dieser Arbeitsweise. Ohne Zweifel kann Wissenschaft derart deutlich besser vermittelt werden als anhand abstrakter theoretischer Modelle, wie sie beispielsweise in den Tutorien zu Beginn eines Studiums vermittelt werden. Daraus ergibt sich die Vermutung, dass sich in der „Tätigkeit wissenschaftlicher Hilfskräfte (...) vielleicht Ansätze dafür ergeben, die Einheit von Forschung und Lehre in der Ausbildung der heutigen Universität häufiger zu verwirklichen" (Vogel 1970: 136).

Wichtig ist dabei, dass die Vermehrung des eigenen feldspezifischen Kapitals zu einer besseren Einschätzung der eigenen Lage und der Möglichkeiten auf dem Feld führt, wie ein StuMi explizit berichtet:

> „Ich mein das is ja was ganz interessantes was ja der Hiwi-Job auch beibringt (.) dass man realistisch mit der Zukunft umgeht (.) ja in dem Sinne (.) man krie- (.) man lernt ja auch (.) wie die (.) äh wie die Arbeit so is und wie hart das is an der u- (.) also zum Beispiel an der Universität zu bleiben ja" (B004 Politologe, „bildungsferner": 90, 24-27).

Dabei handelt es sich durchaus um einen paradoxen Effekt: Die Illusio wird einerseits eingerissen aber gleichzeitig erneut inkorporiert, d. h. bewusste und unbewusste Strategien überschneiden sich partiell. Darauf verweist ein anderer Befragter:

„Wenn ich das jetzt gleich beWERTEN soll die Arbeit hier (.) sie erfüllt offensichtlich also für mich (.) erstmal den Zweck dass ich irgendwie Optionen hab (.) also ich kann (.) IMMER wenn ich will jetzt an diesem Lehrstuhl promovieren ganz simpel" (B003 Politologe, „bildungsnäher": 77, 13-15).

Der gesamte Prozess der Feldsozialisation ist demnach eine durchaus heikle Phase. Wie prekär die Anpassung der Strategien aber tatsächlich ist, hängt von den klassenspezifischen Habitus der AkteurInnen ab. So führt der bereits angeführte Befragte weiter aus:

„Umgekehrt weiß ich auch nich ob ich vielleicht trotzdem ne Promotionsstelle gekriegt hätte, auch wenn ich nich Hiwi gewesen wär [CS: hm] ähm geh ich eigentlich von aus das ja (..) aber wenn ich keine Hiwi-Stelle gehabt hätte dann wär das auch überhaupt gar nich so ne wirkliche Option gewesen also" (B003 Politologe, „bildungsnäher": 78, 51-55).

Die ohnehin schon heikle Situation wird zudem durch eine sich, mit zunehmender Feldsozialisation verstärkenden Konkurrenzsituation noch verschärft. So kommt es in einem der Interviews zu einer bezeichnenden Meta-Kommunikation mit dem Autor:

„Also mit dem Studium (.) und ganz klar deswegen bin ich ja auch am Freitag vor Weihnachten noch hier und arbeite [CS: ((schmunzelnd) mhmh] ja ((lachend) so wie du) [CS: ((lachend) ja)] ((lacht))" (C003 Historiker, „bildungsnäher": 121, 15-20).

Denn in der Logik des Feldes erscheinen Praktiken wie an Freitagnachmittagen und -abenden Meetings zu vereinbaren, am Wochenende zu arbeiten nicht nur als notwendige, sondern als unabdingbare symbolische Praktik, die den nötigen Willen, dazu zu gehören, demonstriert (vgl. Beaufaÿs 2003: 244). Die Gruppenbindung drückt sich darin aus, dass Wissenschaft bzw. die Arbeit einen wichtigen Teil des Lebens ausmacht, und zwar auch und besonders des privaten Lebens.[31]

In Zusammenhang mit der knappen Ressource der Möglichkeit das wissenschaftliche Feld mit der Promotion dauerhaft zu betreten, steht natürlich auch die Bewertung der Arbeitsverhältnisse. Die theoretisch angenommene Verbindung von bildungssoziologischer und arbeitssoziologischer Perspektive wird von einer Befragten auch direkt angesprochen:

> *„Die Kehrseite is halt, dass die (.) so n ELLBOGEN so n bisschen so, asso sie (.) das sind halt viele die bei uns am Lehrstuhl Hiwi warn (.) ham quasi nachher ne Doktorarbeit bei [Professor] schreiben wolln und das merkt man halt dann auch [CS: mhmh] weil die (.) die dürfen sich überhaupt nichts (.) JEDES mal wenn ne Anfrage ankommt machen die das (.) egal um welche Uhrzeit und was es is"* (C001 Historikerin, „bildungsnäher": 104, 12-17).

Die subjektiv erwarteten Vorteile und Privilegien haben somit direkte Auswirkungen auf die Bewertung der Arbeitsverhältnisse.

5.3 Studentische MitarbeiterInnen als ArbeitnehmerInnen

Bisher wurden die studentischen Hilfskräfte hinsichtlich ihrer Sozialisation und ihres Studiums dargestellt. Die zunehmende Integration in den wissenschaftlichen Betrieb stellt sich für die StuMis überwiegend als sehr positiv für das eigene Studium dar. Allerdings wurde ebenfalls bereits auf die problematische Seite verwiesen, die aus der Doppelrolle von StuMis als Studierenden und ArbeitnehmerInnen resultiert. Bereits Regelmann verwies mit ihrem treffenden Titel „Man muss es sich leisten können" (2004) darauf, dass die Attraktivität der Stellen nicht durch die Arbeitsbedingungen zu erklären ist.

---

[31] Da ähnliches auch von der Familie verlangt wird, wird verständlich, wie Zeit zu einer wichtigen symbolischen Ressource im Kampf um Anerkennung wird bzw. dafür sorgt, dass Familie und Wissenschaft sich scheinbar ausschließen (vgl. Beaufaÿs 2003: 164f. sowie Abschnitt 3.2.2).

Wie viel mehr an subjektivem Sinn AkteurInnen mit ihren Stellen verbinden verdeutlicht die folgende Aussage:

„Und hab dann in meinem Bekanntenkreis an der Uni dann Leuten erzählt du hör mal, ich hab das Angebot gekriegt Hiwi zu werden (.) die meisten konnten nicht fassen, dass ich das Angebot gekriegt hatte (.) weil das anscheinend ne große Ehre sei (.) ich glaub das läuft (.) jetzt wo ich drin bin bei den Hiwis seh ich, dass das meistens so läuft (.) man sieht n Studenten der einem gefällt und dann spricht man ihn an (.) ich glaub das is der normale Fall (.) da bin ich nichts Besonderes und viele ham gesagt, ja mach doch das mal, da kriegste noch DEN Hintergrund DIE Erfahrung (.) meine Eltern warn ganz aus dem Häuschen (.) dass ich jetzt tatsächlich n Job als Hilfskraft an der Uni ham kann" (C004 Historiker, „bildungsferner": 139, 1-8).

Wird die Anstellung als StuMi derart positiv wahrgenommen und mit so weitreichenden Vorteilen für die eigene Zukunft assoziiert wie hier dargestellt, erklärt sich die hohe Frustrationstoleranz der StuMis ganz im Sinne des unternehmerischen Selbst und der Generation Praktikum (siehe Briedis / Minks 2007; Kirschler / Kastlunger / Braunger 2007; Abschnitt 3.3.2).

Zwar wird die Arbeit als StuMi in den Interviews durchaus mit ähnlichen Tätigkeiten in der freien Wirtschaft verglichen, insgesamt wird jedoch die Einschätzung geteilt, dass ein einfacher Vergleich nach formalen Kriterien kaum möglich ist. In einem solchen direkten Vergleich würde die Tätigkeit als StuMi nicht sehr gut abschneiden, wie ein Befragter bemerkt:

„Aber es war nicht alles toll (.) und schön (..) abge- (.) erstmal die Bezahlung ist miserabel [CS: mh] könnt man anderswo natürlich äh in der freien Wirtschaft wo man ÄHNLICHE Tätigkeiten macht (.) gut das Doppelte verdienen [A: hm] und dann was man von den Professoren immer wieder hört (..) ja das so ne HILFSkraft natürlich schon mit EINEM bei n äh (.) in dieser (.) akademischen Welt steht [CS: hmhm] !DAS! halt ich für n MÄRchen" (C004 Historiker, „bildungsferner": 142, 45-54).

Der Befragte spielt in diesem Ausschnitt darauf an, dass die schlechte („miserable") Bezahlung von Hilfskräften mit extrafunktionalen Privilegien legitimiert wird. Für eine potentielle (zukünftige) Karriere werden demnach Tätigkeiten für wenig bzw. keinen Lohn und unter teilweise schlechten Arbeitsbedingungen verrichtet, da die Betroffenen erwarten können, dass die positiven Auswirkungen auf die eigene Karriere sozusagen den niedrigen ‚Lohn' kompensieren. Diesen Zusammenhang hält der Befragte jedoch für nicht zutreffend („n Märchen").

5.3.1 »Dass man halt gleichzeitig viel lernt und dabei Geld verdient«

Da die teilweise prekären Arbeitsbedingungen durch eine verbesserte Feldsozialisation kompensiert werden können, ist bei der Bewertung der Tätigkeit die Möglichkeit zur Akkumulation feldspezifischen Kapitals zentral. So beschreibt eine Befragte die Konflikte, die aus dieser Klassifikation und Abgrenzung entstehen können:

> *„Der hat nich einen nur kopieren lassen oder so (.) was ich mehr für die [Dozentin] gemacht hab, sondern (.) ähm ich hab auch ne eigene Forschungsarbeit (.) ne kleine für ihn gemacht und (.) ähm ja (.) der war total locker (.) ich glaub der ganze (.) also die anderen Hiwis konnten wir alle deshalb nich so leiden"* (C001 Historikerin, „bildungsnäher": 101, 48-51).

Eine andere Befragte aus der Soziologie wendet ebenfalls diese negative Kontrastfolie an, wenn sie eher selbstverständlich anmerkt: „[Wir] müssen jetzt zum Beispiel gar nichts kopieren oder solche Sachen machen" (A002 Soziologin, „bildungsferner": 25, 13). Dabei scheint sich eine Binnendifferenzierung in den Klassifikationen abzuzeichnen. Die Tätigkeiten werden deutlich in solche unterschieden, die eine Kapitalakkumulation zulassen (z. B. redigieren von Texten, Mitarbeit im Forschungsprojekt etc.) und solche die das nicht erlauben (z. B. Kopieren, Büroarbeit etc.). Diese Binnendifferenzierung findet sich auch in der quantitativen Erhebung (vgl. Abschnitt 6.3.3). Als besonders relevant wird darüber hinaus aber die Vereinbarkeit von Studium und Beruf hervorgehoben. Dies geht teilweise soweit, dass der Eindruck entsteht, die Tätigkeit als StuMi gehöre zum regulären Teil des Studiums. Eine

Identifikation als ArbeitnehmerInnen ist in den Interviews jedenfalls nicht aufzufinden.

Auf diesen Zusammenhang zielt auch ein anderer Befragter ab und fasst die zuvor dargestellten Zusammenhänge prägnant zusammen: „da is natürlich die Kombination halt super (.) dass man halt gleichzeitig viel lernt und dabei halt Geld verdient" (vgl. B004 Politologe, „bildungsferner": 85, 56). Der Lohn wird demnach als ein Teil von einer Reihe von diffusen Vorteilen und Privilegien angesehen, die die Tätigkeit als StuMi insgesamt attraktiv erscheinen lässt. Mehrere Befragte äußern dabei deutlich, dass Geld dabei eine marginale Rolle spielt:

„GELD is eigentlich (.) also du kennst es auch (.) so viel Geld kriegt man jetzt auch nich, dass man davon leben kann (.) aber (.) von daher war schon eher der Anreiz (.) extra (.) extra Sachen dazu zu lernen (.) und mit dem Prof an Projekten zu arbeiten (.) das fand ich spannend" (B004 Politologe, „bildungsferner": 86, 15-18).

„Und von daher ischs (.) war das glaub ich n ganz wichtiger (.) WICHTIGER Teil der sehr viel Zeit [CS: mhmh] also dem ich auch viel Raum gegeben hab und den ich auch strategisch so gewählt hab (.) also es isch jetzt nich irgendwie so dass ich (.) ähm aus (.) ja aus Altruismus jetzt irgendwie Tutor geworden bin oder irgendwie auch bei [Professorin] tu- (.) also Hiwi bin weil ich irgendwie denk, das isch nett oder so oder das isch toll oder wegen der knete oder so was (.) KLAR die knete, aber die isch ja n WITZ eigentlich (.) also von daher [CS: mhmh] das war immer (.) im Prinzip immer n strategisches (.) schon ne ENTSCHEIDUNG bringt mir das was" (A003, Soziologe, „bildungsnäher": 37, 1-11).

5.3.2 »Wenn ich jeden Tag hier wäre, würde mich Vieles viel mehr ärgern«

Ganz im Sinne des Strukturwandels der gesellschaftlichen Arbeitsformen zeigt sich in den Interviews, wie eng die geringe Selbstidentifikation als ArbeitnehmerInnen und die subjektiv positive Einstellung zusammenhängen.

Die Arbeit als StuMi fordert und bietet ein hohes Maß an Flexibilität. Dies betrifft zunächst vor allem die Arbeitszeiten, wie zwei Befragte darlegen:

„Die zwei Stellen hab ich jetzt seit zwei Semestern (.) und äh, dass is schon (.) also einiges an Arbeit die man da hat (.) aber das es Gott sei Dank ganz locker gesehen wird (.) oder ob also da wird nicht drauf geachtet [CS: mh] man hat so und so viele Urlaubstage, sondern man arbeitet vor (.) oder NACH und dann passt das auch so" (C005 Historiker, „bildungsferner": 149, 46-51).

„Also ich kenn das auch von anderen Leuten (.) also n Freund von mir is vom Herr (Professor 2) zum wir ham 25 Stunden im Monat (.) aber wenn jetzt diesen Monat nur 20 gearbeitet sind dann [CS: mhmh] kommen irgendwann n par mehr dazu (.) also das is sehr flexibel (.) und ja [CS: mhmh] also find das sehr angenehm (.) auch das wir (.) das wir einfach (.) also ich kann hier jeden Tag gucken und wenn was in meinem Fach liegt dann is was und wenn nich dann NICH" (A002, Soziologin, „bildungsferner": 25, 33-46).

Dieser Ausschnitt legt die Vermutung nahe, dass die Flexibilität rein zeitlich oft eher zum Nachteil der Hilfskräfte ist, derart aber nicht zwangsläufig wahrgenommen wird. Dabei ist interessant, dass in den 1960er Jahren diesbezüglich die Vorstellung vorherrschte, dass Hilfskräfte ohnehin nicht in Arbeitsstunden bezahlt werden könnten, da bei ihnen eigene Arbeit und Dienst für das Institut untrennbar verschmelzen würden (vgl. Vogel 1970: 47). Zudem ist nicht zu unterschätzen, dass diese Konstellationen zu einer deutlich sinkenden Erwartungshaltung der Hilfskräfte als ArbeitnehmerInnen führen, da die angemessenen, d. h. als gerecht empfundenen Arbeitsbedingungen unbestimmt in die Zukunft verlagert werden. In diesem Sinne wurde aus arbeitssoziologischer Sicht hierbei – komplementär zur These der Feldsozialisation – von einem Sozialisationstypus des Unternehmerischen Selbst bzw. der ArbeitskraftunternehmerInnen gesprochen (vgl. Abschnitt 3.3). Besonders deutlich zeigt sich dieser Zusammenhang an folgendem Ausschnitt einer Mitarbeiterin, die während ihrer Tätigkeit schwanger war:

„Ich war Hilfskraft bis (.) meine Tochter glaub ich n knappes Jahr war und ähm muss sagen auch, dass (.) da extrem kulant behandelt worden bin (.) also als (.) ich hab ja schon schwanger angefangen (.) und das is ja eigentlich fast frech (.) ähm weil ich dann halt klar war, ich fall dann aus (.) und so und hab dann auch wirklich halt (.) sehr STRENG meine Dienstzeiten eingehalten (.) was die anderen eigentlich nicht gemacht haben (.) also [CS: mhmh] das is schon auch (.) OK wenn man mal früher geht aber es is schon natürlich gewünscht wenn viel Arbeit is, dass man auch mal länger bleibt (.) und ähm das war klar, dass kann ich nich (.) und ich hab dann (.) halt meine Tochter gestillt (.) ich bin morgens gekommen Punkt zehn, ich bin Punkt zwölf in die Mittagspause gegangen ((lacht)) nach Hause hab Mittag gegessen, hab gestillt und ähm (.) bin Punkt zwei wieder hier gewesen und Punkt fünf wieder zu Hause (.) und ähm das war mir schon sehr KLAR, dass es echt (.) ne sehr zuvorkommende Behandlung is (.) also es hat sich !NIE! jemand beschwert es hat ähm (.) nie jemand gesagt so geht's nich und dann hab ichs sogar ein Semester lang (.) mir ne Stelle geteilt mit 'nem anderen Hiwi" (B 002 Politologin, „bildungsferner": 68, 32-45).

Dass die Situation einer schwangeren Mitarbeiterin tatsächlich als durchaus ungewöhnlich gelten kann, zeigt umso mehr, wie sehr die Anstellung strukturell auf junge und flexible Menschen zugeschnitten ist, die darin nicht allein eine Arbeit, sondern auch eine Investition in die eigene Zukunft sehen. Dabei zeigt sich deutlich, welch geringe Anspruchshaltung StuMis als ArbeitnehmerInnen an ihren ArbeitgeberInnen richten. Es ist davon auszugehen, dass eine längere – und womöglich positiv erfahrene – Beschäftigung unter solchen Bedingungen auch die spätere Anspruchshaltung beim Berufseinstieg prägt.

Die geringe Anspruchshaltung lässt sich zudem darauf zurückführen, dass StuMis ihre Arbeit nicht nur als etappenhaften Übergang auffassen, sondern auch über vergleichsweise geringe monatliche Arbeitszeiten verfügen. Auf diesen Umstand verweist folgende Befragte:

„Ich denke wenn ich jeden Tag hier wäre würde mich vieles viel mehr ärgern (.) was was hier vorkommt und so (.) denk ich halt ja gut (.) das is halt jetzt mein einer Tag und da isses so und (.) deswegen isses auch nicht so tragisch,

> dass (.) dass wir vielleicht bei Vielem nich so effektiv sind (.) also natürlich wär das (.) wär die Stelle hier viel effektiver mit einer Person besetzt die jeden Tag hier wäre und die ganzen arbeiten machen würde (.) aber so is das halt mit Hiwi-Jobs [CS: mh] und ähm (.) von daher reg ich mich da auch nich auf wenn's mal n bisschen länger dauert oder so (.) ja (..) ich mag's (..) es menschelt das is gut ((lacht))" (B 002 Politologin, „bildungsferner": 69, 62-70, 7).

Dieser Aspekt wurde bereits in anderem Zusammenhang thematisiert: Offenbar bietet das wissenschaftliche Feld ein hohes Maß an Informalität, welches die, nach regulären Kriterien bewertet, schlechten Arbeitsbedingungen abmildert. Somit zeigt die Analyse, dass sich die geringe Anspruchshaltung und hohe Belastungstoleranz der StuMis stark aus den, als positiv empfundenen, informellen Beziehungen zu den höheren Positionen ergibt. Diese werden auch von den folgenden Befragten als ‚gutes Arbeitsklima' thematisiert:

> „Also so schon so (.) menschlich (.) ähm der Doktor is mit uns auch per Du (.) die Prof- die Professorin natürlich nich, aber er is per Du (.) und das macht das Ganze auch (.) das hebt das Ganze auf ne (.) sehr menschliche (.) also das is nich so dieses (.) oh Herr Doktor (.) sondern schon [CS: mhmh] man schwätzt auch einfach mal so (.) also dann redet man auch über was, was überhaupt nix mit der Uni zu tun hat (.) sehr gutes Arbeitsklima" (C002 Historikerin, „bildungsferner": 111, 12-18).

> „KLAR er is der Chef (.) aber er is immer NETT (.) ich hab Herr [Professor] NIE (..) ne (.) ich hab Herr [Professor] noch nie sauer erlebt oder sonst irgendwie irgendwas (.) also selbst wenn irgendwas schief geht (.) was passieren kann [CS: mhmh] isses (.) isser immer nett und cool" (B004 Politologe, „bildungsferner": 88, 59-63).

Die Einbindung in das Feld und die positiven Rückwirkungen auf das eigene Studium scheinen dabei der Tätigkeit als StuMi ebenso zugerechnet zu werden wie die mögliche aussichtsreiche Zukunft. Dies trägt offensichtlich zu einer positiven Gesamteinschätzung der Anstellung bei, die die konkreten negativen Seiten der Tätigkeit bei weitem überwiegt.

5.4 ProfessorInnen und ihre studentischen MitarbeiterInnen

„Einen Ordinarius zu fragen, wie er seinen Assistenten ausgewählt hat, dürfte wohl ebenso sinnlos sein wie ihn zu fragen, welche Kriterien bei der Wahl seiner Frau leitend waren." (Bourdieu 1992 [1984]: 241)

Die Feldsozialisation der studentischen MitarbeiterInnen und die damit einhergehenden Effekte zeigen sich am deutlichsten in der Beziehung zu der personifizierten Macht des Feldes, den ProfessorInnen. Um auch die Sicht der Macht ‚von oben' zu berücksichtigen wurden zusätzlich zehn Interviews (ca. 30 min.) mit ProfessorInnen zur Lage der StuMis durchgeführt. Dabei gilt es, die Auffassungen von Personen der untersten Positionen des Feldes, die versuchen die Regeln dieses zu erlernen, mit denen der höchsten Positionen, die diese Regeln definieren, zu kontrastieren. Interessant ist besonders, dass letztere für die Hilfskräfte oft zugleich LehrerInnen, MentorInnen und PrüferInnen sind sowie ArbeitgeberInnen und Vorgesetzte – also diejenigen, die über die weitere Zukunft der Befragten maßgeblich mitentscheiden.

Insgesamt werden von den ProfessorInnen zwar sehr ähnliche Einschätzungen formuliert, wie sie auch von den Hilfskräften geäußert wurden, diese unterscheiden sich jedoch durch die Perspektive des Standpunktes einer anderen Position im Feld. Einig sind sich alle Befragten zunächst über die Bedeutung von Hilfskräften für das ‚System' Universität. Ein Professor stellt dahingehend fest: „Ohne die Hilfskräfte würden wir hier alles komplett zusammen brechen" (vgl. C04 – Professor, Geschichte: 175, 53f.). Ein anderer Professor weist – wie im vorherigen Kapitel argumentiert – auf die Anstellung als StuMi als einen wichtigen Teil des Studiums hin:

„Ich finde das gehört zur Ausbildung dazu. Ich würde das generalisieren, Hilfskraft-Tätigkeiten sind TEIL der wissenschaftlichen Ausbildung und von daher haben sie wahrscheinlich auch diese arbeitsrechtliche Konsequenz. Im Augenblick werden diese studentischen Hilfsdienste ja gewerkschaftlich eingefordert mit einer höheren Bezahlung, was ich nicht gut finde. Denn das

sind nicht einfach Jobs wie kellnern, sondern das ist immer noch Teil des Studiums. Das ist eine PRAXIS in der Universität, so würde ich das sehen." (A02 – Professor, Soziologie: 159, 8-19)[32]

Der Befragte kommt jedoch nicht zu dem Schluss, dass diese Bedingungen eigentlich Teil des regulären Studiums sein sollten. Aufschlussreich ist darüber hinaus, wie ProfessorInnen ihre studentischen MitarbeiterInnen als Studierende einschätzen. Wie von den Hilfskräften selbst festgestellt, bemerken auch die ProfessorInnen einen prinzipiellen Unterschied zwischen StuMis und anderen Studierenden. Je nach ‚Rekrutierungspraxis' wird dabei die Leistung als Bedingung für die Auswahl der Hilfskräfte betont, wie ein Professor anführt:

„Sie unterscheiden sich in erster Linie dadurch, dass sie vorher in Veranstaltungen oder anderswo etwas mehr Aufwand als andere betrieben haben und deshalb ja gefragt werden. Wir fragen solche Leute KONKRET, ob sie Interesse an dieser Stelle haben, das heißt DAS ist der Hauptunterschied. Danach unterscheiden sie sich dadurch, dass ich die besser KENNE, weil ich sie fast jeden Tag sehe. Aber der Hauptunterschied ist wie gesagt der, dass sie sich in irgendeiner Form auffälliger verhalten haben." (C01-Professor, Geschichte: 168, 11-17)

Ein anderer Professor sieht die Tätigkeit als StuMi eher im Rahmen eines allgemein ambitionierten Karriereverlaufs:

„Also ich glaube, wer Hiwi werden will, will auch ansonsten was werden. Also, sagen wir einen ausgeprägteren Willen, der ist zwar bei allen da aber ein ausgeprägterer Wille sich beruflich zu engagieren." (A03-Professor, Soziologie: 160, 14-17)

---

[32] Die Ausschnitte der ProfessorInnen wurden nicht interpretiert, sondern nach inhaltlicher Relevanz der Aussage zu der Lage studentischer MitarbeiterInnen ausgewählt und daher an die Rechtschreibung angepasst. Im Datenbuch (siehe Schneickert 2009) sind die Transkripte allerdings vollständig codiert. Betonungen sind jedoch kenntlich gemacht.

Nach der Auswahl steht dann insbesondere der angesprochene Kontakt im Vordergrund, wie auch eine Professorin der Politik feststellt: „Man hat diese Kandidaten auch mehr vor Augen, man kennt sie besser. Sie rücken eher in den Blick" (B01-Professorin, Politik: 165, 37-38). Eine andere Professorin zielt stärker auf die Überlagerung von studentischem und wissenschaftlichem Feld ab:

„Natürlich bekommen die einen anderen Hintergrund wie Arbeiten an der Universität organisiert sind. Sie haben also einen Einblick wie Lehrveranstaltungen vorbereitet werden, d.h. wie gut oder auch wie schlecht und können das dann glaub ich auch besser beurteilen. Damit erhalten sie Reaktionen, Bewertungen und Maßstäbe, mit denen man die eigenen Dinge dann bewertet und besser einschätzt." (C02-Professorin, Geschichte: 170, 18-25)

In den untersuchten Fächern, in denen die Stellen in der Regel nicht ausgeschrieben werden, dient die aufgrund von Leistung erfolgte Vorauswahl als Legitimation für die einhergehenden Privilegien. Dies führt eine Professorin sehr prägnant aus:

CS: Was unterscheidet denn aus ihrer Sicht Hilfskräfte von anderen Studierenden?
B01: „Das ist schwer zu sagen weil ich die anderen Studierenden ja immer nur im Unterricht oder in der Sprechstunde habe. Also was mit Sicherheit natürlich der Unterschied ist: Hilfskräfte sind immer die, die herausragende Noten haben und auch Interesse dokumentieren. Das sind sozusagen die berühmten zehn Prozent, die sich durch großes Interesse und Engagement, also WIRKLICHES Interesse, das sich dann in Engagement nieder schlägt, so in der Reihenfolge, auszeichnen. So würde ich es gerne gesagt haben. Ja und die Anderen bleiben oft STUMM und es ist ganz selten, dass mal jemand ein Einser-Studierender ist und sagt: Ok ich weiß was ich kann, ich weiß was ich wert bin; ich will aber keinen Job haben. Das ist ja die Chance sozusagen, der Türöffner für die Institution und ihre Abläufe." (B01-Professorin, 164: 33-49)

Interessant ist, dass sich die Sichtweisen der StuMis und der ProfessorInnen in diesem Punkt nahezu vollständig decken. Auf dem wissenschaftlichen Feld sind die ProfessorInnen so genannte *gatekeeper* für den wissenschaftlichen Nachwuchs (vgl. Beaufaÿs 2003: 21). Einige ProfessorInnen thematisieren die Vorteile der Anstellung als StuMi insbesondere über die Vertrautheit mit dem System, also der Feldsozialisation:

> *„Ich vermute mal, das GIBT für Studentinnen und Studenten bessere Einblicke wie so ein System funktioniert. Ich glaube, dass sie auch etwas selbständiger sich in dem System bewegen. Das könnte daher kommen, dass sie selbstbewusster sind."* (C01-Professor, Geschichte: 168, 58-169,2)

> *„Weil sie sich eben dann mit unterschiedlichen Menschen und Institutionen herumärgern müssen und dazu gehört auch, dass sie stärker sich selbst einschätzen müssen; den Status ihres Wissens und ihrer Position."* (A03-Professor, Soziologie, 160: 28-30)

Nicht zufällig spricht wohl gerade ein Soziologie-Professor implizit den Unterschied zwischen der Realität des akademischen Betriebs und dem Ideal von Wissenschaft als Illusio des Feldes an:

> *„Dass sie sich auch im Anspruch oder im Hintergrund von den anderen Studierenden unterscheiden. Dass sie eben INTERESSE an so etwas wie Wissenschaft, aber kein Interesse an BLOßER Forschung, sondern sie haben irgendwie auch Interesse an der Institution. Das ist n gewisser Unterschied. Es gibt viele Studierende die auch sehr gut sind und sehr interessiert an dem jeweiligen Fach, sehr gute Examina machen aber nie auf die Idee gekommen wären Hiwi zu werden, weil sie eben an der Institution kein Interesse haben."* (A04-Professor, Soziologie: 162, 30-35)

Einen möglichen Zusammenhang zwischen der Desillusionierung sowie dem Einblick der StuMis in den akademischen Betrieb und klassen- bzw. geschlechtsspezifischen Habitus vermutet eine weitere befragte Professorin:

„Als Hilfskraft kriegt man schon eine Menge mit, z. B. das viel nur mit Wasser gekocht wird. Dadurch kann schon etwas der RESPEKT verloren gehen, also der Respekt im Sinne von: Oh, das ist ja was ganz SCHWIERIGES und Kompliziertes, das kann ich mir gar nicht zutrauen. Und das ist sicher ein Effekt der bei Frauen stärker ist." (A01-Professorin, Soziologie: 156, 1-7)

Entgegen den zuvor angestellten Überlegungen, dass die Tätigkeit den Zugang zu einer Promotion ermöglicht, vermutet ein Professor, dass es für Personen aus höheren sozialen Schichten nicht nötig sein dürfte, aus diesen Gründen StuMi zu werden:

„Und Leute die Interesse am Fach haben aber kein Hiwi sind, haben meistens dann auch weniger Interesse in den akademischen Betrieb zu kommen oder sie sind von ihrem Hintergrund oder ihren Beziehungen so überzeugt dass sie meinen, das nicht nötig zu haben ((lacht))." (A04-Professor, Soziologie: 162, 32-37)

Es ist festzuhalten, dass fast alle befragten ProfessorInnen betonen, dass die Anstellung als StuMi nicht zwangsläufig eine Promotion ermöglicht. Ein Professor bestreitet diese Verbindung sogar dezidiert: „Ne, also das Promovieren hat bei mir mit der Hilfskraft-Tätigkeit eigentlich nichts zu tun" (A02, Professor, Soziologie: 158, 10).

Auf die Frage welche Kriterien sie für die Auswahl von Promovierenden anlegen, nannten die ProfessorInnen meist jedoch Eigenschaften und Fähigkeiten, die sie auch den Hilfskräften in Abgrenzung zu ‚normalen' Studierenden zuschrieben. Analog zu der Annahme, dass Hilfskräfte selbständiger, unabhängiger und ‚wissenschaftlicher' arbeiten als andere, stellt ein Professor fest: „Mein Lieblingsspruch ist dann immer: die Promotion ist die geistige Unabhängigkeitserklärung (vgl. A03-Professor, Soziologie: 160, 56-57). Des Weiteren nennen die Befragten durchweg Eigenschaften, die bereits von Sandra Beaufaÿs in der Befragung von Doktoranden, Habilitierenden und ProfessorInnen als männliche Darstellungsformen des wissenschaftlichen Feldes identifiziert wurden (vgl. 2003: 188) und sich auch in den Vorstellung der befragten Hilfskräfte wieder fanden.³³ Diese konstruieren die (implizit) männliche Darstellungsform eines Wissenschaftlers als ‚einsamen Cowboy' oder ‚Goldgräber' (vgl. Beaufaÿs 2003: 191).

Gemäß der Illusio des Feldes wird von den ProfessorInnen durchweg ein hoher zeitlicher Aufwand und eine Identifikation mit wissenschaftlicher Arbeit verlangt, wie eine Professorin exemplarisch festhält:

> *„Ist jemand konsequent dabei und stellt die Wissenschaft und das was AN-FÄLLT in den Vordergrund oder ist das so eine Freizeit-Tätigkeit zwischen dem Strand von irgendwo; das geht natürlich nicht."* (B01-Professorin, Politik 165: 26-28)

Ein Professor thematisiert – unter dem Aspekt der wissenschaftlichen und intellektuellen Leistungsfähigkeit – sogar den direkten Rekrutierungsweg zur Promotion:

> *C03: „Ich BIETE von mir aus solchen Studierenden eine Promotion an, die sich durch herausragende Leistungen so weit exponiert haben, dass sie als wissenschaftlicher Nachwuchs in Frage kommen. Es gibt aber auch andere Studierende, die aus ANDEREN Gründen bei mir promovieren wollen, die ich natürlich auch nehme aber die Rekrutierung hat mit wissenschaftlicher Qualität und intellektueller Brillanz zu tun.*
> *CS: „Würden sie dementsprechend einen Zusammenhang zwischen der Anstellung als studentische Hilfskraft und einer möglichen Promotion sehen?"*
> *C03: „Aber unbedingt! Das ist sogar ganz gezielt so."*
> (C03-Professor, Geschichte: 172, 29-37)

---

[33] Demnach sollen Wissenschaftler(Innen) folgende Eigenschaften vereinen: breites Wissen und ein souveräner Umgang damit / geistige Strukturiertheit und Klarheit / logische Argumentationsfähigkeit / Kritikfähigkeit / rhetorische Versiertheit / Kommunikations- und Problemlösungskompetez / hohe Frustrationstoleranz / Ausdauer und Belastbarkeit / Leistungs- und Einsatzwille / hohe Zeitinvestition / psychische Belastbarkeit und Leidensbereitschaft / Spaß und Begeisterung an der Sache / wissenschaftliche Kreativität / Selbstbewusstsein, Extrovertiertheit und Standfestigkeit (vgl. Beaufaÿs 2003: 188f.).

6 Situation und Lage von studentischen MitarbeiterInnen

UNTER MITARBEIT VON ALEXANDER LENGER, STEFAN PRIEBE, TOBIAS RIEDER UND CHRISTOPHER WIMMER

Das folgende Kapitel basiert auf der quantitativen Befragung von 3961 studentischen MitarbeiterInnen aus 139 Fächern, die im Frühjahr 2010 durchgeführt wurde. Die Ergebnisse wurden in einem Forschungsbericht detailliert dargestellt und kommentiert (siehe Lenger / Schneickert / Priebe 2012). An dieser Stelle werden im Folgenden die wichtigsten Ergebnisse zusammengefasst. Sofern notwendig wird auf die entsprechenden Stellen des Forschungsberichtes verwiesen.[34] Für die Argumentation des vorliegenden Buches wurden zudem einige zusätzliche Regressionsanalysen und Signifikanztests sowie eine Korrespondenz- und Faktorenanalyse durchgeführt.

6.1 Definition und Gesamtzahl

Insgesamt waren im Wintersemester 2009/10 in Deutschland 2.121.190 Studierende immatrikuliert (Statistisches Bundesamt 2010b: 13). Laut den Ergebnissen des 11. Studierendensurvey an Universitäten und Fachhochschulen des Bundesministeriums für Bildung und Forschung (BMBF) ist die Betreuung der Studierenden an deutschen Universitäten jedoch alles andere als zufriedenstellend. Betrachtet man die Zahlen zu den Kontakten zwischen Studierenden und Lehrenden, kann von der viel beschworenen Einheit von Forschung und Lehre im Alltag deutscher Universitäten keine Rede sein. So haben nur wenige Studierende nach eigener Aussage häufig Kontakt zu ProfessorInnen (6 %) und AssistentInnen (8 %), während ein großer Anteil sogar angibt, nie Kontakt zu HochschullehrerInnen (25 %) oder Ihren AssistentInnen (18 %) zu haben (vgl. BMBF 2010b: 24). Gleichzeitig belegt die

---

[34] Der Forschungsbericht ist online verfügbar unter: www.gew.de/Binaries/Binary88494/

Studie die eindeutig positiven Effekte einer guten Integration der Studierenden in die Hochschule und ein enger Kontakt zu den Lehrenden, der seinerseits zu besseren Noten, weniger Studienabbrüchen und höherer Partizipation beiträgt (vgl. BMBF 2010b: 25; Heublein / Spangenberg / Sommer 2003).

Die Anstellung als StuMi kann somit als attraktive Möglichkeit zur Verbesserung der eigenen Studienbedingungen angesehen werden, da hierdurch der fehlende Kontakt zu den Dozierenden im regulärem Studium kompensiert und die Integration in die Hochschule erheblich verbessert werden kann (vgl. Schneickert / Lenger 2010: 17; siehe GEW 2011). Viele dieser positiven Aspekte einer Anstellung als StuMi können jedoch ebenso als erstrebenswerter Teil der allgemeinen universitären Ausbildung gelten, die für Studierende nicht erst durch die Einbindung als StuMi zu erreichen sein sollte. Dies gilt insbesondere deshalb, weil der Zugang zu den Stellen und das Wissen über die diffusen Vorteile sowie die arbeitsrechtliche Situation unter verschiedenen sozialen Gruppen höchst ungleich verteilt sind.

Für studentische MitarbeiterInnen ist die Grundgesamtheit bezüglich Umfang, Geschlecht, Fachzuordnung jedoch weitestgehend unbekannt, da sie nicht einheitlich von der offiziellen Hochschulstatistik erfasst werden (siehe ausführlich zu diesem Problem Lenger / Schneickert / Priebe 2012: 14f.). Die aktuellsten Zahlen des statistischen Bundesamtes stammen derzeit von 2009 und gehen von 81.647 studentischen MitarbeiterInnen aus (vgl. Statistisches Bundesamt 2010a: 37). Nach Schätzungen der Gewerkschaft für Erziehung und Wissenschaft sind in Deutschland über 100.000 Studierende an Hochschulen beschäftigt (vgl. GEW 2011: 5). Diese Zahlen müssen jedoch deutlich nach oben korrigiert werden, da studentische MitarbeiterInnen in einer Reihe von Bundesländern nach Landesrecht nicht zum Hochschulpersonal gezählt und somit auch nicht in der amtlichen Statistik erfasst werden.[35] Dies führt dazu, dass eine länderübergreifende Vergleichbarkeit der erhobenen Daten zu den studentischen MitarbeiterInnen nicht gegeben ist (siehe Statistisches Bundesamt 2010a: 14). Weitere Erfassungsprobleme entstehen, weil studentische MitarbeiterInnen häufig nicht aus Personal- son-

---

[35] So weist das Statistische Bundesamt etwa für Hessen lediglich sieben studentische MitarbeiterInnen im Jahr 2009 aus (vgl. Statistisches Bundesamt 2010a: 37).

dern aus Sachmitteln bezahlt werden und dementsprechend in keiner Personalstatistik erfasst werden.[36]

In einer eigenen Schätzung haben wir die Beschäftigungsquoten im Zeitablauf verwendet, die für die folgenden Überlegungen als Berechnungsgrundlage dienen. Im Jahr 2010 waren demnach 19 % der Studierenden an Hochschulen als studentische MitarbeiterInnen beschäftigt. Die Beschäftigungsquoten sind dabei über die Zeit von 2001 bis 2010 relativ stabil (vgl. Lenger / Schneickert / Priebe 2012: 14f.).

An diese Zahlen anknüpfend ist davon auszugehen, dass auch die Zahl der aktiven studentischen MitarbeiterInnen deutlich höher liegt als die genannten 80.000 bis 90.000 Personen. Laut Studierendensurvey waren im Wintersemester 2009 / 2010 22 % der Studierenden an Universitäten und 14 % der Studierenden an Fachhochschulen als studentische Hilfskräfte und/oder TutorIn beschäftigt. Entsprechend erscheint es sinnvoll, zur Berechnung der Grundgesamtheit diese Beschäftigungsquoten zu antizipieren. Bezieht man diese Anzahl auf die Zahl der Studierenden im Wintersemester 2010 / 2011, so wäre eine Gesamtzahl studentischer MitarbeiterInnen von etwas mehr als 310.000 an Universitäten und ungefähr 90.000 an Fachhochschulen anzunehmen. Insgesamt ist somit davon auszugehen, dass bis zu 400.000 studentische MitarbeiterInnen an deutschen Hochschulen beschäftigt werden. Die zu einem bestimmten Zeitpunkt tatsächlich beschäftigte Zahl schwankt im Verlauf des akademischen Jahres allerdings beträchtlich, weswegen zu einem bestimmten Zeitpunkt stets deutlich geringere Zahlen zu erwarten sind. Insgesamt haben aber mehr Studierende Erfahrungen als StuMi als von der amtlichen Statistik bisher nahe gelegt wurde.

---

[36] Eine Annäherung an die Grundgesamtheit studentischer MitarbeiterInnen erlauben die Sozialerhebung des Deutschen Studentenwerks (BMBF 2010a) sowie der Studierendensurvey (BMBF 2010b). Insgesamt waren im Jahr 2009 laut Sozialerhebung 28 % der Studierenden als studentische MitarbeiterInnen beschäftigt (BMBF 2010a: 389). Der Studierendensurvey berechnet für das Jahr 2009 hingegen, dass 13 % der Studierenden an Universitäten und Fachhochschulen als studentische MitarbeiterInnen gearbeitet haben (BMBF 2010b: 28; eigene Berechnungen).

6.2 Sozialstrukturelles Profil

In diesem Abschnitt wird ein ausführliches sozialstrukturelles Profil der studentischen MitarbeiterInnen erstellt, wobei die zentralen Daten aus dem 2011 veröffentlichtem Forschungsbericht zusammengefasst werden (siehe ausführlich Lenger / Schneickert / Priebe 2012: 16-38).

6.2.1 Soziale Herkunft: Ökonomisches und kulturelles Kapital

Die soziale Herkunft der studentischen MitarbeiterInnen beeinflusst auf vielfache Weise die strukturellen Rahmenbedingungen unter denen die Beschäftigten leben, studieren und arbeiten.

Bei Fragen zum sozialstrukturellen Hintergrund besteht empirisch eine große Schwierigkeit darin, dass mit hohen Ausfallquoten zu rechnen ist. Diese ergeben sich einerseits aus mangelnder Information über die berufliche und finanzielle Situation der Eltern und andererseits aus der sozialen Tabuisierung der eigenen finanziellen Lage gegenüber außenstehenden Dritten. Auch deshalb wird die soziale Herkunft mitunter in verschiedenen Studien sehr unterschiedlich kategorisiert bzw. es finden sehr verschiedene Faktoren, mit unterschiedlicher Gewichtung, Eingang in die Berechnung. Diese Tatsache ist jedoch insbesondere für eine vergleichende Analyse sowie für Langzeitstudien zur Entwicklung der sozialen Herkunft problematisch.

Im vorliegenden Fall ist insbesondere der Vergleich mit der relevanten Vergleichsgruppe, den Studierenden an deutschen Hochschulen, unabdingbar. Die Sozialerhebungen zur wirtschaftlichen und sozialen Situation der Studierenden in Deutschland im Auftrag des Bundesministeriums für Bildung und Forschung berechnen die soziale Herkunft aus verschiedenen Indikatoren des Bildungs- und Berufshintergrundes einer Person.[37]

---

[37] Dabei werden aus Gründen der methodischen Vereinfachung fehlende Angaben durch andere Angaben ausgeglichen. Somit erreicht bspw. die Sozialerhebung aus dem Jahr 2009 eine Quote von fast 99 % bezüglich der Informationen zur sozialen Herkunft der Studierenden (vgl. BMBF 2010a: 120). Insgesamt liegen für die Berechnungen nach der Methode der Sozialerhebungen des BMBF für ca. 85 % der studentischen MitarbeiterInnen Informationen zur sozialen Herkunft vor, nach unseren eigenen an Bourdieu orientierten Berechnungen für ca. 70 %.

In Anlehnung an die theoretisch-methodologischen Überlegungen Bourdieus wurden eigene Berechnungen zur sozialen Herkunft vorgenommen, die sich aus den gewichteten Untervariablen von ökonomischem und kulturellem Einkommen zusammensetzt (zum Vorgehen vgl. Lenger / Schneickert / Priebe 2012: 119f.). Die auf diese Weise berechneten Daten des kulturellen Kapitals lassen sich zur besseren Darstellung in vier Gruppen zusammenfassen, die sich graduell von ‚sehr bildungsnah' über ‚bildungsnäher' und ‚bildungsferner' zu ‚sehr bildungsfern' erstrecken.

Abbildung 5: Kulturelles Kapital (in %)

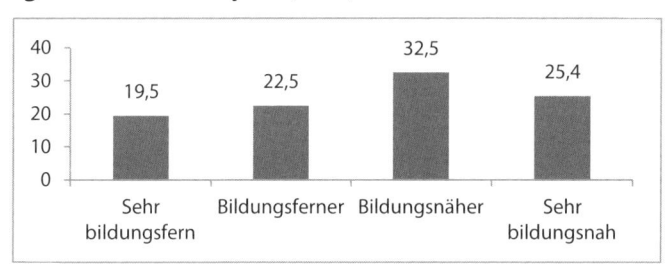

Sehr bildungsfern	Bildungsferner	Bildungsnäher	Sehr bildungsnah
19,5	22,5	32,5	25,4

Frage 57: Welchen höchsten Schulabschluss hat Ihre Mutter? Frage 58: Welchen höchsten Schulabschluss hat Ihr Vater? Frage 59: Welchen höchsten beruflichen Abschluss hat bzw. hatte Ihre Mutter? Frage 60: Welchen höchsten beruflichen Abschluss hat bzw. hatte Ihr Vater?

Abbildung 5 zeigt, dass die studentischen MitarbeiterInnen zu fast 60 % aus bildungsnahen Familien kommen, wobei ein Viertel sogar aus der höchsten Gruppe ‚sehr bildungsnah' stammt. Die Darstellung des ökonomischen Kapitals erfolgt im Wesentlichen anhand der gewichteten Zusammenführung der Daten zur beruflichen Stellung der Eltern sowie des gemeinsamen Jahreseinkommens und wird in fünf sozialstrukturellen Gruppen dargestellt. Abbildung 6 zeigt, dass studentische MitarbeiterInnen tendenziell aus ökonomisch privilegierten Schichten kommen. Dieser Eindruck bestätigt sich noch eindrücklicher, wenn das geschätzte Jahresbruttoeinkommen der Eltern herangezogen wird. Hier zeigt sich, dass studentische MitarbeiterInnen aus Haushalten kommen, die nach eigener Aussage im Mittel zwischen 70.000 und 80.000 Euro Jahresbruttoeinkommen erwirtschaften.

Abbildung 6: Ökonomisches Kapital (in %)

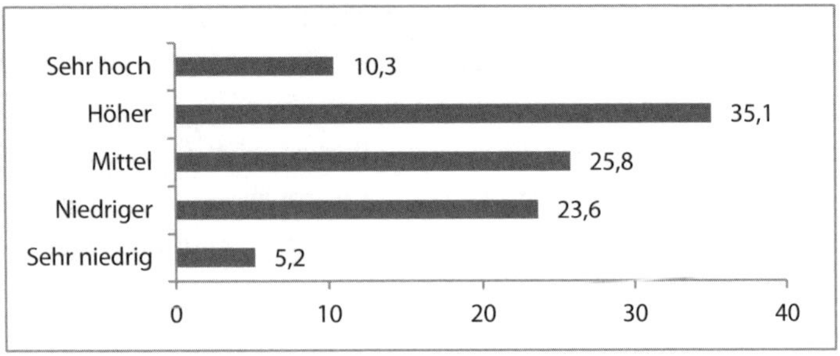

Sehr hoch	10,3
Höher	35,1
Mittel	25,8
Niedriger	23,6
Sehr niedrig	5,2

Frage 61: Was ist bzw. war die überwiegende berufliche Stellung Ihrer Mutter? Frage 62: Was ist bzw. war die überwiegende berufliche Stellung Ihres Vaters? Frage 63: Bitte schätzen Sie: Wie hoch ist das durchschnittliche, kombinierte Jahreseinkommen Ihrer Eltern? (Brutto, d.h. vor allen Abzügen)

Abbildung 7: Gemeinsames Jahresbruttoeinkommen der Eltern (in € / %)

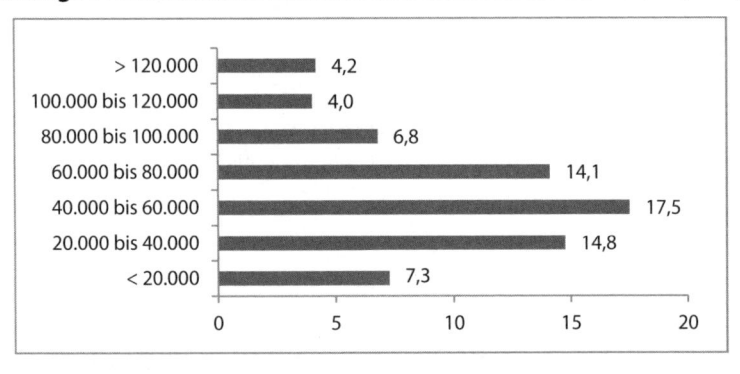

> 120.000	4,2
100.000 bis 120.000	4,0
80.000 bis 100.000	6,8
60.000 bis 80.000	14,1
40.000 bis 60.000	17,5
20.000 bis 40.000	14,8
< 20.000	7,3

Frage 63: Bitte schätzen Sie: Wie hoch ist das durchschnittliche, kombinierte Jahreseinkommen Ihrer Eltern? (Brutto, d. h. vor allen Abzügen)

Leider gibt es keine vergleichbaren Ergebnisse in der jüngsten Sozialerhebung des BMBF, weshalb zur Einordnung der Ergebnisse lediglich der Vergleich mit dem gesamtgesellschaftlichen Durchschnittseinkommen erfolgen kann. Dennoch ist auch hier die Tendenz deutlich: Laut Statistischem Bundesamt beträgt 2010 das Bruttojahreseinkommen 33.770 Euro je ArbeitnehmerIn und 45.096 Euro je Haushalt (vgl. Statistisches Bundesamt 2010: 13; 2011: 4). Somit ist festzuhalten, dass studentische MitarbeiterInnen, ähnlich wie Promovierende (vgl. Lenger 2008: 79), aus ökonomisch privilegierten

Familien stammen. Vor diesem Hintergrund ist auch die teilweise hohe Toleranz der studentischen MitarbeiterInnen gegenüber der relativ geringen Bezahlung in Kombination mit den diffusen Vorteilen für die eigene Bildungslaufbahn zu betrachten. In diesem Sinne lässt sich durchaus der von Charlotte-Ada Regelmann formulierten These zustimmen, nach der für studentische MitarbeiterInnen gilt: „Man muss es sich leisten können" (Regelmann 2004).[38]

Insgesamt zeigt sich in den Berechnungen (siehe ausführlich Lenger / Schneickert / Priebe 2012: 17-24), dass die Mehrheit der studentischen MitarbeiterInnen aus sozio-ökonomisch privilegierten und bildungsnahen Familien stammen. Diese Ergebnisse decken sich mit den Befunden anderer Studien, die ebenfalls darauf hinweisen, dass höhere soziale Herkunft und StuMi-Tätigkeit zusammenhängen (vgl. BMBF 2006: 18; BMBF 2010a: 392f.).

Um eine umfassende Darstellung und Vergleichbarkeit der erhobenen sozialstrukturellen Daten zu gewährleisten, wurde zusätzlich zu den eigenen Berechnungen die soziale Herkunft in Anlehnung an das methodische Vorgehen der Sozialerhebungen des BMBF durchgeführt. Diese Daten erlauben eine weitreichende Vergleichbarkeit mit dem sozialen Profil der Studierenden insgesamt und ermöglichen so eine Einordnung der für diesen Forschungsbericht erhobenen Daten.

Die Sozialerhebung arbeitet nicht mit dem Konzept des kulturellen Kapitals, sondern nähert sich dem Bildungshintergrund über die verschiedenen Bildungszertifikate, die in der Herkunftsfamilie vorhanden sind. So kann die Bildungsnähe anhand der Verfügung über die Hochschulreife gemessen werden. Abbildung 8 zeigt, dass die studentischen MitarbeiterInnen häufiger aus Elternhäusern kommen, in denen zumindest ein Elternteil die Hoch-

---

[38] Es bleibt jedoch die Frage, wie verlässlich die ermittelten Zahlen sind. Hierbei ist darauf hinzuweisen, dass fast ein Drittel der befragten studentischen MitarbeiterInnen die Frage nach dem Einkommen der Eltern nicht beantwortet hat. Daten zur Einkommenssituation gelten sozialwissenschaftlich als höchst sensibel, weswegen mit Antwortausfällen zu rechnen ist. Entsprechend sind die Informationen über das Einkommen der Eltern von studentischen MitarbeiterInnen vorsichtig zu interpretieren, können aber durchaus als Hinweis auf die subjektiv positive Einschätzung der ökonomischen Situation der Eltern gedeutet werden.

schulreife erworben hat (73,7 %) als die ohnehin schon hohe Quote von 59 % bei den Studierenden insgesamt (vgl. BMBF 2010a: 121).

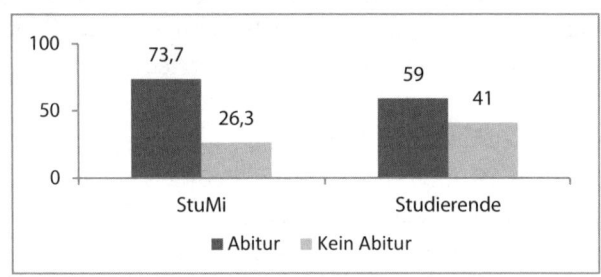

Abbildung 8: Eltern mit Abitur (Vergleich StuMi / Studierende, in %)

	StuMi	Studierende
Abitur	73,7	59
Kein Abitur	26,3	41

Frage 57: Welchen höchsten Schulabschluss hat Ihre Mutter? Frage 58: Welchen höchsten Schulabschluss hat Ihr Vater? Eigene Darstellung nach BMBF (2010a: 120-121).[39]

Dies gilt auch für Eltern mit Hochschulabschluss, da die geschlechtsspezifischen Verteilungen hier deutlicher werden. Insgesamt fällt auf, dass die Berufsabschlüsse der Eltern im Vergleich einen deutlichen Bildungsvorsprung des Vaters gegenüber der Mutter aufweisen und zwar gleichfalls in einem größeren Ausmaß als in Bezug auf den schulischen Abschluss. Kurz gesagt: Die Väter verfügen häufiger über einen höheren beruflichen Abschluss als ihre Partnerinnen. Dies deckt sich mit den Ergebnissen der Sozialerhebung (vgl. BMBF 2010a: 123).

Zusammenfassend zeigt Abbildung 9, dass die Differenz zwischen studentischen MitarbeiterInnen und Studierenden hinsichtlich einer hohen sozialen Herkunft noch deutlicher ausgeprägt ist, wenn ein Hochschulabschluss der Eltern zu Grunde gelegt wird. Zudem zeigt die Abbildung im Vergleich mit der relevanten Kohorte der Gesamtgesellschaft, dass der Zugang zur Mitarbeit noch exklusiver ist als der ohnehin schon sehr exklusive Zugang zum Hochschulstudium. Während die Studierenden insgesamt jeweils etwa zur Hälfte aus Familien mit bzw. ohne Hochschulabschluss stammen, verfügt in

---

[39] In der Sozialerhebung wird der höchste Schulabschluss vorwiegend anhand des höchsten Schulabschlusses des Vaters als Familienbezugsperson berechnet (vgl. BMBF 2010a: 73, 80, 121), weshalb bei diesem Vergleich leichte Verzerrungen denkbar sind.

den Familien von studentischen MitarbeiterInnen zu 70 % mindestens ein Elternteil über einen Hochschulabschluss.

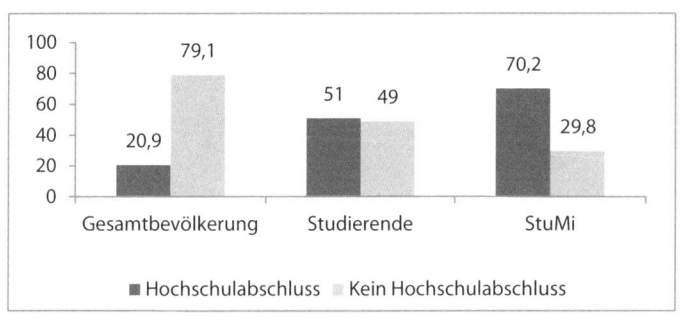

Abbildung 9: Eltern mit Hochschulabschluss (Vergleich Studierende, StuMis und Gesamtbevölkerung, in %)

[Balkendiagramm: Gesamtbevölkerung: Hochschulabschluss 20,9 / Kein Hochschulabschluss 79,1; Studierende: 51 / 49; StuMi: 70,2 / 29,8]

Frage 59: Welchen höchsten beruflichen Abschluss hat bzw. hatte Ihre Mutter? Frage 60: Welchen höchsten beruflichen Abschluss hat bzw. hatte Ihr Vater? Quelle: Eigene Darstellung nach BMBF (2010a: 102 und 123-124), Anteil der Gesamtbevölkerung bezieht sich auf die Vergleichsgruppe der 19 bis 24 Jährigen.

Dieser deutliche Unterschied gibt klare Hinweise, dass die Tätigkeit als StuMi eine sozial exklusive Praxis darstellt und stützt die These, dass die Beschäftigung an einer Forschungseinrichtung oder einer Hochschule eine gewisse, in der Familie vermittelte Vertrautheit mit den Gepflogenheiten der wissenschaftlichen Welt voraussetzt.

Obgleich die vorliegenden Ergebnisse die Exklusivität der Mitarbeit eindrucksvoll belegen, können die Zahlen aus der Studie von Regelmann (2004: 20), wonach lediglich 4 % der studentischen MitarbeiterInnen aus so genannten ArbeiterInnenfamilien stammen, nicht bestätigt werden.

Daher ist es in einem weiteren Schritt sinnvoll, die berufliche Stellung der Eltern von studentischen MitarbeiterInnen und Studierenden vergleichend zu untersuchen. Die Sozialerhebung der Studierenden teilt die berufliche Stellung der Eltern anhand der vier sozialversicherungsrechtlichen Kategorien ‚Arbeiter', ‚Angestellte', ‚Beamte', ‚Selbständige/Freiberufler' ein (vgl. BMBF 2010a: 126). Im Fragebogen werden diese Kategorien nach verschiedenen Tätigkeits- und Qualifikationsanforderungen bzw. Einkommen ausdifferenziert. Diese Einteilung deckt sich im Wesentlichen mit dem Vorgehen der vorliegenden Online-Befragung.[40]

Abbildung 10: Soziale Herkunft (Vergleich StuMis / Studierende / Promovierende, in %)

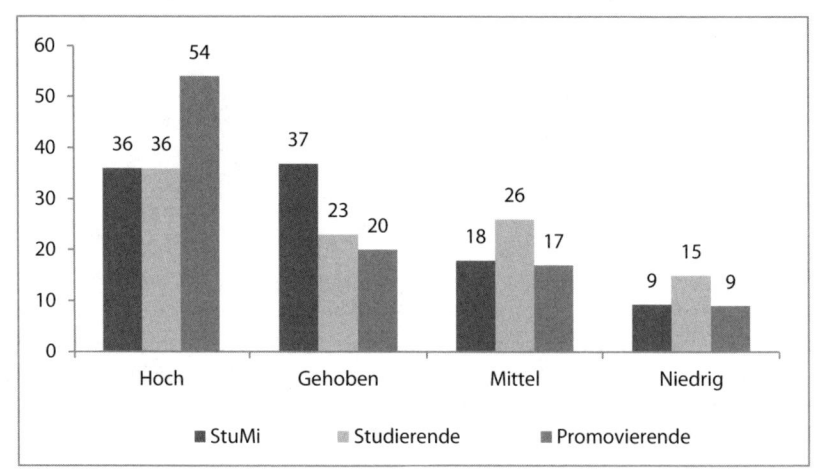

	Hoch	Gehoben	Mittel	Niedrig
StuMi	36	37	18	9
Studierende	36	23	26	15
Promovierende	54	20	17	9

Quellen: Gewichtete Zusammenfassung von ökonomischem und kulturellem Kapital sowie eigene Darstellung nach BMBF (2010a: 132).

Die Darstellung der sozialen Herkunft im Rahmen der Sozialerhebung des BMBF errechnet sich anhand des höchsten schulischen und beruflichen Abschlusses in der Familie und der beruflichen Stellung des Vaters (vgl. ausführlich BMBF 2010a: 128). Die Sozialerhebung differenziert die soziale Herkunft traditionell in die Ausprägungen ‚niedrig', ‚mittel', ‚gehoben' und ‚hoch'. Die vorliegenden Ergebnisse sind eindeutig. Insgesamt können fast drei Viertel der studentischen MitarbeiterInnen (72,9 %) den Kategorien ‚hoch' (36,0 %) und ‚gehoben' (36,9 %) zugeordnet werden, während dies nur für 59,0 % der Studierenden insgesamt zutrifft. Auffällig ist jedoch, dass diese Differenz nicht für die höchste Herkunft zutrifft, sondern dass sich überdurchschnittlich viele studentische MitarbeiterInnen aus dem gehobenen

---

[40] In diesem Kontext sei, der Sozialerhebung folgend, auf die Schwierigkeit verwiesen, die eigenen Eltern eindeutig in eine Kategorie einzuordnen (vgl. BMBF 2010a: 126). Hier gilt es in Zukunft eine effizientere Befragungsmethode zu wählen.

sozialen Milieu rekrutieren. Dies kann als Hinweis darauf gesehen werden, dass es sich bei der Anstellung um eine Möglichkeit handelt, den sozialen Aufstieg von einer bereits relativ hohen sozialen Position aus strategisch zu unterstützen und stützt somit die zentrale These der Feldsozialisation.

Wird als zusätzliche Vergleichsgröße die Gruppe der Promovierenden hinzu genommen, zeigt sich sehr deutlich, dass die Tätigkeit als StuMi eine Mittlerfunktion zwischen Studium und Promotion darstellt. Entsprechend kann, in Anlehnung an die bildungssoziologischen Überlegungen aus Kapitel 2, von der Tätigkeit als wirkungsvoller Strategie innerhalb einer individuellen und sequentiellen Bildungslaufbahn ausgegangen werden (siehe Mare 1980; 1993).

6.2.2 Geschlecht – Nationalität – Alter

Bezüglich der Studierendenquoten zeigen sich leichte Unterschiede zwischen Männern und Frauen (vgl. BMBF 2010a: 89). Laut Statistischem Bundesamt lag der Frauenanteil unter den Studierenden an Universitäten und Fachhochschulen im Wintersemester 2010/2011 bei 49,9 % (Statistisches Bundesamt 2010b: 6). Die Verteilung zwischen männlichen und weiblichen StuMis liegt in der vorliegenden Erhebung bei 42,9 % zu 56,4 %. 30 Personen wollten sich keinem der beiden Geschlechter zuordnen, dies entspricht einem Anteil von 0,8 %. Über geschlechtsspezifische Unterschiede bei der Beantwortung einer (Online-) Befragung liegen unserem Wissen nach keine Studien vor.

Allerdings interagieren die beiden unabhängigen Variablen ‚soziale Herkunft (4-stufiges BMBF-Modell) und ‚Geschlecht' miteinander. So weisen weibliche StuMis im Durchschnitt (1,98 zu 2,04) eine signifikant höhere soziale Herkunft als die männlichen auf (t=1,65; t_{krit}=1,65 bei α=0,05). Dies stützt die These, dass der Feldzugang durch askriptive Faktoren reguliert wird, wobei sich verschiedene Ungleichheiten ausgleichen bzw. verstärken können. Entsprechend ist eine höhere soziale Herkunft für weibliche StuMis etwas wichtiger als für ihre männlichen Kollegen. Dieser Zusammenhang ist auch deshalb von Interesse, weil durch die hohe sozialstrukturelle Exklusivität beim *Feldzugang* die Effekte sozialer Ungleichheit *innerhalb* des Feldes statistisch geringer ausfallen können.

Deutlich unterrepräsentiert hingegen sind studentische MitarbeiterInnen nicht-deutscher Staatsangehörigkeit. Während im vergangenen Jahr etwa 11,3 % der Studierenden nicht aus Deutschland kamen (vgl. Statistisches Bundesamt 2010b: 13), sind nur etwa 2,3 % StuMis ohne deutschen Pass.[41] Eine unerwartete Häufung von studentischen MitarbeiterInnen aus bestimmten Ländern ist nicht zu beobachten (vgl. Tabelle 3).

Tabelle 3: Staatsangehörigkeit (in %)

Deutsch	97,7
Polnisch	0,8
Russisch	0,6
Türkisch	0,4
Italienisch	0,3
Rumänisch	0,2
Frage 75: Staatsangehörigkeit	

Die Altersverteilung weist eine starke Ballung im Bereich zwischen 22 und 25 Jahren auf. Mehr als die Hälfte der Befragten können dieser Altersspanne zugeordnet werden.

---

[41] Für die geringe Beteiligung ausländischer studentischer MitarbeiterInnen lassen sich zwei potentielle Gründe anführen. Zum einen wurde der Fragebogen nur in Deutsch zirkuliert, wodurch anderssprachigen MitarbeiterInnen die Teilnahme de facto verwehrt wurde. Zum anderen ist aufgrund der spezifischen Erfordernisse an studentische MitarbeiterInnen davon auszugehen, dass weniger ausländische Studierende eine solche Position innehaben.

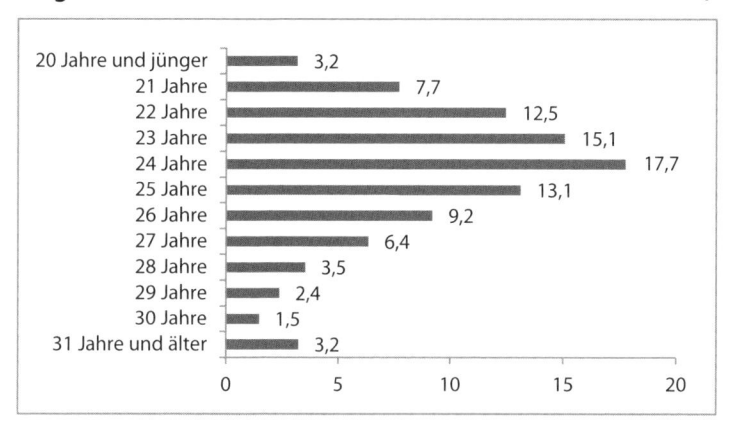

Abbildung 11: Altersstruktur der studentischen MitarbeiterInnen (in %)

Alter	%
20 Jahre und jünger	3,2
21 Jahre	7,7
22 Jahre	12,5
23 Jahre	15,1
24 Jahre	17,7
25 Jahre	13,1
26 Jahre	9,2
27 Jahre	6,4
28 Jahre	3,5
29 Jahre	2,4
30 Jahre	1,5
31 Jahre und älter	3,2

Frage 76: In welchem Jahr sind Sie geboren?

Das Durchschnittsalter der befragten studentischen MitarbeiterInnen beträgt 24 Jahre. Somit sind studentische MitarbeiterInnen etwas jünger als der Durchschnitt der Studierenden, wonach im WS 2009/10 Männer an Universitäten im Schnitt 25,9 Jahre und Frauen im Schnitt 25,0 Jahre alt waren (Statistisches Bundesamt 2010b: 291). Die weiblichen StuMis sind im Mittel 24,1, die männlichen 24,6 Jahre alt.

6.2.3 Bildungswege und Fachbereiche

Die überwiegende Mehrheit (88,4 %) der studentischen MitarbeiterInnen absolvierte den klassischen Weg über das Gymnasium zur allgemeinen Hochschulreife. Studentische MitarbeiterInnen weisen somit eine etwas ‚geradlinigere' Bildungsbiographie auf und haben seltener das Abitur über den zweiten Bildungsweg erworben.

Häufig wird unterstellt, dass es sich bei studentischen MitarbeiterInnen um besonders qualifizierte bzw. leistungsfähige Studierende handelt (siehe BMBF 2006; Regelmann 2004; Rompa 2010; siehe auch die Aussagen der ProfessorInnen in Abschnitt 5.4). Die studentischen MitarbeiterInnen erreichten im Mittelwert eine Abiturnote von 2,03 und liegen damit leicht über dem Durchschnitt aller Studierenden (2,2). Studentinnen schneiden an deutschen Hochschulen bezüglich der Abiturnote im Mittel etwas besser ab als ihre Kommilitonen (vgl. BMBF 2010b: 2). Diese Tendenz zeigt sich auch bei den studentischen MitarbeiterInnen. Tabelle 4 zeigt die Unterschiede zwischen den Abiturnoten (arithmetisches Mittel) zwischen Studierenden und MitarbeiterInnen nach Geschlecht.

Tabelle 4: Durchschnittliche Abiturnoten nach Geschlecht

	StuMi	Studierende
Männlich	2,12	2,29
Weiblich	1,97	2,16

Arithmetisches Mittel; Frage 67: Mit welcher Abschlussnote haben Sie die Hochschulreife abgelegt?; Frage 77: Sind sie männlich/weiblich?

Neben den schulischen Leistungen sind aufgrund der Studienreformen insbesondere die angestrebten Studienabschlüsse der studentischen MitarbeiterInnen interessant (vgl. BMBF 2010b: 5). Im 11. Studierendensurvey finden sich unter der Rubrik ‚Erwerbstätigkeit der Studierenden' eigene Zahlen zu Tätigkeit als StuMi in Abhängigkeit von dem angestrebten Studienabschluss vorgelegt (vgl. BMBF 2010b: 29).[42]

Die Verteilung der StuMis nach Fachbereichen erlaubt im Wesentlichen zwei Schlussfolgerungen: Erstens rekrutieren sich die studentischen Hilfskräfte – trotz der sinkenden Studierendenzahlen in diesen Abschlüssen – noch immer überwiegend aus den traditionellen Studienabschlüssen wie Diplom, Magister und Staatsexamen. Dies wird, zweitens, dadurch bestätigt, dass ebenfalls überproportional viele studentische MitarbeiterInnen den Masterabschluss anstreben. Während der Bachelor deutlich stärker berufsorientiert strukturiert ist, fokussieren die Masterstudiengänge die Spezialisierung der akademischen Ausbildung. Dies stützt die These, dass studentische MitarbeiterInnen sich durch ein überdurchschnittliches Interesse am wissenschaftlichen Betrieb und einer akademischen Karriere auszeichnen.

---

[42] Ein ausführlicher Vergleich der Zahlen findet sich im Forschungsbericht (siehe Lenger / Schneickert / Priebe 2012: 30-32).

Insgesamt wurden studentische MitarbeiterInnen aus über 139 verschiedenen Fächern befragt.[43] Zur besseren Übersicht wurden die Studienfächer von studentischen MitarbeiterInnen gemäß der Fächersystematik der amtlichen Hochschulstatistik zusammengefasst (vgl. Statistisches Bundesamt 2010b: 442-444). Allerdings werden Kunst und Kunstwissenschaft den Sprach- und Kulturwissenschaften sowie die Sportwissenschaften den Medizin- und Gesundheitswissenschaften zugerechnet.

Tabelle 5: StuMi / Studierende nach Fachbereichen (in %)

	StuMi	Studierende
Rechts-, Wirtschafts-, Sozialwissenschaften	28,5	31,5
Sprach-, Kultur-, Kunstwissenschaften	42,9	23,2
Mathematik, Naturwissenschaften	19,1	19,7
Ingenieurwissenschaften	6,3	18,0
Medizin, Gesundheits- , Sportwissenschaften	2,7	6,8

Frage 4: Hauptfach (in dem die Abschlussarbeit verfasst wird)? Quelle: Studierende im Wintersemester 2009/2010 nach Statistisches Bundesamt (2010b: 33).

Die Zahlen der vorliegenden Studie unterscheiden sich teilweise erheblich von den Befunden des Studierendensurvey (vgl. BMBF 2010b: 29; Lenger / Schneickert / Priebe 2012: 31). Für die abweichenden Zahlen zwischen Studierenden und StuMis sind drei Gründe denkbar. Erstens könnte unter Sprach-, Kultur- und Kunstwissenschaftlern eine größere Affinität bzgl. sozialwissenschaftlichen Fragestellungen bestehen und deswegen bereitwilliger an der vorliegenden Studie teilgenommen wurde (vgl. hierzu auch Lenger 2008: 24). Zum anderen wäre es denkbar, dass in den Ingenieurwissenschaften die personelle Ausstattung deutlich besser ist, so dass insbesondere in den Sprach-, Kultur- und Kunstwissenschaften anstelle von regulärem Personal aus Kostengründen überproportional häufig auf studentische MitarbeiterInnen zurückgegriffen werden muss. Am wahrscheinlichsten ist jedoch, dass

---

[43] Hierzu ist anzumerken, dass wir uns bewusst für eine repräsentative Erhebung über ein sehr breites Fächerspektrum entschieden und gegen eine typologisch begründete Vorauswahl entschieden haben, um den fachspezifischen Unterschieden gerecht zu werden.

Studierenden der Ingenieurswissenschaften für studentische Nebentätigkeiten wesentlich höhere Löhne gezahlt werden, weswegen sie ein geringeres Interesse an einer Erwerbstätigkeit an der Hochschule bzw. Forschungseinrichtung haben.[44]

Gemäß Statistischem Bundesamt folgt die Fachauswahl von jungen Frauen und Männern auch weiterhin traditionellen Mustern. In der Medizin (63 % auf 73 %), den Wirtschaftswissenschaften (39 % auf 49 %) und in der Rechtswissenschaft (54 % auf 62 %) konnten Frauen stark aufholen. Besonders viele Studenten finden sich in den Fächern Maschinenbau (Uni 85 %; [FH 82 %]), Elektrotechnik (93 % [94 %]) sowie Physik (82 %) und Informatik (87 % [86 %]), während besonders viele Studentinnen die Fächer Psychologie (77 %), Romanistik (82 %), Erziehungswissenschaften (77 % [81 %]), Sozialwesen (75 % [77 %]), Veterinärmedizin (86 %) studieren (vgl. Statistisches Bundesamt 2010b: 33).

Tabelle 6: Fachbereiche nach Geschlecht (in %)		
	Weiblich	Männlich
Rechtswissenschaften	53,7	46,3
Wirtschaftswissenschaften	53,0	47,0
Sozialwissenschaften	55,9	44,1
Sprach-, Kultur-, Kunstwissenschaften	69,0	31,0
Mathematik, Naturwissenschaften	41,9	58,1
Ingenieurwissenschaften	75,4	24,6
Medizin, Gesundheits-, Sportwissenschaften	61,0	39,0
Frage 4: Hauptfach (in dem die Abschlussarbeit verfasst wird)? Frage 77: Sind Sie männlich/weiblich?		

Auch in der Verteilung der studentischen MitarbeiterInnen gibt es teilweise starke geschlechtsspezifische Unterschiede zwischen den Fachbereichen, die

---

[44] Ergänzend sei darauf hingewiesen, dass die studentischen MitarbeiterInnen der Ingenieurswissenschaften eine Anstellung als studentischeR MitarbeiterIn deutlich am schlechtesten im Vergleich zu alternativen Studentenjobs (auf einem hohen Niveau von 73,9 %) bewerten.

sich grob an den Trennlinien unter den Studierenden insgesamt orientieren (siehe Tabelle 6).

6.2.4 Bundesländer

Aufgrund der föderalen Struktur der Hochschulgesetzgebung ist die regionale Herkunft der befragten StuMis von entscheidender Bedeutung. Tabelle 7 und Abbildung 12 zeigen die absoluten Zahlen sowie die relative regionale Verteilung der befragten studentischen MitarbeiterInnen nach Bundesland. Die föderalen Unterschiede sind insbesondere deshalb relevant, weil studentische MitarbeiterInnen im öffentlichen Dienst beschäftigt sind.

Tabelle 7: Studentische MitarbeiterInnen nach Bundesland

	Häufigkeit	Prozente
Nordrhein-Westfalen	590	14,9
Baden-Württemberg	433	10,9
Bayern	353	8,9
Berlin	324	8,2
Thüringen	272	6,9
Niedersachsen	269	6,8
Hessen	255	6,4
Sachsen	248	6,3
Rheinland-Pfalz	201	5,1
Schleswig-Holstein	177	4,5
Hamburg	166	4,2
Bremen	162	4,1
Saarland	144	3,6
Sachsen-Anhalt	107	2,7
Brandenburg	98	2,5
Mecklenburg-Vorpommern	95	2,4

Frage 14: In welchem Bundesland befindet sich ihre Hochschule?

Für alle Bundesländer außer Berlin und Hessen gelten die Richtlinien der Tarifgemeinschaft deutscher Länder. Berlin verfügt seit 1986 über einen Tarifvertrag für studentische MitarbeiterInnen, Hessen regelt dies über einen eigenständigen Tarifvertrag-Hessen (siehe zur Übersicht GEW 2011).[45]

---

[45] Zur Geschichte und Einführung des Berliner Tarifvertrags siehe die Abhandlung zum Berliner Tutorenstreik von Büchner et al. 1986.

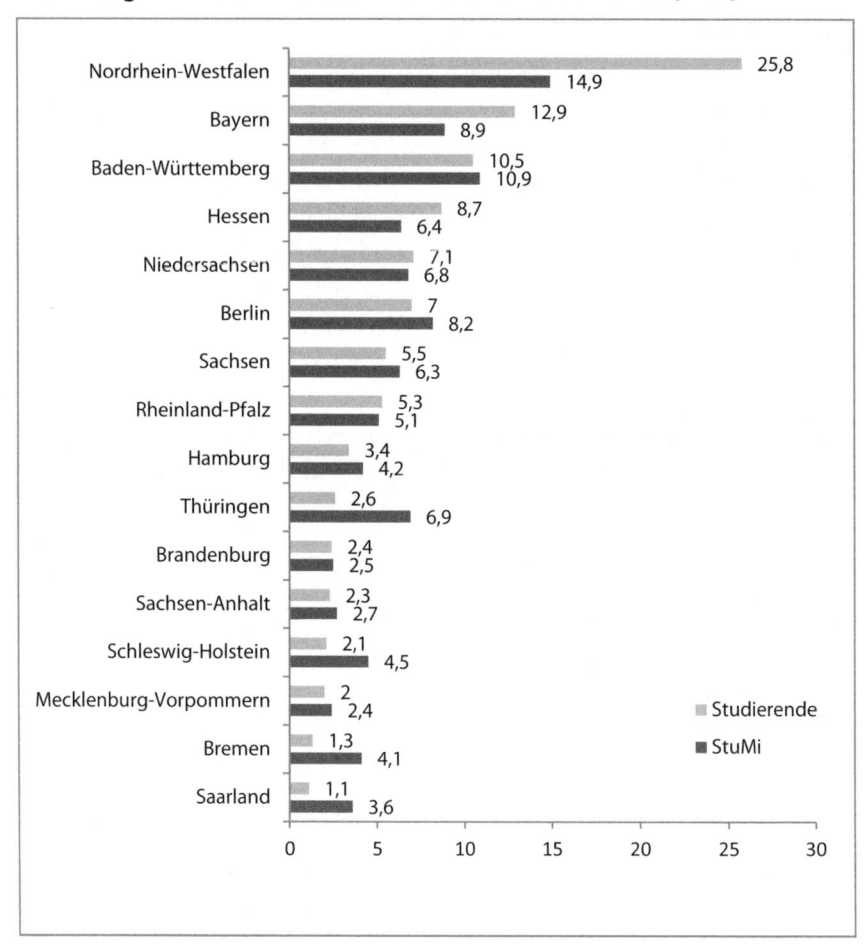

Abbildung 12: Studierende und StuMis nach Bundesland (in %)

Bundesland	Studierende	StuMi
Nordrhein-Westfalen	25,8	14,9
Bayern	12,9	8,9
Baden-Württemberg	10,5	10,9
Hessen	8,7	6,4
Niedersachsen	7,1	6,8
Berlin	7	8,2
Sachsen	5,5	6,3
Rheinland-Pfalz	5,3	5,1
Hamburg	3,4	4,2
Thüringen	2,6	6,9
Brandenburg	2,4	2,5
Sachsen-Anhalt	2,3	2,7
Schleswig-Holstein	2,1	4,5
Mecklenburg-Vorpommern	2	2,4
Bremen	1,3	4,1
Saarland	1,1	3,6

Frage 14: In welchem Bundesland befindet sich ihre Hochschule? Quelle: Statistisches Bundesamt 2010b: 15.

Um die Situation und Lage von studentischem MitarbeiterInnen in verschiedenen Bundesländern vergleichen zu können wurde ein föderales Ranking erstellt (siehe Lenger / Schneickert / Priebe 2012: 88, 122-125), das die für die Einschätzung der Arbeitsverhältnisse besonders relevanten Bereiche Vertragslaufzeit, Vertragsumfang, Entlohnung, Führen eines Stundenzettels, feste Arbeitszeiten, rechtliche Stellung sowie Gesamtzufriedenheit, miteinbezieht. Die Ergebnisse zeigt Tabelle 8:

Tabelle 8: Bewertung der Bundesländer nach ausgewählten Kriterien

Positive Bewertung (Punktzahl)	Negative Bewertung (Punktzahl)
Berlin (16)	Thüringen (-12)
Nordrhein-Westfalen (7)	Bayern (-9)
Saarland (7)	Brandenburg (-4)
Schleswig-Holstein (6)	Rheinland-Pfalz (-4)
Niedersachsen (3)	Baden-Württemberg (-4)
Sachsen-Anhalt (3)	Bremen (-4)
Hessen (2)	Hamburg (-3)
Mecklenburg-Vorpommern (1)	Sachsen (-3)

Quelle: Eigene Berechnungen in relevanten Bereichen der Anstellung.[46]

Dabei wird deutlich, dass insbesondere die Situation in Thüringen und Bayern problematisch ist. In sechs weiteren Ländern (Baden-Württemberg, Brandenburg, Bremen, Rheinland-Pfalz, Hamburg und Sachsen) ist die Lage angespannt. Positiv stabil und auf hohem Niveau schneidet Berlin ab (abgesehen von der Gesamtzufriedenheit und dem Führen eines Stundenzettels). In Nordrhein-Westfalen, Schleswig-Holstein und dem Saarland sind positive Tendenzen bemerkbar.

6.3 Beschäftigungsverhältnisse

Die Situation von studentischen MitarbeiterInnen im deutschen Bildungswesen wird zu einem großen Teil von der formellen Vertragsgestaltung zwischen den Studierenden als ArbeitnehmerInnen und der Forschungseinrich-

---

[46] Zur Berechnung wurden für jeden der acht Bereiche Punkte von +3 bis -3 an die 5 besten bzw. 5 schlechtesten Bundesländer vergeben (relational zu dem jeweiligen Abschneiden der anderen Länder). So wären insgesamt 24 Punkte (positiv oder negativ) zu verteilen gewesen. Die Punkte wurden nicht gewichtet, jeder Bereich wurde gleichwertig mit eingebracht (siehe Lenger / Schneickert / Priebe 2012: 122-125).

tung als Arbeitgeber bestimmt. Hierbei müssen insbesondere arbeitsrechtliche sowie hochschulpolitische Vorgaben beachtet werden.

6.3.1 Rekrutierung und Arbeitsverträge

Interessante Befunde liefert die Frage nach der Rekrutierung von studentischen MitarbeiterInnen. Die Ergebnisse belegen zweierlei: Erstens die hohe Informalität bei der Stellenvergabe. Lediglich 30 % der Stellen werden demnach über ein reguläres Ausschreibungsverfahren vergeben, während 70 % der Stellen über anderweitige Kanäle verteilt werden. Zweitens die hohe Attraktivität von studentischen MitarbeiterInnenstellen, wenn sich immerhin knapp 10 % ohne vorliegende Stellenausschreibung oder andere Information bei den zuständigen Personen um eine Stelle bemüht hat.

Abbildung 13: Art der Rekrutierung (in %)

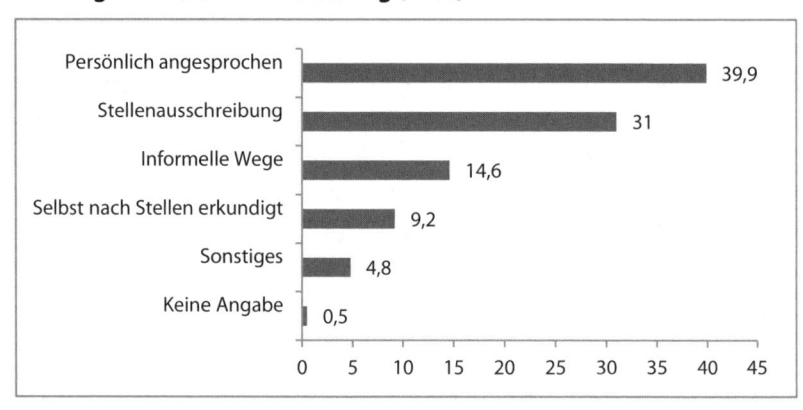

Kategorie	Prozent
Persönlich angesprochen	39,9
Stellenausschreibung	31
Informelle Wege	14,6
Selbst nach Stellen erkundigt	9,2
Sonstiges	4,8
Keine Angabe	0,5

Frage 16: Wie sind sie an Ihre derzeitige Stelle gekommen?

Betrachtet man die Rekrutierung nach Fachbereichen, so zeigen sich deutliche Unterschiede zwischen den Geistes- und Sozialwissenschaften sowie den Natur- und Ingenieurswissenschaften. Besonders auffällig ist dabei, dass StuMis in den Geistes- und Sozialwissenschaften signifikant häufiger persönlich angesprochen, Stellen aber auch häufiger ausgeschrieben werden. In den Natur- und Ingenieurswissenschaften sucht demgegenüber jeder Fünfte selbständig nach einer offenen Stelle.

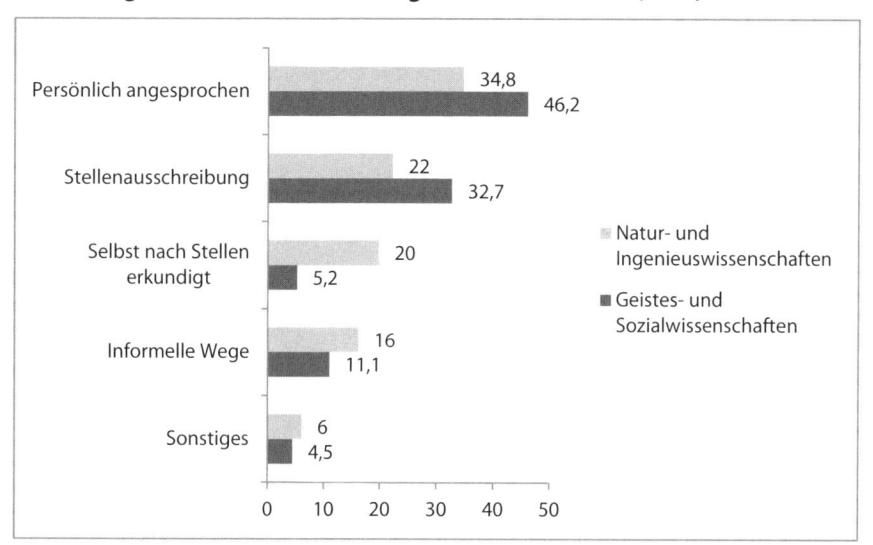

Abbildung 14: Art der Rekrutierung nach Fachbereich (in %)

- Persönlich angesprochen: 34,8 / 46,2
- Stellenausschreibung: 22 / 32,7
- Selbst nach Stellen erkundigt: 20 / 5,2
- Informelle Wege: 16 / 11,1
- Sonstiges: 6 / 4,5

Legende:
- Natur- und Ingenieuswissenschaften
- Geistes- und Sozialwissenschaften

Frage 16: Wie sind sie an Ihre derzeitige Stelle gekommen? Frage 4: Hauptfach (in dem die Abschlussarbeit verfasst wird)

Interessanterweise lassen sich bezüglich der Rekrutierung keine signifikanten Zusammenhänge mit sozialer Herkunft oder Geschlecht feststellen. Dies gilt auch für Alter, Nationalität und das kulturelle Kapital der Eltern. Lediglich nach Bundesland zeigen sich in einer logistischen Regression signifikante Unterschiede. Wie aus den rechtlichen Regelungen zu erwarten werden in Berlin StuMi-Stellen häufiger ausgeschrieben und Studierende seltener persönlich rekrutiert als in allen anderen Bundesländern.

Die Vertragslaufzeiten von studentischen MitarbeiterInnen sind insgesamt als kurz einzustufen. Nur knapp 10 % der studentischen MitarbeiterInnen verfügen über einen Arbeitsvertrag von mehr als 12 Monaten.[47]

---

[47] Vor diesem Hintergrund muss jedoch erwähnt werden, dass der Berliner Tarifvertrag für studentische MitarbeiterInnen eine reguläre Vertragslaufzeit von zwei Jahren vorsieht, welche somit offensichtlich nicht durchgängig erfüllt wird (vgl. GEW 2011: 10).

Studentische Hilfskräfte und MitarbeiterInnen

Abbildung 15: Vertragslaufzeiten (3 Kategorien, in %)

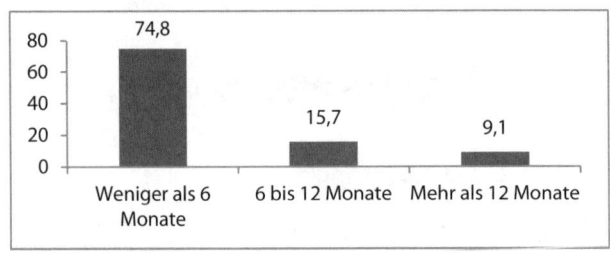

Weniger als 6 Monate	6 bis 12 Monate	Mehr als 12 Monate
74,8	15,7	9,1

Frage 22: Über welchen Zeitraum läuft Ihr derzeitiger Arbeitsvertrag?

Die Tatsache, dass fast zwei Drittel aller studentischen MitarbeiterInnen in Berlin einen Vertrag mit einer Laufzeit von über einem Jahr haben steht im deutlichen Gegensatz zu sämtlichen anderen Bundesländern und erklärt sich aus dem dort gültigen Tarifvertrag.

Abbildung 16: Vertragslaufzeiten nach Bundesland

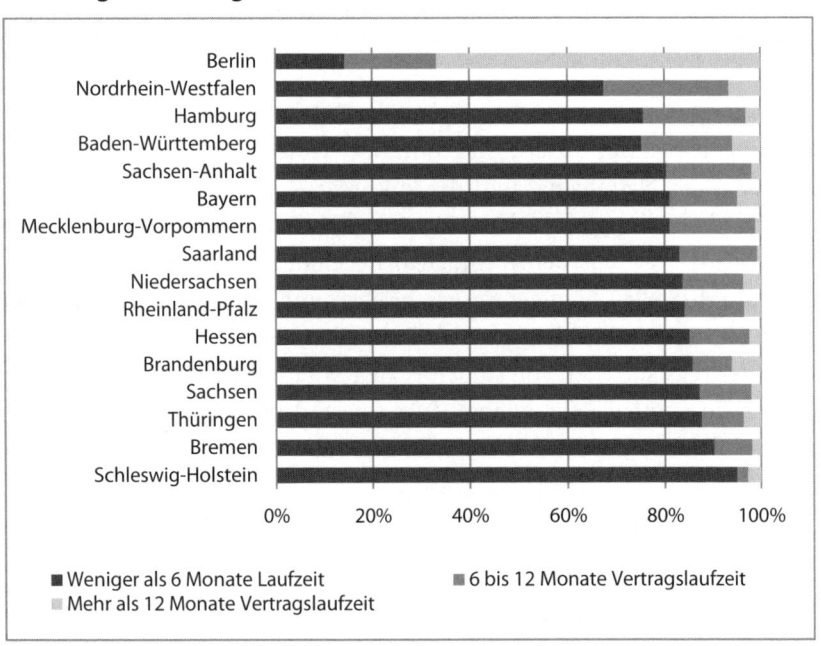

- Weniger als 6 Monate Laufzeit
- 6 bis 12 Monate Vertragslaufzeit
- Mehr als 12 Monate Vertragslaufzeit

(Bundesländer von oben nach unten: Berlin, Nordrhein-Westfalen, Hamburg, Baden-Württemberg, Sachsen-Anhalt, Bayern, Mecklenburg-Vorpommern, Saarland, Niedersachsen, Rheinland-Pfalz, Hessen, Brandenburg, Sachsen, Thüringen, Bremen, Schleswig-Holstein)

Frage 14: In welchem Bundesland befindet sich Ihre Hochschule? Frage 22: Über welchen Zeitraum läuft ihr derzeitiger Arbeitsvertrag?

Die kurzen Vertragslaufzeiten sind insbesondere für die Identifikation als ArbeitnehmerInnen entscheidend. So verstärken die kurzen Verträge die ohnehin schon ausgeprägte Hierarchie. Kein einzelner Faktor dürfte so stark darauf wirken, dass sich die StuMis nicht als MitarbeiterInnen, sondern ‚nur' als Hilfskraft oder eben Projektarbeiter ansehen und ihre Ansprüche dementsprechend anpassen.

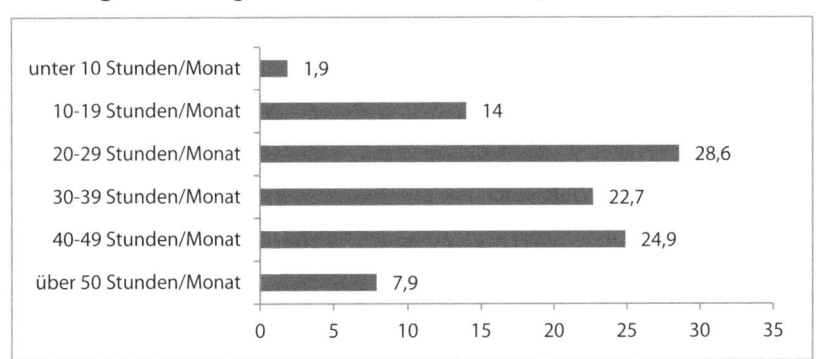

Abbildung 17: Vertraglich vereinbarte Stunden pro Monat (in %)

Kategorie	Prozent
unter 10 Stunden/Monat	1,9
10-19 Stunden/Monat	14
20-29 Stunden/Monat	28,6
30-39 Stunden/Monat	22,7
40-49 Stunden/Monat	24,9
über 50 Stunden/Monat	7,9

Frage 18: Für wie viele Stunden (pro Monat) sind Sie angestellt?

Die Verträge sehen im Durchschnitt 31 Stunden monatliche Arbeitszeit vor, wobei jedoch große Abweichungen auftreten. So wurde als maximale Stundenzahl laut Vertrag 160 Stunden pro Monat angegeben, die geringsten Umfänge betrugen 6 Stunden pro Monat (Standardabweichung: 15 Stunden). Abbildung 17 zeigt die Verteilung der vertraglich vereinbarten Monatsstunden der befragten studentischen MitarbeiterInnen.

Demnach ist festzuhalten, dass die große Mehrheit der studentischen MitarbeiterInnen in Deutschland zwischen 20 und 50 Stunden pro Monat arbeitet. Die Stundenzahlen unterscheiden sich deutlich zwischen den verschiedenen Fachbereichen (siehe Abbildung 18). Bezüglich der Kategorie Geschlecht zeigen sich nur geringe, aber statistisch sehr signifikante Unterschiede hinsichtlich des Vertragsumfangs: So verfügen männliche StuMis im Schnitt über einen Arbeitsvertrag mit 32,3 Stunden pro Monat, während die Verträge der weibliche StuMis im Schnitt 30,7 Stunden aufweisen (t = 3,29; t_{krit}=2,33 bei α=0,01).

Abbildung 18: Vertragliche Stunden pro Monat nach Fachbereich

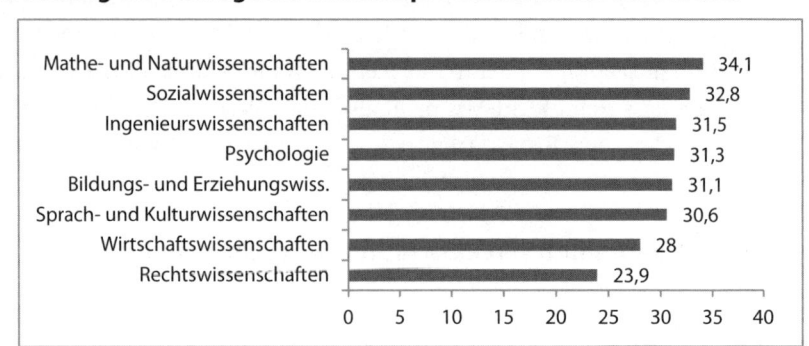

Fachbereich	Stunden
Mathe- und Naturwissenschaften	34,1
Sozialwissenschaften	32,8
Ingenieurswissenschaften	31,5
Psychologie	31,3
Bildungs- und Erziehungswiss.	31,1
Sprach- und Kulturwissenschaften	30,6
Wirtschaftswissenschaften	28
Rechtswissenschaften	23,9

Frage 18: Für wie viele Stunden (pro Monat) sind Sie angestellt? Frage 4: Hauptfach (in dem die Abschlussarbeit verfasst wird)

Besonders aussagekräftig sind wiederum die Befunde zum Vertragsumfang nach Bundesländern. Auch hier ist Berlin absoluter Spitzenreiter in der Stundenzahl mit im Schnitt 41 Stunden pro Monat (siehe ausführlich Lenger/ Schneickert / Priebe 2012: 41-45).

Abbildung 19: Vertragliche Stunden pro Monat nach Bundesland

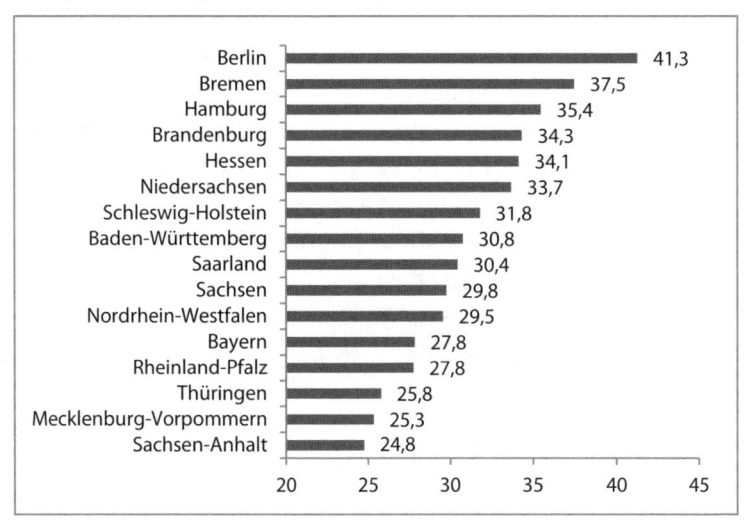

Bundesland	Stunden
Berlin	41,3
Bremen	37,5
Hamburg	35,4
Brandenburg	34,3
Hessen	34,1
Niedersachsen	33,7
Schleswig-Holstein	31,8
Baden-Württemberg	30,8
Saarland	30,4
Sachsen	29,8
Nordrhein-Westfalen	29,5
Bayern	27,8
Rheinland-Pfalz	27,8
Thüringen	25,8
Mecklenburg-Vorpommern	25,3
Sachsen-Anhalt	24,8

Frage 18: Für wie viele Stunden (pro Monat) sind Sie angestellt? Frage 14: In welchem Bundesland befindet sich ihre Hochschule?

6.3.2 Löhne

Die Bezahlung von studentischen MitarbeiterInnen ist föderal uneinheitlich geregelt. Die Richtlinie der Tarifgemeinschaft deutscher Länder sieht jedoch Höchstsätze für die Bezahlung von studentischen MitarbeiterInnen vor (vgl. Lenger / Schneickert / Priebe 2012: 46). Entsprechend werden an vielen Hochschulen niedrigere Löhne gezahlt. Zudem legen manche Bundesländer auf Basis der Richtlinie eine einheitliche Vergütung für alle Hochschulen des Landes fest, andere Bundesländer überlassen die genaue Entscheidung den einzelnen Hochschulen. Bis 2010 galten zudem niedrigere Höchstsätze für die ostdeutschen Bundesländer (siehe ausführlich GEW 2011: 12; Schneickert / Lenger 2010).

Der Stundenlohn von studentischen MitarbeiterInnen beträgt im Schnitt 8,84 Euro, wobei dieser Wert einer starken Streuung unterliegt. So liegt die Standardabweichung für Löhne von studentischen MitarbeiterInnen bei 1,13 Euro. Der Höchstlohn wurde mit 15 Euro, der Mindestlohn mit 5 Euro angegeben. Abbildung 20 zeigt, dass über 90 % der studentischen MitarbeiterInnen zwischen 7 und 10 Euro verdienen. Wobei etwa 62 % im Bereich zwischen 7 und 8 Euro liegen. Absolute Spitzen- bzw. GeringverdienerInnen bilden die Ausnahme. Lediglich 2,3 % verdienen weniger als 7 Euro/Stunde und nur 4,2 % verdienen mehr als 11 Euro pro Stunde.

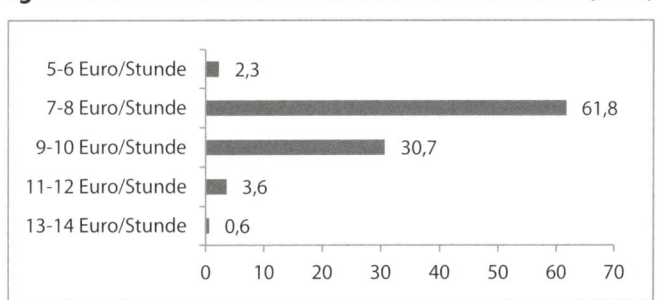

Abbildung 20: Durchschnittlicher Stundenlohn von StuMis (in %)

Stundenlohn	%
5-6 Euro/Stunde	2,3
7-8 Euro/Stunde	61,8
9-10 Euro/Stunde	30,7
11-12 Euro/Stunde	3,6
13-14 Euro/Stunde	0,6

Frage 19: Wie hoch ist Ihr aktueller Stundenlohn (brutto)?

Die Unterschiede in der Entlohnung nach Fachbereichen sind marginal. Erwartungsgemäß sind die Unterschiede in der Bezahlung nach angestrebtem Studienabschluss aber besonders deutlich. Es zeigt sich, dass Masterstudierende im Mittel signifikant mehr verdienen (9,44 Euro pro Stunde) als Studierende mit anderen Abschlüssen, die allesamt zwischen 8,67 Euro pro Stunde und 8,73 Euro pro Stunde liegen. Bemerkenswert hingegen sind die Unterschiede nach Bundesland. So verdienen studentische MitarbeiterInnen in Berlin im Schnitt 10,87 Euro pro Stunde und somit knapp 1,40 Euro pro Stunde mehr als die nächstbestbezahlten StuMis in Hessen mit 9,46 Euro pro Stunde und sogar 3,29 Euro (= 30 %) mehr als in Thüringen, wo die Tätigkeit als studentischeR MitarbeiterIn im Schnitt mit 7,58 Euro bezahlt wird.

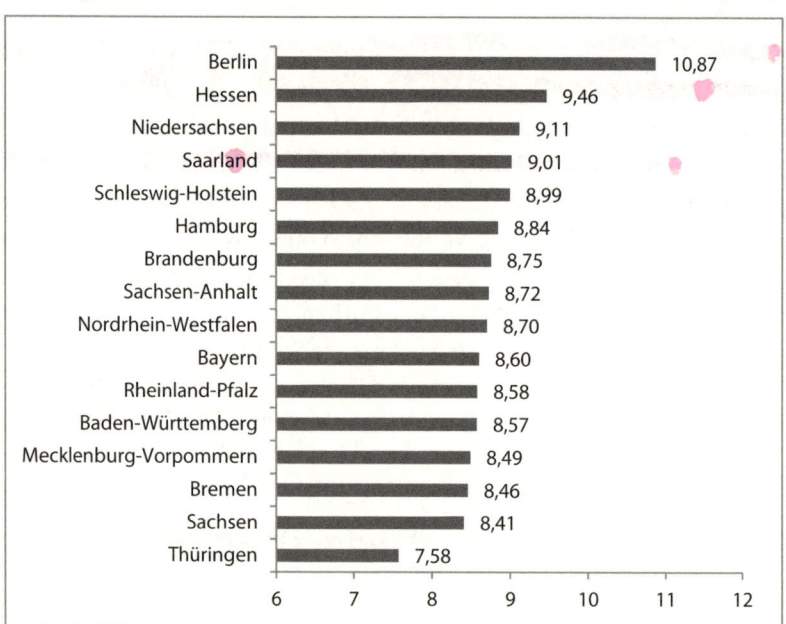

Abbildung 21: Durchschnittlicher Stundenlohn nach Bundesland (in €)

Bundesland	Stundenlohn (€)
Berlin	10,87
Hessen	9,46
Niedersachsen	9,11
Saarland	9,01
Schleswig-Holstein	8,99
Hamburg	8,84
Brandenburg	8,75
Sachsen-Anhalt	8,72
Nordrhein-Westfalen	8,70
Bayern	8,60
Rheinland-Pfalz	8,58
Baden-Württemberg	8,57
Mecklenburg-Vorpommern	8,49
Bremen	8,46
Sachsen	8,41
Thüringen	7,58

Frage 14: In welchem Bundesland befindet sich Ihre Hochschule? Frage 19: Wie hoch ist Ihr aktueller Stundenlohn (brutto)?

Festzuhalten ist somit, dass sich sehr signifikante Unterschiede in der Bezahlung nach Bundesland ergeben. Dabei zahlen die Bundesländer Berlin und Hessen, die nicht Mitglied der Tarifgemeinschaft deutscher Länder sind, im Durchschnitt die höchsten Löhne. Berlin liegt mit 10,87 Euro pro Stunde nur knapp unter der im Tarifvertrag festgelegten Bezahlung von 10,98 Euro pro Stunde.[48] Thüringen und Bayern zahlen auffallend häufig besonders geringe Löhne. Regressionsanalysen zeigen, dass allein durch die Betrachtung der Bundesländer bereits 40 % der gesamten Lohnvarianz unter StuMis erklärt werden können (adj. R^2 = 0,40).

Demgegenüber ist festzustellen, dass bei den studentischen MitarbeiterInnen keine der klassischen askriptiven Faktoren als unabhängige Variable in einem signifikanten Zusammenhang mit dem Lohn steht. Weder die soziale Herkunft, die Nationalität, das Einkommen der Eltern noch das kulturelle Kapital der Eltern fallen hier auf. Auch signifikante Unterschiede in der Bezahlung nach Geschlecht lassen sich bei StuMis nicht feststellen (t = 1,03; t_{krit} = 1,65 bei α = 0,05). Lediglich ältere StuMis verdienen geringfügig aber statistisch signifikant mehr; dieser Unterschied ist allerdings im Kontext der zuvor erwähnten Lohnunterschiede bei ‚höheren' Studienabschlüssen (z. B. Master) zu interpretieren.

6.3.3 Tätigkeiten

Von großem Interesse sind die Befunde bezüglich der Tätigkeiten von studentischen MitarbeiterInnen. Abbildung 22 zeigt die Häufigkeiten der durchgeführten Tätigkeiten, gerankt nach Häufigkeit und prozentuiert auf die Gesamtzahl.

---

[48] Ob diese geringe Differenz auf ein unterlaufen des Tarifvertrages zurückzuführen, oder auf ungenaues Antwortverhalten der befragten studentischen MitarbeiterInnen zurückzuführen ist, kann nicht abschließend geklärt werden.

Abbildung 22: Tätigkeiten von studentischen MitarbeiterInnen (Mehrfachantworten, in %)

Tätigkeit	%
Literaturrecherche	46,4
Beschaffung von Literatur	37
Redigieren/Korrekturlesen von Texten	25,9
Dateneingabe	25,8
Pflege einer Datenbank	20,8
Betreuung von Studierenden	20,7
Sekretariatsarbeiten	20,3
Vorbereitung von Lehrveranstaltungen	20,1
Leitung eines Tutoriums	18
Klausuraufsicht	16,5
Archivierung	15,8
Pflege der Homepage	14,7
Vorbereitung von Tagungen	13,3
Korrektur von Klausuren	13,1
Bibliotheksaufsicht	12,9
Statistik/Datenauswertung	11,8
Sonstiges	10,6
Korrespondenz	9,3
Allgemeine Laborarbeit	8,9
Experimente/Versuche durchführen	7,8
Erklärung von Apparaten für Studierende	6,7
EDV Administration	6,4
Überwachen von Messgeräten	5,1
Transkription von Interviews	4,9
Teaching Assistance	4,3
Service, Catering	4
Durchführung von Interviews	4
Vorbereitung/Organisation von Exkursionen	3,3
Organisation von Reisen	3,1
Mediz. Überwachung/Betreuung v. Patienten	0,5

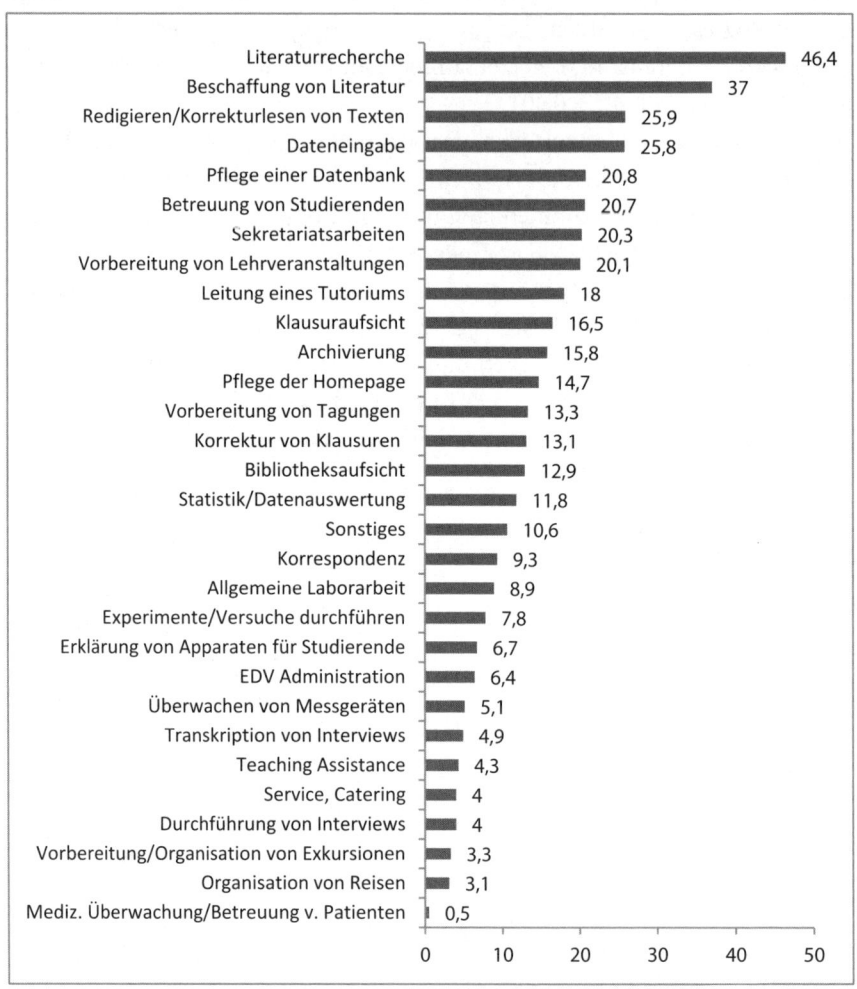

Frage 17: Was gehört zu den hauptsächlichen Arbeitsinhalten Ihrer Stelle?

An anderer Stelle wurden die Tätigkeiten zur vereinfachten Darstellung zunächst anhand der arbeitsrechtlich relevanten Unterscheidung in zwei Idealtypen ‚Forschung & Lehre' sowie ‚Technik und Verwaltung' unterteilt (siehe ausführlich Lenger / Schneickert / Priebe 2012: 54).

Tabelle 9: Tätigkeiten von studentischen MitarbeiterInnen

Forschung und Lehre		Technik und Verwaltung		
Forschung	Lehre	EDV/Technik	Sekretariat	Nichtwissenschaftliche Aufgaben/Handlanger
Datenauswertung	Tutorium	EDV-Administration	Sekretariatsarbeiten	Kopieren
Literaturrecherche	Lehrassistenz	Datenbanken pflegen	Korrespondenz	Literaturbeschaffung
Internetrecherche	Vorbereitung Lehre	Homepage pflegen	Tagungsvorbereitung	Interviewtranskription
Interviews führen	Klausurkorrektur	Apparate		Service/Catering
Textkorrektur	Betreuung Studierende	Allgemeine Laborarbeit		Archivierung
Experimente	Klausuraufsicht			Bibliotheksaufsicht
Messgeräte	Exkursionen			Reiseorganisation
				Dateneingabe
				Patientenbetreuung
N = 7	N = 7	N = 5	N = 3	N = 9
N = 14		N = 17		

Quelle: Eigene Darstellung nach Frage 17: Was gehört zu den hauptsächlichen Arbeitsinhalten Ihrer Stelle?

Zur genaueren Darstellung wurden die Zahlen hier in drei Kategorien aufgeteilt. Die Arbeitsbereiche von studentischen MitarbeiterInnen unterscheiden sich damit grob wie folgt (vgl. Abbildung 23): Insgesamt arbeiten 39,8 % der studentischen MitarbeiterInnen überwiegend in Forschung und Lehre, während 41,1 % stärker Tätigkeiten in Infrastrukturmaßnahmen wie Technik und Verwaltung ausüben. Weitere 19,1 % der StuMis üben aus beiden Bereichen eine gleich große Anzahl von Tätigkeiten aus und nehmen somit eine Mittelposition zwischen ‚Forschung und Lehre' und ‚Technik und Verwaltung' ein.

Arbeitsrechtlich lässt sich argumentieren, dass die mittlere Kategorie nicht überwiegend Tätigkeiten in Forschung und Lehre übernimmt. Demzufolge würde die Zahl der StuMis, die nicht überwiegend in Forschung und Lehre beschäftigt sind noch deutlicher ausfallen als die von uns an anderer Stelle berechneten Anteile (vgl. Lenger / Schneickert / Priebe 2012: 55).

Abbildung 23: Arbeitsbereiche von StuMis (in %)

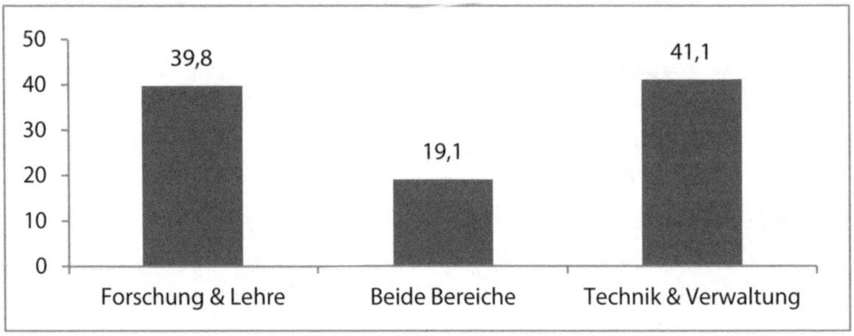

Forschung & Lehre	Beide Bereiche	Technik & Verwaltung
39,8	19,1	41,1

Frage 17: Was gehört zu den hauptsächlichen Arbeitsinhalten Ihrer Stelle?

Bezüglich dieser Befunde ist festzuhalten, dass ein großes Problem der Tätigkeitszuordnung darin besteht, dass von Seiten der ArbeitgeberInnen klare Aufgabenstellungen häufig fehlen. In den qualitativen Interviews wurde deutlich, dass die offenen und flexiblen Aufgabenstellungen von den StuMis selbst zunächst als positiv – im Sinne der projektbasierten Polis – wahrgenommen werden. Die unklare Abgrenzung der Arbeitsaufgaben wird allerdings dann zum Problem, wenn studentische MitarbeiterInnen für private Aufgaben eingesetzt werden, d. h. zum Beispiel Medikamente für KollegInnen besorgen müssen oder Bücher nach Hause geliefert werden sollen.

Da der Effekt der ausgeübten Tätigkeiten für beide theoretischen Argumentationsmuster, der These der Feldsozialisation einerseits sowie der des Lerntyps der ArbeitskraftunternehmerInnen andererseits, besonders relevant sind, wurde zur weiterführenden Analyse eine Faktoren- und eine Korrespondenzanalyse durchgeführt. Die Ergebnisse der Faktorenanalyse sind in Tabelle 10 dargestellt. Die Variablen sind den Faktoren zugeordnet, auf die sie primär ($\geq 0{,}3$) laden. Insgesamt bilden sich sechs Faktoren heraus, auf die sich die Tätigkeiten zurückführen lassen.

Tabelle 10: Faktorenanalyse der Tätigkeiten von StuMis (n=3956)

Faktoren	Variablen (Faktorladung)
1. „Text"-Faktor	Literaturrecherche (0,90)
	Literaturbeschaffung (0,76)
	Internetrecherche (0,65)
	Kopieren (0,61)
	Textkorrektur (0,44)
	Vorbereitung von Lehrveranstaltungen (0,33)
2. „Service"-Faktor	Organisation von Reisen (0,55)
	Korrespondenz (0,47)
	Tagungsvorbereitung (0,42)
	Vorbereitung / Organisation v. Exkursionen (0,40)
	Sekretariatsarbeiten (0,39)
	Service / Catering (0,34)
3. „Labor"-Faktor	Überwachung von Messgeräten (0,70)
	Laborarbeit (0,64)
	Experimente/Versuche (0,38)
4. „Lehre"-Faktor	Korrektur von Übungszetteln/Klausuren etc. (0,68)
	Klausuraufsicht (0,56)
	Leiten eines Tutoriums (0,55)
	Betreuung von Studierenden (0,34)
5. „Daten"-Faktor	Dateneingabe (0,65)
	Pflege einer Datenbank (0,55)
6. „Interview"-Faktor	Durchführung von Interviews (0,64)
	Transkription von Interviews (0,59)

Quelle: Eigene Darstellung nach Frage 17: Was gehört zu den hauptsächlichen Arbeitsinhalten Ihrer Stelle?

Die Faktoren ‚Labor' und ‚Lehre' lassen sich dabei dem Bereich Forschung und Lehre zurechnen, während ‚Daten' und ‚Service' eindeutig zum Bereich Technik und Verwaltung gehören. ‚Text' und ‚Interviews' beinhalten dagegen klassische Hilfskraft-Tätigkeiten die in der Praxis zwischen beiden Bereichen stehen und den wenig eindeutigen rechtlichen Status der StuMis verstärken. Die Faktoren lassen sich auch in dem Graphen der durchgeführten Korrespondenzanalyse wiederfinden:

Abbildung 24: Korrespondenzanalyse:
Studentische MitarbeiterInnen auf dem wissenschaftlichen Feld

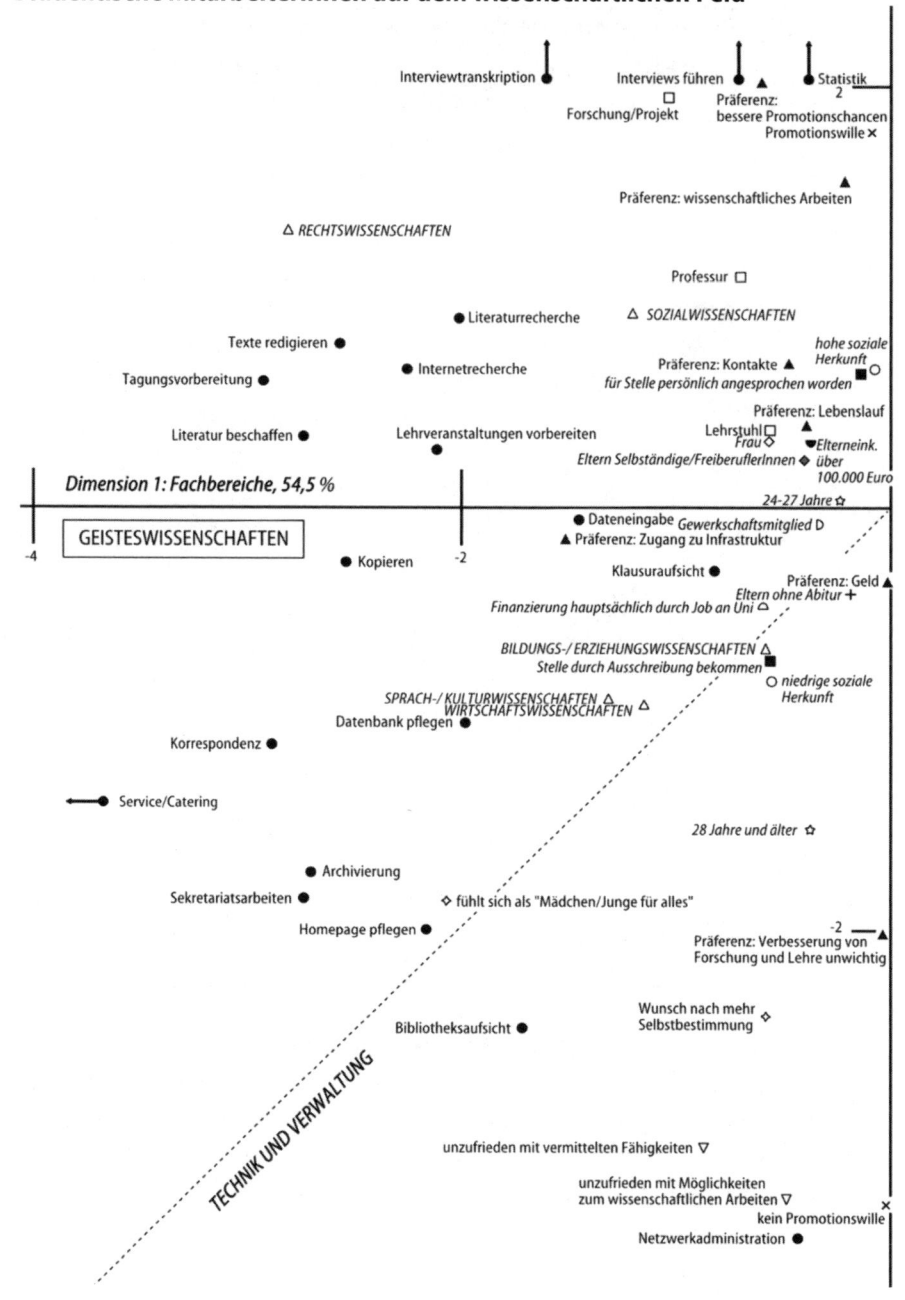

Dimension 2: Feldsozialisation, 11,5 %

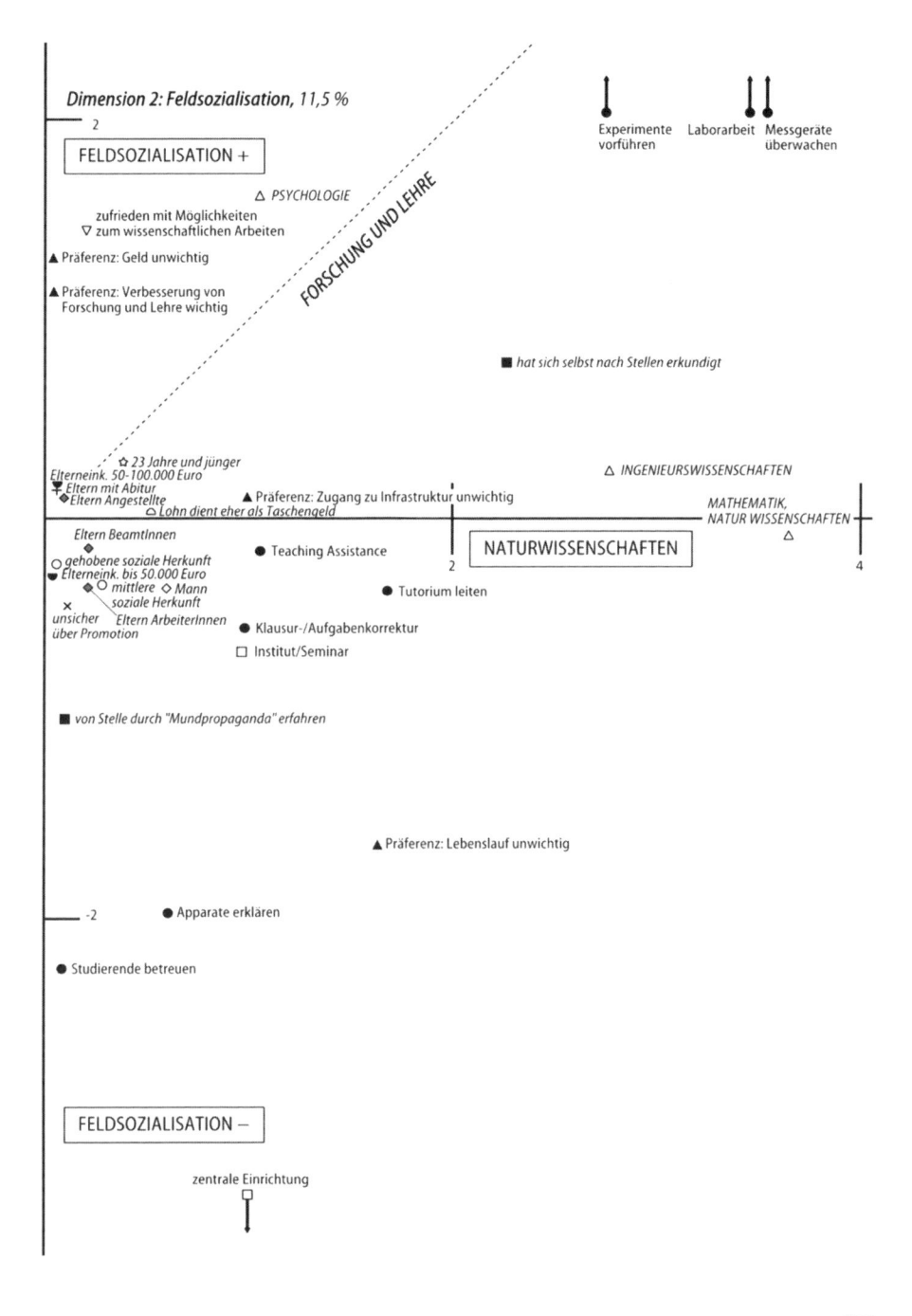

— 2

FELDSOZIALISATION +

△ PSYCHOLOGIE

zufrieden mit Möglichkeiten
▽ zum wissenschaftlichen Arbeiten

▲ Präferenz: Geld unwichtig

▲ Präferenz: Verbesserung von
Forschung und Lehre wichtig

FORSCHUNG UND LEHRE

Experimente Laborarbeit Messgeräte
vorführen   überwachen

■ hat sich selbst nach Stellen erkundigt

☆ 23 Jahre und jünger
Elterneink. 50-100.000 Euro
♀ Eltern mit Abitur
◆ Eltern Angestellte   ▲ Präferenz: Zugang zu Infrastruktur unwichtig
        ◇ Lohn dient eher als Taschengeld

△ INGENIEURSWISSENSCHAFTEN

MATHEMATIK,
NATURWISSENSCHAFTEN
△

Eltern BeamtInnen
◆
○ gehobene soziale Herkunft   ● Teaching Assistance
♀ Elterneink. bis 50.000 Euro
  ◆ ○ mittlere ◇ Mann   2   4
  ×   soziale Herkunft   NATURWISSENSCHAFTEN
unsicher Eltern ArbeiterInnen   ● Tutorium leiten
über Promotion
                                  ● Klausur-/Aufgabenkorrektur
                                  □ Institut/Seminar

■ von Stelle durch "Mundpropaganda" erfahren

▲ Präferenz: Lebenslauf unwichtig

-2   ● Apparate erklären

● Studierende betreuen

FELDSOZIALISATION −

zentrale Einrichtung
□
↓

Durch die Korrespondenzanalyse lässt sich auf der Grundlage relationaler Nähe und Entfernung ein sozialer Raum (hier das wissenschaftliche Feld) konstruieren, in dem sich bestimmte idealtypische Merkmalshäufungen feststellen lassen (siehe ausführlich Blasius 1987; 2000; 2001; Greenacre / Blasius 2006a; 2006b).

Dabei wurden folgende Variablen als aktive, d. h. den Raum aufspannende, verwendet: 28 der 31 abgefragten Arbeitsinhalte[49]; die Universitätseinrichtung, an der die StuMi-Stelle angesiedelt ist; sieben Präferenz-Variablen, die anzeigen, was den Befragten bei ihrer Tätigkeit wichtig ist; zwei Zufriedenheits-Variablen (,Gesamt' und ,vermittelte Fähigkeiten'); eine Variable für das Vorhandensein eines festen Promotionswillens sowie zwei Variablen, die die Arbeitsautonomie (,Mädchen/Junge für alles' bzw. ,Wunsch nach mehr Selbstbestimmung') anzeigen.

Der durch diese Merkmale konstruierte Raum ergänzt durch eine Reihe von sogenannten passiven oder ,illustrierenden' Variablen ergänzt, die in den Raum projiziert werden, ohne dessen Ausrichtung zu verändern. Als passive Variablen wurden das Studienfach, in dem die StuMis angestellt sind, das Alter und das Geschlecht, die Berufe der Eltern, das geschätzte Jahreseinkommen, die Rekrutierungsart, die Bedeutung des Einkommens für den Lebensunterhalt, die Gewerkschaftsmitgliedschaft sowie die soziale Herkunft (BMBF-Modell) verwendet. In der Abbildung sind die passiven Variablen durch Kursivschreibung gekennzeichnet.

In der oberen Mitte finden sich tendenziell jüngere StuMis mit hoher sozialer Herkunft und einem höheren Elterneinkommen, die der Beschäftigung eher auf Grund des Lebenslaufs und der höheren Promotionschancen nachgehen als aus finanziellen Gründen. Diese MitarbeiterInnen arbeiten eher in Forschung und Lehre, sind mit ihren Möglichkeiten zufrieden, an einer Professur, einem Lehrstuhl oder einem Forschungsprojekt angestellt und wurden tendenziell persönlich rekrutiert. Den Gegenpol dazu bilden ältere Studierende mit niedriger sozialer Herkunft, die vor allem Studierende betreuen sowie Netzwerkadministration und Bibliotheksaufsicht oder andere nicht-

---

[49] Die Tätigkeiten „Medizinische Überwachung/Betreuung von Patienten", „Vorbereitung / Organisation von Exkursionen" und „Organisation von Reisen" werden von deutlich weniger als 5 % der StuMis ausgeführt und würden die Analyse zu sehr verzerren (vgl. dazu auch Le Roux / Rouanet 2004: 216).

wissenschaftliche Servicetätigkeiten ausführen. Sie artikulieren keinen ausgeprägten Willen zur Promotion, äußern aber den Wunsch nach mehr Selbstbestimmung. Bei dieser Beschreibung handelt es sich allerdings um eine idealtypische Darstellung, die so in der Realität kaum vorzufinden ist. Darauf verweist auch Bourdieu wie folgt:

„Tatsächlich bilden diese Einheiten ja keine streng definierten, durch klar markierte Grenzen geschiedenen logischen Klassen, deren Elemente sämtliche relevanten Charakteristiken aufweisen, das heißt eine endliche Zahl von Attributen, die all in gleichem Maße zur Bestimmung der Zugehörigkeit notwendig sind (so daß der Nicht-Besitz bestimmter Eigenschaften durch den Besitz anderer nicht kompensiert werden kann). Die in derselben Raumregion zusammengefaßten Akteure vereinigt, was Wittgenstein 'Familienähnlichkeit' genannt hat, eine Art gemeinsamer Physiognomie, die oft jener nahekommt, die der Insider auf verworrene und implizite Weise, eben intuitiv, erfaßt." (Bourdieu 1992 [1984]: 67)

Mit einem Anteil von 54,5 % der Gesamtvarianz ist die horizontale Achse die bedeutendste Dimension der räumlichen Verteilung. Aufschlussreich für ihre Interpretation ist die passive Variable der Fachbereiche. So wird deutlich, dass auf der horizontalen Achse der Gegensatz zwischen den Geisteswissenschaften (links) und den Naturwissenschaften (rechts) zum Ausdruck kommt. Die Sprach- und Kulturwissenschaften liegen wie die Bildungs- und Erziehungswissenschaften und die Wirtschafts-, Rechts- und Sozialwissenschaften links des Achsenkreuzes, auf der rechten Seite dagegen stehen – mit zunehmender Entfernung vom Mittelpunkt – zunächst die Psychologie, dann die Ingenieurwissenschaften und schließlich die Naturwissenschaften einschließlich der Mathematik. Diesem Gegensatz der universitären Fächer oder Fakultäten entspricht die Verteilung der Arbeitsinhalte der StuMis. In der Nähe des geisteswissenschaftlichen Pols befinden sich Tätigkeiten wie Literaturrecherche und -beschaffung, das Redigieren von Texten und die Vorbereitung von Tagungen, aber auch einfache Kopier- oder Catering-Aufgaben. Der rechte Pol der Achse hingegen ist gekennzeichnet durch eindeutig naturwissenschaftlich konnotierte Tätigkeiten: Experimente, Laborarbeit und das Überwachen von Messgeräten. Statistikarbeiten und das Führen von

Interviews befinden sich ebenso wie die lehrbezogenen Tätigkeiten im mittleren Abschnitt der ersten Achse, was darauf verweist, dass diese Arbeitsinhalte ein üblicher Teil des Aufgabenprofils von StuMis sowohl in den Geistes- als auch in den Naturwissenschaften sein können.

Die vertikale Achse erklärt 11,5 % der Gesamtvarianz und zeigt die Dimension, die theoretisch und aus der Analyse der qualitativen Interviews als ‚Feldsozialisation' bezeichnet wurde. Symbolisch für den auf dieser Achse dominierenden Gegensatz steht die Frage nach einer möglichen Promotion: Am oberen Pol befinden sich StuMis, die einen festen Willen zur Promotion aufweisen und an ihrer Stelle vor allem die Möglichkeiten zum wissenschaftlichen Arbeiten, die Kontakte zu wichtigen Leuten und die besseren Chancen einer späteren Promotion schätzen sowie auf den finanziellen Aspekt ihrer Tätigkeit keinen großen Wert zu legen. Der untere Bereich umfasst demgegenüber StuMis, die sich bereits sicher sind keine Promotion anzustreben und die durch ihre Arbeit nicht zur Verbesserung von Forschung und Lehre beitragen möchten. Diese StuMis verstehen ihre Tätigkeit somit eher als „schlichte" Dienstleistung denn als Selbstverwirklichung. Zugleich sind sie unzufrieden, sowohl mit den Fähigkeiten, die ihnen in ihrer Tätigkeit vermittelt werden als auch mit ihren Möglichkeiten zum wissenschaftlichen Arbeiten. Sie wünschen sich häufig mehr Selbstbestimmung in ihrer Arbeit und werden von ihren Vorgesetzten als „Mädchen bzw. Junge für alles" betrachtet. In ihren Aufgabenbereich fallen dementsprechend nichtwissenschaftliche Tätigkeiten wie die Pflege von Homepages, Sekretariats- und Archivierungsarbeiten, Bibliotheksaufsicht und Netzwerkadministration oder auch die – meist auf organisatorische Formalitäten beschränkte – Betreuung von Studierenden. Primärer Antrieb der StuMis in diesem Bereich ist, wie die Betrachtung der passiven Variablen zeigt, die Notwendigkeit, das Studium durch Erwerbsarbeit zu finanzieren. Für die StuMis oberhalb des Achsenkreuzes dagegen dient das StuMi-Gehalt „eher als Taschengeld". Deutlich wird dies an der Verteilung der Variablen für die soziale Herkunft und das Jahreseinkommen der Eltern.

Der rechte obere Quadrant ist von forschungsbezogenen Tätigkeiten und einer großen Zufriedenheit mit den Möglichkeiten zum wissenschaftlichen Arbeiten geprägt, wohingegen sich im linken unteren Quadranten fast ausschließlich Infrastrukturaufgaben in Technik und Verwaltung finden lassen.

Hier befinden sich auch die meisten StuMis, die unzufrieden mit ihren Möglichkeiten zu wissenschaftlicher Arbeit (sowie mit den in der Arbeit vermittelten Fähigkeiten) sind. Zwischen diesen Extremen ließe sich folglich eine diagonale Gerade einzeichnen (in der Graphik als unterbrochene Linie dargestellt), die durch das Achsenkreuz verläuft und den Grad des Wissenschaftsbezugs der Tätigkeiten beschreibt. Diese Dimension hängt sowohl mit der Feldsozialisation als auch mit dem Gegensatz der Fakultäten zusammen.

Insgesamt werden deutliche Unterschiede nach sozialer Herkunft, Geschlecht und Alter sichtbar.[50] Kinder von ArbeiterInnen bilden hier das deutliche „Schlusslicht" in Bezug auf die Feldsozialisation und den Wissenschaftsbezug ihrer Tätigkeit.

6.4 Arbeitsbedingungen

Im folgenden Kapitel sollen die Arbeitsbedingungen von studentischen MitarbeiterInnen und die subjektiven Bewertung durch diese näher untersucht werden. Dazu wurden die Studierenden zuerst nach den Gründen für die Aufnahme einer Beschäftigung an einer Hochschule oder Forschungseinrichtung gefragt. Anschließend sollten sich diese zu ihrer Zufriedenheit sowie konkreten Arbeitsinhalten und -bedingungen äußern.

6.4.1 Motivation

Für die Anstellung als StuMi sind neben der Finanzierung des eigenen Studiums (49 % sehr wichtig; 32 % eher wichtig) weiter zahlreiche Motive ausschlaggebend. Abbildung 24 stellt die Gründe der Aufnahme eines solchen Beschäftigungsverhältnisses dar.

Insbesondere wird der positive Nutzen für den eigenen Lebenslauf heraus gestellt. Dementsprechend ist festzuhalten, dass die Anstellung als StuMi im Lebenslauf repräsentativ für zusätzlich im Studium erworbene Fähigkeiten oder Soft Skills angesehen wird. Als weitere wichtige oder sehr wichtige As-

---

[50] Ähnliches wäre auch bezüglich der Nationalität zu erwarten, die aber aufgrund des zu geringen Anteils nichtdeutscher StuMis (selbst ja schon ein Ergebnis der Feldstruktur) leider nicht in die Korrespondenzanalyse aufgenommen werden konnte.

pekte werden von über zwei Dritteln der Befragten zudem die durch die Arbeit vermittelten Fähigkeiten (78 %), der Einblick in die Uni von ‚innen' (73 %) sowie das wissenschaftliche Arbeiten (68 %) genannt. Die subjektive Motivation stützt also die These von dem Wechselspiel zwischen arbeitssoziologischer (unternehmerisches Selbst) und bildungssoziologischer (Feldsozialisation) Perspektive.

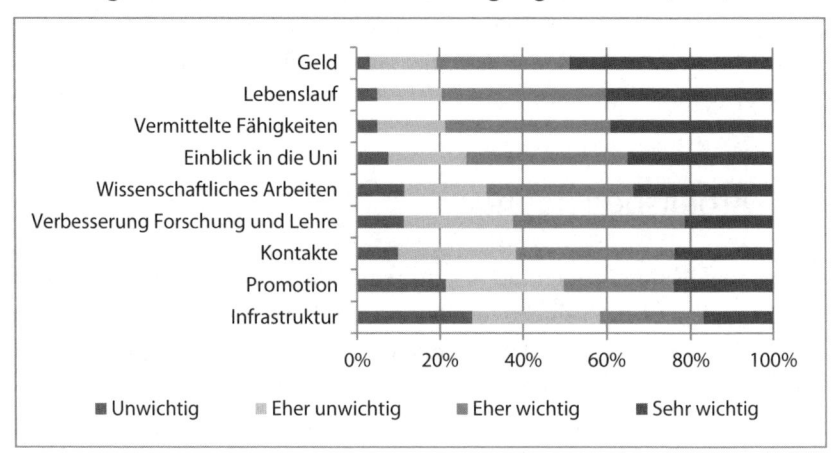

Abbildung 25: Motivation für die Beschäftigung als StuMi (in %)

Fragen 25-33: Welche Rolle spielen für Sie bei Ihrer Tätigkeit....

Eine später mögliche Promotion wird hingegen von gerade einmal der Hälfte der Befragten als Motiv angegeben. Relativ uninteressant scheint zudem der Zugriff auf die bestehende Infrastruktur zu sein, auf welche studentische MitarbeiterInnen durch ihre Tätigkeit Zugang gewinnen (42 %).

6.4.2 Einschätzung

Zusätzlich sollten die befragten Personen angeben, inwiefern verschiedene Aussagen auf die eigene Beschäftigungssituation zutreffen. Mehr als die Hälfte (54 %) der Befragten hat einen eigenen Arbeitsplatz zur Verfügung. Nur 18 % der studentischen MitarbeiterInnen haben feste Arbeitszeiten während 31 % überhaupt keine festgelegten Arbeitszeiten kennen. Dies scheint sich auch durch die Antworten auf die Frage nach der freien Einteilung der Arbeitszeit zu bestätigen. Hier geben 85 % der befragten Studierenden an, dass sie sich ihre Arbeitszeit ganz (43 %) oder teilweise (42 %) frei einteilen können. Zudem wurde in den offenen Kommentaren das Absitzen von festen Arbeitszeiten mehrfach als kontraproduktiv bezeichnet. Der Wunsch nach mehr strukturierenden Vorgaben scheint insgesamt recht schwach ausgeprägt zu sein, lediglich 17 % wünschen sich dies ganz oder teilweise.

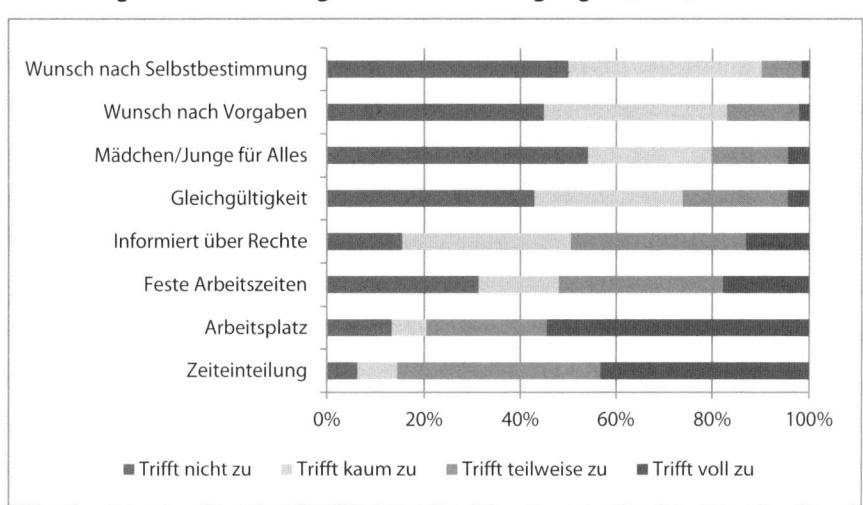

Abbildung 26: Einschätzung der Arbeitsbedingungen (in %)

Fragen 47-54: Inwieweit treffen die folgenden Aussagen auf Ihre Anstellung zu?

Da auch der Wunsch nach mehr Selbstbestimmung recht gering ausgeprägt ist (2 % voll, 8 % teilweise), kann dies aber wohl eher als positive Einschätzung der Beschäftigungssituation verstanden werden. So sehen sich auch nur 5 % der Befragten als ‚Laufbursche' oder ‚Mädchen für Alles'. Auffallend ist jedoch, dass nur 13 % aller studentischen MitarbeiterInnen angeben, über ihre rechtliche Stellung informiert zu sein (siehe ausführlich Lenger / Schneickert / Priebe 2012: 59-61).

Insgesamt deckt sich die Einschätzung der eigenen Arbeitsbedingungen mit den Überlegungen zu den StuMis als ArbeitskraftunternehmerInnen bzw.

unternehmerische Selbst. Dies zeigt sich insbesondere in der positiven Einstellung zu der eigenen Arbeit.

6.4.3 Zufriedenheit

Studentische MitarbeiterInnen sind insgesamt höchst zufriedene ArbeitnehmerInnen. So sind 90 % der Befragten eher oder sehr zufrieden mit ihrer Gesamtsituation des Beschäftigungsverhältnisses. Lediglich 7,2 % sind etwas unzufrieden, 2,3 % äußern sich sehr unzufrieden mit der Gesamtsituation. Besonders zufrieden sind die MitarbeiterInnen mit dem Verhältnis zu den anderen MitarbeiterInnen (94 %), der Gestaltung der Arbeitszeit (92 %) sowie der Vereinbarkeit von Studium und Beschäftigung (92%).

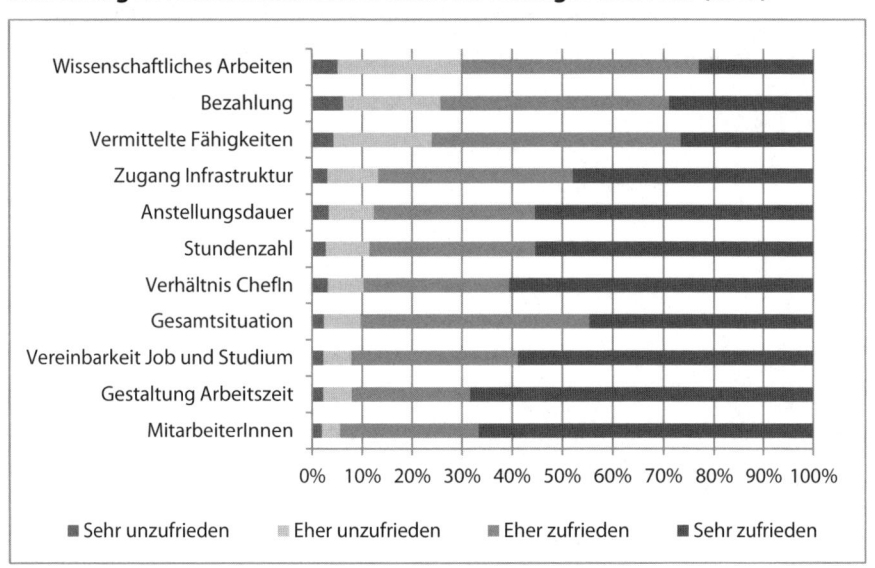

Abbildung 27: Zufriedenheit mit dem Anstellungsverhältnis (in %)

Fragen 35-45: Wie zufrieden sind Sie bezüglich Ihrer Anstellung mit...

Auch in Bezug auf die Stundenzahl (89 %), Anstellungsdauer (88 %) sowie den Zugang zu Infrastruktur (87 %) ist die Zufriedenheit von studentischen MitarbeiterInnen sehr hoch. Diese nimmt jedoch bei den Fragen nach den vermittelten Fähigkeiten (76 % eher oder sehr zufrieden) und wissenschaftlichem Arbeiten (71 %) deutlich ab. Mit der Bezahlung sind 74 % der Befragten zufrieden. Somit stellen diese drei Bereiche – auf einem insgesamt hohen Zufriedenheitsniveau – die größten Unzufriedenheitsfaktoren dar.

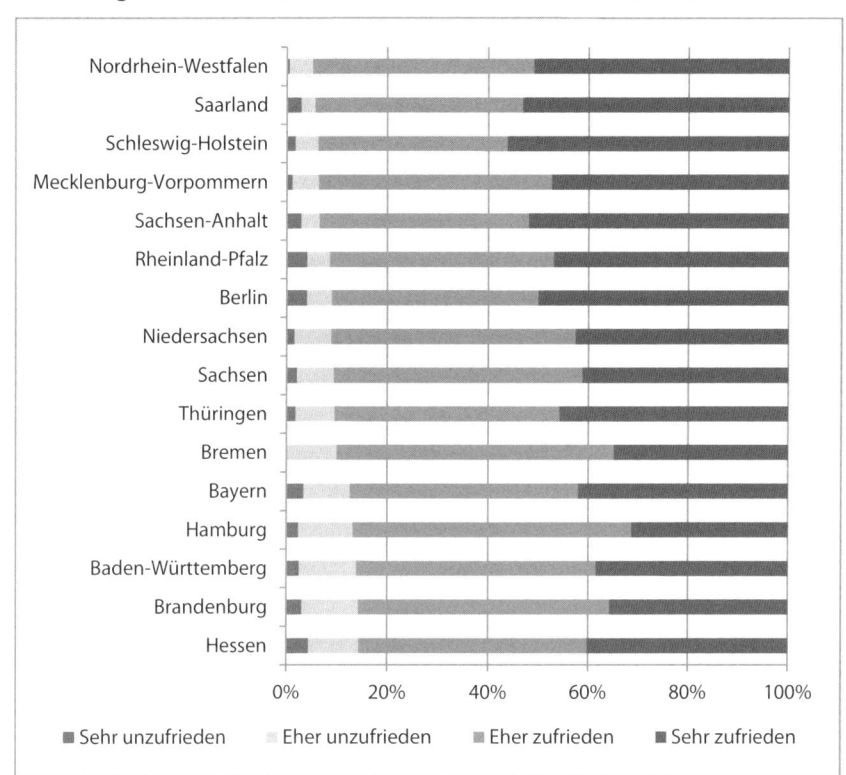

Abbildung 28: Gesamtzufriedenheit nach Bundesland (in %)

Frage 14: In welchem Bundesland befindet sich ihre Hochschule? Frage 45: Wie zufrieden sind Sie bezüglich Ihrer Anstellung mit meiner allgemeinen Situation als studentische Hilfskraft?

Nach Bundesland betrachtet ergeben sich weitere Differenzen in Bezug auf die Gesamtzufriedenheit der studentischen MitarbeiterInnen. So finden sich die unzufriedensten Befragten in Baden-Württemberg, Brandenburg und Hessen (14 %) sowie in Bayern und Hamburg (13 %). Interessanterweise schlägt sich die in vielen Bereichen positive Ausgestaltung der Arbeitsverhältnisse in Berlin nicht direkt in einer höheren Gesamtzufriedenheit der studentischen MitarbeiterInnen nieder. Insgesamt sind StuMis im Saarland am zufriedensten mit ihrer Beschäftigung, in Hamburg mit deutlichem Abstand am unzufriedensten.

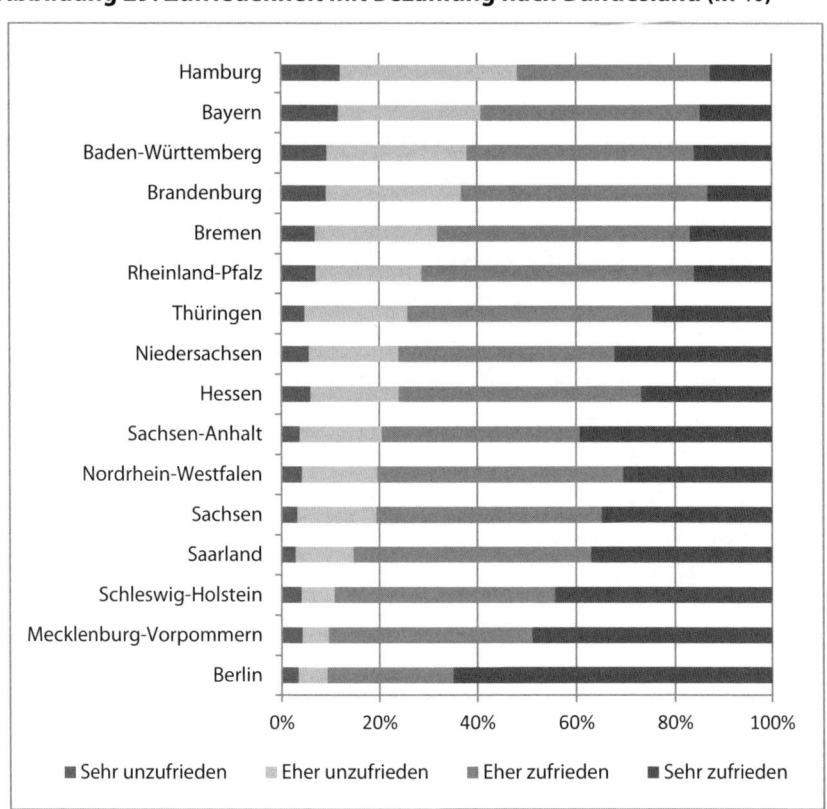

Abbildung 29: Zufriedenheit mit Bezahlung nach Bundesland (in %)

Frage 14: In welchem Bundesland befindet sich ihre Hochschule? Frage 37: Wie zufrieden sind Sie bezüglich Ihrer Anstellung mit der Bezahlung?

Dies zeigt sich besonders deutlich, wenn die Zufriedenheit mit der Bezahlung gesondert und nach Bundesland getrennt betrachtet wird (siehe Abbildung 28). So sind in Berlin, wo die Löhne mit die höchsten sind, 26 % der Beschäftigten eher und ganze 65 % sehr zufrieden mit ihrer Entlohnung. Aber auch in Mecklenburg-Vorpommern, wo die Löhne niedriger liegen, sind 90 % der Befragten eher oder sehr zufrieden mit der Bezahlung. Die stärkste Unzufriedenheit in Hinblick auf die Bezahlung gibt es in Hamburg (52 %), gefolgt von Bayern (41 %) und Baden-Württemberg (38 %). Insgesamt liegen somit deutliche Hinweise vor, dass die Zufriedenheit von studentischen MitarbeiterInnen nicht unmittelbar auf die Höhe der gezahlten Stundenlöhne zurückzuführen ist.

Ein weiterer Punkt, mit dem die befragten studentischen MitarbeiterInnen weniger zufrieden waren, sind die bei der Arbeit vermittelten Fähigkeiten. Hier mögen vielleicht auch Erwartungen an die Beschäftigung nicht erfüllt werden. Sehr signifikante Unterschiede ergeben sich aber in Abhängigkeit von den Arbeitsbereichen der studentischen MitarbeiterInnen. So sind knapp 82 % der Befragten, die in Forschung und Lehre beschäftigt sind mit den vermittelten Fähigkeiten ‚eher' oder ‚sehr zufrieden', aber nur 69,6 % der Beschäftigten in Technik und Verwaltung (t=8,241; tkrit=2,33 bei α=0,01). Dies kann als deutlicher Hinweis darauf gedeutet werden, dass die Feldsozialisation für StuMis, die überwiegend in Forschung und Lehre tätig sind, verbessert wird.

6.5 Bildungssoziologische Befunde

Aus bildungssoziologischer Sicht stellt die Anstellung als StuMi eine soziale exklusive Praxis innerhalb einer individuellen Bildungskarriere dar, mit der eine Vielzahl weiterer Privilegien verknüpft ist.

6.5.1 Sozialstrukturelle Befunde

Die Anstellung als StuMi stellt innerhalb einer individuellen Bildungslaufbahn eine privilegierte und soziale exklusive Position dar. Zunächst ist festzuhalten, dass studentische MitarbeiterInnen mit ausländischem Pass stark unterrepräsentiert sind. Während in Deutschland im vergangenen Jahr knapp 11,3 % aller Studierenden nicht über die deutsche Staatsbürgerschaft verfügten, gibt es nur eine sehr kleine Minderheit von etwa 2,3 % MitarbeiterInnen ohne deutschen Pass. Darüber hinaus zeigen sich Unterschiede nach Tätigkeiten, da der Anteil ausländischer StuMis bei den Infrastrukturaufgaben in Technik und Verwaltung um etwa ein Drittel höher ist als in Forschung und Lehre.[51]

Bezüglich des Geschlechts fallen die Ergebnisse sehr heterogen aus und sind teilweise schwierig zu interpretieren. Leichte Unterschiede gibt es bei der Rekrutierung. Hier werden Frauen etwas häufiger persönlich angesprochen, während sich Männer etwas stärker durch Eigeninitiative auf die Suche nach einer Stelle als studentischer Mitarbeiter begeben. Im Rahmen der Anstellung haben Mitarbeiterinnen dann etwas weniger Stunden laut Vertrag, machen im größeren Umfang Überstunden und führen häufiger einen Stundenzettel als ihre männlichen Kollegen. Bei der eigentlichen Entlohnung gibt es, im Gegensatz zur Gesamtgesellschaft, keine Unterschiede in der Bezahlung. Interessant ist, dass den Männern bezüglich ihrer Anstellung sowohl Geld als auch die Bedeutung für den eigenen Lebenslauf deutlich weniger wichtiger sind als ihren Kolleginnen, während keine geschlechtsspezifischen Unterschiede bei der Gesamtzufriedenheit existieren (siehe Lenger / Schneickert / Priebe 2012: 87). Darüber hinaus scheint eine Anstellung als StuMi bei Männern das Studium stärker zu verlängern als bei Frauen. Was die individuelle Bildungslaufbahn angeht, so zeigt sich, dass die Mitarbeiterinnen häufiger Praktika und Auslandsaufenthalte absolvieren, ihre männlichen Kollegen aber häufiger schon sicher eine Promotion geplant haben.

Bezüglich der sozialen Herkunft im Allgemeinen konnte festgestellt werden, dass die soziale Herkunft von studentischen MitarbeiterInnen – insbesondere die Bildungsherkunft – noch einmal höher ist als von Studierenden insgesamt. In Anschluss an die theoretischen Überlegungen Bourdieus ist dies insbesondere darauf zurückzuführen, dass studentische MitarbeiterInnen aus bildungsnahen bzw. Akademikerhaushalten den potentiellen Wert bzw. Nutzen der Mitarbeit an einem Lehrstuhl oder Institut besser einschätzen können und die grundlegenden Verhaltensweisen im akademischen Betrieb bereits aus dem Elternhaus verinnerlicht haben.

---

[51] Diese Unterschiede sind allerdings aufgrund der insgesamt geringen Fallzahlen von nichtdeutschen StuMis mit großer Vorsicht zu interpretieren und hier statistisch nicht signifikant.

So verfügen die Eltern von studentischen MitarbeiterInnen häufiger über das Abitur und einen Hochschulabschluss als die Eltern von den Studierenden insgesamt. Auch ökonomisch stammen die StuMis aus privilegierten Haushalten, sowohl im Vergleich zur Gesamtgesellschaft als auch zu der, ebenfalls schon privilegierten Vergleichsgruppe der Studierenden. Im Vergleich zwischen Studierenden, StuMis und Promovierenden zeigten sich die StuMis als vermittelnde Strategie zwischen Stationen einer Bildungslaufbahn, die im Verlauf zunehmend sozial exklusiver werden.

6.5.2 Promotionswille

In vorangegangen Untersuchungen von Lenger wurde gezeigt, dass die Anstellung als StuMi einen der besten Wege für eine spätere Promotion darstellt (siehe Lenger 2008; 2009).

Die Ergebnisse der vorliegenden Studie konnten diese Hypothese klar bestätigen. Obwohl gemäß den Regeln und der Illusio des wissenschaftlichen Feldes bezüglich einer zukünftigen Promotion eine zurückhaltende Haltung strategisch zu erwarten wäre, hat die Mehrzahl (42,2 %) der studentischen MitarbeiterInnen nach eigenem Bekunden vor, nach dem Studium zu promovieren. Berücksichtigt man die formellen und informellen Schwierigkeiten, die vor einer Aufnahme einer Promotion üblicherweise gemeistert werden müssen, so ist es in diesem Kontext äußerst aussagekräftig, dass lediglich knapp 21 % der Befragten eine Promotion kategorisch ablehnen.

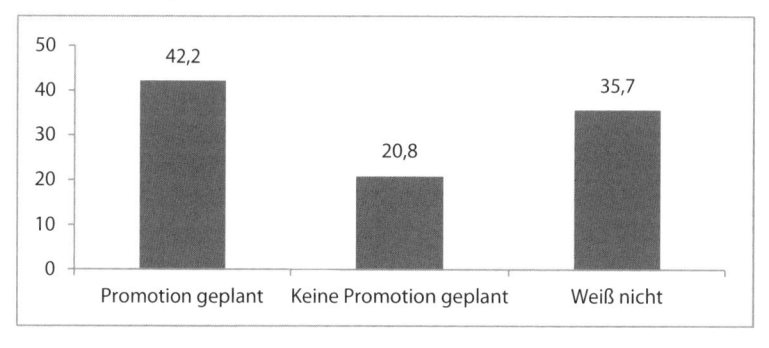

Abbildung 30: Geplante Promotion (in %)

Promotion geplant	Keine Promotion geplant	Weiß nicht
42,2	20,8	35,7

Frage 68: Planen Sie nach Ihrem Studienabschluss zu promovieren?

Die These, dass die Tätigkeit als StuMi auch die negativen Seiten des wissenschaftlichen Betriebes vor Augen führe und daher die Beschäftigung auch zu einer ablehnenden Haltung gegenüber einer möglichen Promotion führen könne (FAZ 2010: N5), ist somit zweifelhaft. Gleichwohl verweist diese Überlegung auf die These der Feldsozialisation, die zunächst keine Aussage darüber beinhaltet, ob das Feld und seine Regeln normativ positiv beurteilt werden, sondern lediglich inwieweit diese Regeln verinnerlicht wurden (Akkumulation feldspezifischen Kapitals). In diesem Sinne sind die Strategien von Akteuren keine bewusst geplanten Entscheidungen, sondern als soziales Handeln das strukturierte Ergebnis eines spezifischen Habitus auf einem Feld.

Entsprechend der ungleichheitstheoretischen Konstruktion des wissenschaftlichen Feldes zeigen Abbildung 30 und 31 den Zusammenhang zwischen sozialer Herkunft, Geschlecht und der Neigung der StuMis eine Promotion anzustreben. Eine höhere Promotionsneigung kann auf der Basis der theoretischen Überlegungen als Hinweis auf eine zunehmende Feldsozialisation gedeutet werden. Die Unterschiede zwischen den männlichen und weiblichen StuMis sind hinsichtlich der Promotionsabsichten dabei sehr signifikant ($t=4,895$; $t_{krit}=2,33$ bei $\alpha=0,01$).

In einer logistischen Regression mit dem Promotionswillen als abhängiger und den Kategorien der sozialen Herkunft aus den Sozialerhebungen des BMBF als unabhängigen Variablen zeigen sich zwar zwischen den unteren drei Herkunftskategorien keine signifikanten Unterschiede, aber die Chance dafür, dass die befragte Person promovieren will, steigt bei StuMis mit hoher sozialer Herkunft gegenüber StuMis mit gehobener Herkunft um das 1,30-fache an. Dieser Unterschied ist statistisch sehr signifikant. Bei StuMis mit hoher sozialer Herkunft ist der Promotionswunsch also insgesamt deutlich ausgeprägter. Der sehr niedrige Pseudo-R^2-Wert verweist allerdings darauf, dass bei der Entscheidung für oder gegen eine Promotion neben der sozialen Herkunft noch viele weitere Faktoren eine wichtige Rolle spielen müssen.

6 Situation und Lage von studentischen MitarbeiterInnen

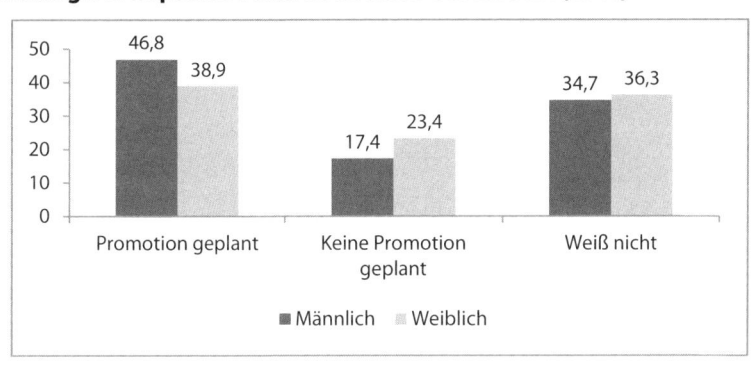

Abbildung 31: Geplante Promotion nach Geschlecht (in %)

	Promotion geplant	Keine Promotion geplant	Weiß nicht
Männlich	46,8	17,4	34,7
Weiblich	38,9	23,4	36,3

Frage 68: Planen Sie nach Ihrem Studienabschluss zu promovieren? Frage 77: Sind Sie männlich/weiblich?

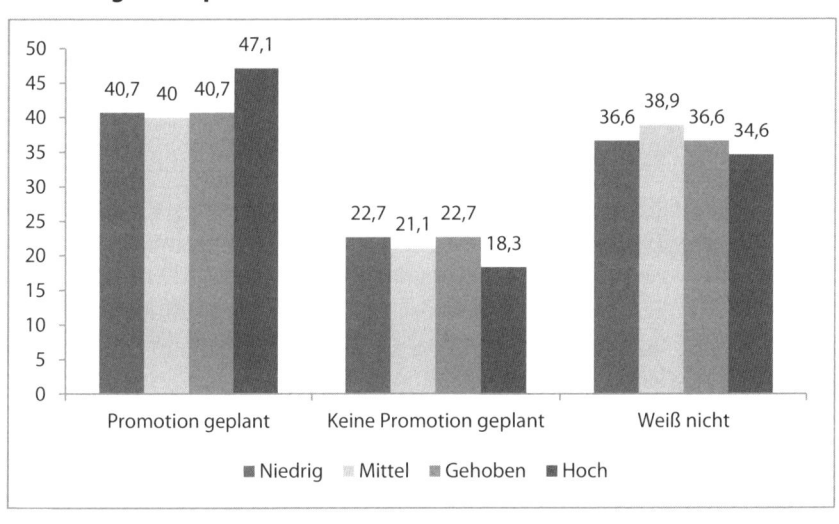

Abbildung 32: Geplante Promotion nach sozialer Herkunft (in %)

	Promotion geplant	Keine Promotion geplant	Weiß nicht
Niedrig	40,7	22,7	36,6
Mittel	40	21,1	38,9
Gehoben	40,7	22,7	36,6
Hoch	47,1	18,3	34,6

Frage 68: Planen Sie nach Ihrem Studienabschluss zu promovieren? Quelle: Gewichtete Zusammenfassung von ökonomischem und kulturellem Kapital.

Aus den offensichtlichen Karrierepotentialen ergeben sich jedoch auch Schwierigkeiten für das Anstellungsverhältnis. So wurde in den offenen Antworten häufig kritisiert, dass viele studentische MitarbeiterInnen ihren Job als ‚Mittel für die Karriere ansähen' und dementsprechend eine gewisse ‚Ellbogenmentalität' entwickelten. Die Konkurrenz unter den studentischen MitarbeiterInnen zeigte sich insbesondere auch in den Ergebnissen der qualitativen Interviews (siehe Abschnitt 5.1).

6.5.3 Feldspezifische Sozialisation

Für die subjektive Bewertung einer Anstellung als StuMi sind sowohl die Vereinbarkeit von Beruf und Studium als auch die Auswirkung auf die Studiendauer wichtige Faktoren, da die studentischen MitarbeiterInnen meist in demselben Fachbereich angestellt sind, in dem sie auch studieren und die Vermutung nahe liegt, dass mögliche Synergieeffekte genutzt werden können. Besonders eindeutig ist die Einschätzung der Befragten zur Vereinbarkeit der Anstellung als studentischeR MitarbeiterIn mit ihrem Studium. Knapp 80 % sind der Meinung, dass die Arbeit als StuMi besser als andere Jobs mit dem eigenen Studium zu vereinbaren ist. Dabei lassen sich keine Unterschiede nach Fachbereichen und Geschlecht beobachten. Diese Einschätzung wird auch durch die Antworten auf die Frage gestützt, inwiefern die Anstellung als studentische MitarbeiterIn sich auf die Dauer des Studiums auswirkt. Über zwei Drittel der studentischen MitarbeiterInnen geben an, dass die Anstellung als studentischeR MitarbeiterIn keine Auswirkung auf die Länge ihres Studiums haben wird. Auch hier sind die Unterschiede zwischen den verschiedenen Fachbereichen minimal. Allerdings geben 21,1 % der Männer aber nur 16,2 % der Frauen an, ihr Studium werde sich durch die Anstellung verlängern. Diese Unterschiede sind statistisch jedoch nicht signifikant.

Die gute Vereinbarkeit von Studium und Beruf erklärt, dass die Beschäftigung als StuMi inzwischen das zweithäufigste Arbeitsverhältnis von Studierenden darstellt (vgl. BMBF 2010a: 389). Allerdings spielen auch hier askriptive Faktoren eine Rolle. So verlängert sich die Studiendauer nach eigener Aussage besonders bei StuMis aus niedriger sozialer Herkunft (25,7 %), während dieser Wert mittlerer und gehobener sozialer Herkunft deutlich geringer (16,3 % und 19,2 %) und bei StuMis mit hoher sozialer Herkunft am niedrigsten (15,5 %) ausfällt. Die Unterschiede sind dabei sowohl bei hoher (t=2,749) als auch bei niedriger sozialer Herkunft (t=3,765) sehr signifikant (t_{krit}=2,33 bei α=0,01). Dementsprechend hat die Aufnahme einer Beschäftigung als StuMi umso weniger eine Verlängerung der Studiendauer zur Folge, je höher die soziale Herkunft der MitarbeiterInnen ist.

Zusammenfassend kann die Tätigkeit als StuMi als wirkungsvolle Strategie auf dem wissenschaftlichen Feld bezeichnet werden, die einerseits schlechte Studienbedingungen auszugleichen vermag und andererseits Optionen für eine wissenschaftliche Laufbahn öffnet. Wie einleitend bemerkt, sind die Studienbedingungen an deutschen Universitäten häufig alles andere als optimal (vgl. BMBF 2010b: 24-27). Die Betreuung ist oft unzureichend, die Integration der Studierenden in die Institution mangelhaft und die Einheit von Forschung und Lehre bleibt für die Mehrzahl der Studierenden ein nicht erreichtes Ideal. Erst in diesem Kontext erschließt sich die Bedeutung der Anstellung als StuMi in ihrem vollen Umfang. Studentische MitarbeiterInnen erfahren im Rahmen ihrer Anstellung oftmals eine Einbindung in den wissenschaftlichen Betrieb und eine weit über die formalen Arbeitsbedingungen hinaus gehende Integration in die Universität, die andere Studierende in dieser Form nur in Ausnahmen erleben. Entsprechend lässt sich in Anschluss an Bourdieu hierbei von einer beginnenden Sozialisation in das akademische Feld sprechen.

6.6 Arbeitssoziologische Befunde

Viele der positiven Aspekte einer Anstellung als StuMi könnten (und sollten) ebenso als erstrebenswerter Teil der allgemeinen universitären Ausbildung angesehen werden. Regelmann weist zu Recht darauf hin, dass dem Weiterbildungsargument in Bezug auf studentische MitarbeiterInnen (und zunehmend auch bezüglich der weiterführenden Qualifikationsstellen von Promovierenden und Habilitierenden) die besondere Funktion zukommt, in erster Linie prekäre, für die Universität effiziente und kostensparende Beschäftigungsverhältnisse zu legitimieren (Regelmann 2004: 39).

Erst auf der Basis dieser bildungssoziologischen Überlegungen sind die arbeitssoziologischen Befunde und die Überlegungen zu ArbeitskraftunternehmerInnen vollständig zu verstehen. Betrachtet man das akademische Feld bezüglich der Tätigkeiten von studentischen MitarbeiterInnen (siehe Korrespondenzanalyse Abschnitt 6.3.3) finden sich die arbeitssoziologisch interessantesten Erkenntnisse auf der diagonalen Achse der Feldsozialisation und zwar am heteronomen Pol. Hier wurde die grundlegende Argumentation besonders deutlich: Im Zusammenspiel von subjektiven Erwartungen und objektiven Chancen ergibt sich die Möglichkeit, günstige und flexibel einsetzbare Arbeitskraft auszubeuten. Auf einem dynamischen und hochgradig kompetitiven Feld sind die Akteure damit jedoch hoch zufrieden, da sie subjektiv diffuse Privilegien erwarten. Inwieweit subjektive, habituelle Erwartungen und objektive Chancen auf einem Feld zusammen fallen, ist in entscheidendem Maße von den Wirkungen strukturierter sozialer Ungleichheit abhängig. Für die Feldsozialisation ist dabei die Verteilung der Tätigkeiten besonders relevant.

Bereits Anfang der 1970er Jahre hat Ulrike Vogel darauf hingewiesen, dass studentische MitarbeiterInnen einer besonderen Situation unterliegen, weil sie zeitgleich zwei komplementäre Rollen besetzen. Sie sind sowohl reguläre Studierende als auch reguläre MitarbeiterInnen an Lehrstühlen und Instituten (Vogel 1970: 3). Somit weist die Tätigkeit der studentischen MitarbeiterInnen strukturell stets zwei Seiten auf: einen Qualifizierungs- und einen Erwerbsaspekt.

6.6.1 Tätigkeitenteilung

Konsequenterweise müsste der Weiterbildungsaspekt eine essentielle Komponente für die Ausgestaltung der Beschäftigungsverhältnisse der studentischen MitarbeiterInnen darstellen (hierzu auch Regelmann 2004: 35f.). Diese Anforderung wird jedoch nur selten erfüllt. Vielmehr ist zunächst festzuhalten, dass es sich bei der Mehrzahl der Tätigkeiten von studentischen MitarbeiterInnen, wie Rechercheaufgaben, Kopieren, Beschaffung von Literatur, Dateneingabe, Pflege von Daten, Sekretariatsaufgaben etc. lediglich um einfache Arbeiten handelt und studentische MitarbeiterInnen in diesem Sinne häufig als „schlechter bezahlte DienstbotInnen" (Regelmann 2004: 35) verstanden werden können. In diesem Kontext ist die Tatsache, dass nicht einmal die Hälfte (39,8 %) der studentischen MitarbeiterInnen überwiegend Tätigkeiten mit direkter Verbindung zu Lehre und Forschung übernehmen, als problematisch zu beurteilen. Die Beschäftigungsverhältnisse von studentischen MitarbeiterInnen beinhalten häufig weder eine wissenschaftliche Qualifizierungskomponente noch eine tarifliche Vertragsgestaltung.[52] Mit anderen Worten: Obwohl Studierende für ihre Mitarbeit an Hochschulen und Forschungsorganisationen rein rechtlich einen zusätzlichen Nutzen in Form einer Weiterqualifizierung erhalten bzw. nach Tarifvertrag als hochqualifizierte ArbeitnehmerInnen angemessen bezahlt werden müssten, stellen solche Beschäftigungsverhältnisse noch immer nicht die Regel an deutschen Universitäten dar.

Dass studentische MitarbeiterInnen insgesamt sehr zufriedene ArbeitnehmerInnen sind, ist jedoch in den meisten Fällen nicht auf die unmittelbaren Beschäftigungsverhältnisse zurückzuführen, sondern kann durch die Vorteile einer stärkeren Feldsozialisation erklärt werden. So ermöglicht die Anstellung als StuMi offensichtlich eine bessere Integration in die Hochschule bzw. den Fachbereich, die unter regulären Studienbedingungen in Zeiten von Massenuniversitäten nicht (mehr) gegeben sind. Folglich tragen insbesondere ein engeres Verhältnis zum Hochschulpersonal, die Praxisnähe zum akademischen Betrieb sowie der intensive Einblick in den Alltag und Ablauf von Arbeitsprozessen der universitären Forschung und Lehre zu einem besseren Verständnis der Hochschulstrukturen bei. Diese fachspezifische Sozialisation resultiert unter anderem in niedrigen Abbruchsquoten und besseren Übergangsquoten vom Bachelor in den Master (vgl. Rehn et al. 2011: 169) sowie einem erleichterten Zugang zur Promotion (vgl. Lenger 2008: 104).

Arbeitssoziologisch ist zunächst der hohe Anteil studentischer MitarbeiterInnen mit überwiegenden Aufgaben im Bereich der Infrastrukturmaßnahmen kritisch festzustellen. Die rechtlichen Vorgaben des Hochschulrahmengesetzes sehen für Hilfskrafttätigkeiten eine überwiegende Beschäftigung in Forschung und Lehre sowie einen Qualifizierungsaspekt vor (siehe Bundesarbeitsgericht 1996; 2005). So müssten mindestens die 41,1 % der StuMis, die überwiegend in Technik und Verwaltung arbeiten, nach Tarifvertrag entlohnt werden. Dies ist aber nur in Ausnahmen tatsächlich der Fall (vgl. Lenger / Schneickert / Priebe 2012: 13, 89).

---

[52] Dass die qualifizierenden Tätigkeiten wohl eher eine allgemeine Weiter- und Ausbildung von Kompetenzen für das Berufsleben darstellen und weniger zur spezifischen Ausbildung für das wissenschaftliche Feld beitragen, hat auch Regelmann (2004) herausgearbeitet.

Betrachtet man die symbolischen Vorteile, die mit einer Anstellung als StuMi im Bereich Forschung und Lehre verbunden sind, so ist es nicht verwunderlich, dass sich leichte Unterschiede bezüglich der sozialstrukturellen Zusammensetzung ergeben. So zeigt sich ein sehr signifikanter Unterschied zwischen den Geschlechtern: Männliche StuMis üben deutlich häufiger (41,4 %) als weibliche (38,7 %) überwiegend Tätigkeiten in Forschung und Lehre aus (t=2,345; t_{krit}=2,33 bei α=0,01).

Abbildung 32 zeigt darüber hinaus die Unterschiede zwischen den Arbeitsbereichen nach sozialer Herkunft. Hier sind studentische MitarbeiterInnen aus höheren Schichten etwas stärker im Aufgabenbereich Forschung und Lehre als in Technik und Verwaltung vertreten. Deutlich häufiger arbeiten StuMis aus niedriger sozialer Herkunft im Bereich Technik und Verwaltung; dieser Unterschied ist sehr signifikant (t=4,165; t_{krit}=2,33 bei α=0,01).

Abbildung 33: Arbeitsbereiche nach sozialer Herkunft (in %)

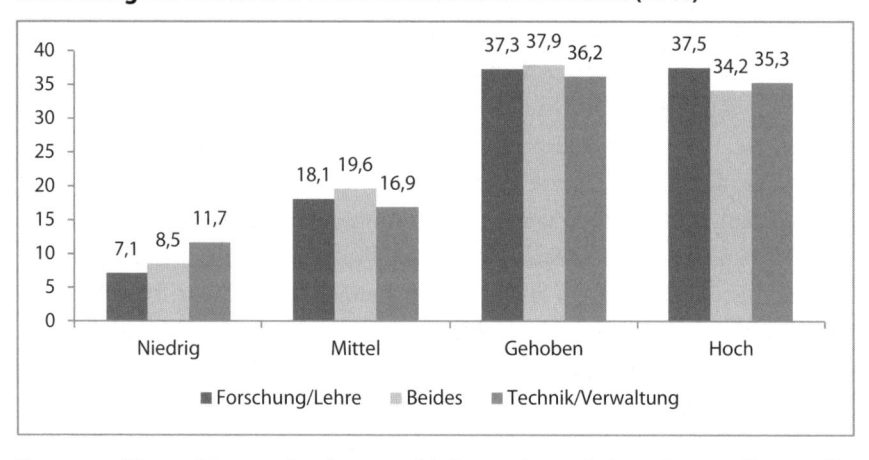

Soziale Herkunft	Forschung/Lehre	Beides	Technik/Verwaltung
Niedrig	7,1	8,5	11,7
Mittel	18,1	19,6	16,9
Gehoben	37,3	37,9	36,2
Hoch	37,5	34,2	35,3

Frage 17: Was gehört zu den hauptsächlichen Arbeitsinhalten Ihrer Stelle? Quelle: Gewichtete Zusammenfassung von ökonomischem und kulturellem Kapital.

Deutlich sind die Unterschiede auch nach Nationalität, können aber aufgrund der insgesamt geringen Fallzahlen nur schwer interpretiert werden. Studentische MitarbeiterInnen ohne deutsche Staatsangehörigkeit arbeiten häufiger in Technik und Verwaltung als in Forschung und Lehre (4,0 % gegenüber 3,0 %).

Besonders deutlich manifestieren sich die unterschiedlichen Beschäftigungsverhältnisse in der Frage nach den Promotionsabsichten. Denn während 47,2 % der studentischen MitarbeiterInnen in Forschung und Lehre die Frage nach einer späteren Promotion positiv beantworten, trifft dies für nur 38,2 % der studentischen MitarbeiterInnen mit Aufgaben überwiegend in Technik und Verwaltung zu. Dieser Unterschied ist statistisch sehr signifikant (t=5,133; t_{krit}=2,33 bei α=0,01).

Besonders für diese StuMis dürfte die Gewöhnung an projektbasierte, prekarisierte Arbeitsverhältnisse über das wissenschaftliche Feld hinaus wirken, ohne zu den – mit der StuMi-Tätigkeit üblicherweise verbundenen – Privilegien und Vorteilen geführt zu haben. Hier könnte man in Anlehnung an Bourdieu auch von einer ‚geprellten Generation' (Bourdieu 1982 [1979]: 241-248) sprechen.

6.6.2 Studentische ArbeitskraftunternehmerInnen

Studentische MitarbeiterInnen sind trotz der teilweise prekären objektiven Arbeitsbedingungen höchst zufriedene ArbeitnehmerInnen. Hier scheinen die klassischen Kriterien zur Bewertung von Arbeitsverhältnissen (Entlohnung, formale Regelungen, kurzen Vertragslaufzeiten, fundamentale Machtasymmetrien, fehlende Mitbestimmung und Vertretung etc.) durch neue Kriterien (Flexibilisierung, Freiheiten, flache Hierarchien, projektbasiertes Arbeiten etc.) überlagert zu werden. In diesem Sinne können studentische MitarbeiterInnen durchaus als Proto- oder Sozialisationstyp von unternehmerischem Selbst und dessen Idealtypus der ArbeitskraftunternehmerInnen angesehen werden.

In diesem Kontext muss auch die Rede von prekarisierten Arbeitsverhältnissen verstanden werden: Da es sich um einen Nebenjob im Studium handelt, kann nicht von prekären Arbeitsverhältnissen im eigentlichen Sinne gesprochen werden. Studentische MitarbeiterInnen stehen nicht unterhalb des gesellschaftlich standardisierten Einkommens-, Schutz-, und Integrationsniveaus. Weder sind Beschäftigungsunsicherheit im eigentlichen Sinne noch Löhne unterhalb des Existenzminimums, die zentralen Merkmale von Prekarität, für studentische MitarbeiterInnen gegeben.

Allerdings stellt die Anstellung eine der ersten Sozialisations- und Lernerfahrungen im Arbeitsleben dar. Dabei lernt eine Gruppe von jungen, hochqualifizierten und zufriedenen ArbeitnehmerInnen, dass eine für die eigene Karriere vorteilhafte, flexible und interessante Arbeit im Gegensatz zu sicheren Arbeitsbedingungen stehen muss. Dies hat zweifellos erhebliche Auswirkungen auf die eigenen Präferenzen und Ansprüche im weiteren Arbeitsleben, wobei die Kombination von – in diesem Sinne – prekär beschäftigten und gleichzeitig hoch zufriedenen ArbeitnehmerInnen ein charakteristisches Merkmal des beschriebenen Strukturwandels der Arbeitswelt darstellt.

Dieser Mechanismus ist besonders angesichts der Tatsache stetig steigender Zahlen von Studierenden und StuMis brisant. So weisen die vorliegenden Ergebnisse darauf hin, dass die Arbeitserfahrung als StuMi – über die immerhin etwa ein Fünftel der Studierenden heute verfügt – den Strukturwandel der Arbeitswelt über das wissenschaftliche Feld hinaus beschleunigt und verstärkt.

Problematisch ist dabei insbesondere der hohe Grad an Informalität innerhalb der Arbeitsverhältnisse. Dies bedeutet, dass die Lage und Situation der studentischen MitarbeiterInnen nicht allein durch das formale Arbeitsverhältnis bestimmt, sondern durch eine Vielzahl von diffusen Vorteilen und Privilegien, aber auch Hierarchien und Machtverhältnissen geprägt ist. Solche komplexen ungleichheitstheoretischen Zusammenhänge sind in quantitativen Daten üblicherweise stärker verdeckt, konnten hier jedoch durch die Kombination qualitativer und quantitativer Methoden analysiert werden. So ist beispielsweise die große Hierarchiedifferenz zwischen ProfessorInnen und studentischen MitarbeiterInnen ein großes Hindernis, sich gegen inakzeptable Arbeitsbedingungen auch tatsächlich zur Wehr zu setzen. Dies wird oft noch dadurch verstärkt, dass die ChefInnen gleichzeitig als DozentInnen die Noten vergeben oder als PrüferInnen auftreten. Im Gegenteil wird die stark hierarchisierte Beziehung durch den persönlichen Kontakt subjektiv abgemildert (siehe Abschnitt 5.2.1) und die Arbeitszufriedenheit sogar noch erhöht.

7 Fazit

In der modernen Wissensgesellschaft verfügen immer mehr Menschen über höhere Bildung und entsprechende Bildungszertifikate. Neben ausgezeichneten Noten und Zeugnissen werden zunehmend Investitionen in sogenannte Soft Skills ausschlaggebend für die weitere Karriereplanung. Eine äußerst erfolgversprechende Strategie sowohl für eine Laufbahn in als auch außerhalb der Wissenschaft ist die Tätigkeit der studentischen MitarbeiterInnen. Mit der Anstellung gehen eine Vielzahl von Vorteilen und Privilegien für das eigene Studium einher. Gleichzeitig aber werden die Arbeitsverhältnisse studentischer MitarbeiterInnen zunehmend Ziel gewerkschaftlicher Kritik, da diese reguläre Stellen ersetzen und junge ArbeitnehmerInnen an prekäre und entformalisierte Arbeitsverhältnisse gewöhnt werden. Damit sind studentische Hilfskräfte an deutschen Universitäten sowohl aus bildungssoziologischer als auch aus arbeits- und organisationssoziologischer Perspektive ein außerordentlich interessantes Forschungsfeld.

Die vorliegende Untersuchung hat StuMis zunächst im deutschen Bildungssystem verortet (Kapitel 2) und aus verschiedenen theoretischen Perspektiven, auf dem wissenschaftlichen Feld nach Bourdieu einerseits (Kapitel 3.1 und 3.2) sowie dem Strukturwandel der Arbeitsformen andererseits (Kapitel 3.3), beleuchtet. Die theoretischen Überlegungen wurden dann an umfangreichem, qualitativen (Kapitel 5) und quantitativen (Kapitel 6), empirischen Material geprüft. Die Ergebnisse zeigen, dass die subjektiven Strategien der StuMis zwei objektive Funktionen erfüllen: Erstens, die Reproduktion sozialer Ungleichheit auf dem und durch das wissenschaftliche Feld und zweitens, die Gewöhnung junger ArbeitnehmerInnen an prekäre Arbeitsbedingungen im Sinne des Strukturwandels der gesellschaftlichen Arbeitsformen.

Aus bildungssoziologischer Perspektive lassen sich aus der Analyse studentischer MitarbeiterInnen interessante Erkenntnisse über die derzeitigen Studienbedingungen gewinnen. So werden im Rahmen der Entwicklung der Universitäten zu Großbetrieben mit Massen an Studierenden nicht für alle die gleichen Studienbedingungen gewährleistet. Die Betreuungssituation an deutschen Hochschulen ist insgesamt wenig zufriedenstellend (siehe Abschnitt 6.1). Die hohen Studierendenzahlen führen zu einer Inflation der Hochschulabschlüsse und vergrößern so die Konkurrenz auf dem Arbeitsmarkt. Entsprechend ergibt sich der Wert eines Studiums heute stärker aus der Art und Weise *wie* studiert wird, als aus der Tatsache, *dass* studiert wird. Daraus entsteht ein starker Konkurrenzkampf selbst um kleine Verbesserungen, Vorteile und Distinktionsmöglichkeiten der Studienbedingungen. Neben dem symbolischen Kapital (der Anerkennung) und den Distinktionsgewinnen gegenüber anderen ‚regulären' Studierenden werden auch Fähigkeiten bzw. Kapitalsorten akkumuliert, die auf dem wissenschaftlichen Feld große Bedeutung besitzen.

Erstens lernen studentische MitarbeiterInnen das Personal der Universität, d. h. ProfessorInnen, AssistentInnen, aber auch SekretärInnen oder Personal aus dem technisch-administrativen Bereich persönlich kennen. Wichtig ist dabei, dass dieser Kontakt nicht im Rahmen von Lehrveranstaltungen oder Sprechstunden stattfindet, sondern hier gemeinsam, wenn auch mit sehr unterschiedlichen hierarchischen Positionen, und kollegial gearbeitet wird. Diese Kontakte stellen eine Form von feldspezifischem ‚sozialen Kapital' dar, das nicht zu unterschätzende Vorteile für Belange des eigenen Studiums und der eigenen Zukunft auf dem Feld verschafft.

Darüber hinaus hat der persönliche Kontakt zu den ProfessorInnen weitere positive Effekte auf das eigene wissenschaftliche Verständnis sowie das Selbstbewusstsein der studentischen MitarbeiterInnen als Studierende, wie die Ergebnisse der qualitativen Interviews eindrücklich gezeigt haben (siehe Abschnitt 5.1). Letzteres kann im Kontext der theoretischen Überlegungen als feldspezifisches inkorporiertes kulturelles Kapital oder Habitus verstanden werden[53].

Zweitens steht diese persönliche Einbindung in engem Zusammenhang mit dem Erlernen bestimmter wissenschaftlicher Fähigkeiten, die in der Zusammenarbeit mit WissenschaftlerInnen deutlich leichter und schneller ver-

---

[53] Im Grunde existiert kein ‚feldspezifischer Habitus', da dieser Begriff eine fälschliche Deutung des Habitus im Sinne sozialer Rollen nahelegt (zu dieser Abgrenzung siehe Krais / Gebauer 2002: 66-70). Der Habitus garantiert nach Bourdieu aber gerade die Einheitlichkeit der Person über verschiedene soziale Kontexte hinweg. In diesem Sinne ist der akademische Habitus eigentlich der an das akademische Feld angepasste Habitus, welcher aber immer noch an die Position im sozialen Raum bzw. die Existenzbedingungen seiner Formierung (Kindheit usw.) gebunden ist.

mittelt werden können als dies in Lehrveranstaltungen geschieht, wie z. B. Literaturrecherche, Redigieren von Texten, Veröffentlichungen, Zitieren, Projektorganisation und -abwicklung etc. Auch hier wird feldspezifisch inkorporiertes kulturelles Kapital vermittelt, nämlich die Einübung der Gepflogenheiten und Techniken des akademischen Betriebes sowie der Fähigkeit zu wissenschaftlichem Arbeiten.

Entsprechend lässt sich in Anschluss an Bourdieu hierbei von einer beginnenden Sozialisation in das wissenschaftliche Feld sprechen. In den qualitativen Interviews zeigte sich, dass die zunehmende Feldsozialisation dabei mit einem temporären Zusammenbruch der feldspezifischen Illusio einhergeht (siehe Abschnitt 5.2). Letzteres stellt, wie die Strukturen des wissenschaftlichen Feldes insgesamt, für Personen aus unterschiedlichen sozialen Hintergründen ganz verschiedene Herausforderungen dar. Theoretisch zeigte sich dies an den (historischen) Konstruktionsprinzipien des wissenschaftlichen Feldes als männlich und bildungsbürgerlich (siehe Abschnitt 3.2). Die These von studentischen MitarbeiterInnen als in diesem Sinne sozial exklusive Gruppe konnte auch in den vorliegenden quantitativen Ergebnissen bestätigt werden (siehe Abschnitt 6.2). Verbindet man die quantitativen mit den qualitativen Ergebnissen, ist jedoch festzuhalten, dass die Anstellung als StuMi für benachteiligte Gruppen deutlich positivere Auswirkungen hat als für ohnehin schon soziale privilegierte Gruppen. Personen aus bildungsfernen Schichten profitierten z. B. von der realistischeren Einschätzung der Erwartungen und Anforderungen an der Universität, während die befragten weiblichen StuMis stärker aus dem persönlichen Kontakt und der ‚Entzauberung' der Wissenschaft als sozialem Gefüge und WissenschaftlerInnen als konkreten Personen Vorteile zogen. Wie stark also der Effekt der Feldsozialisation subjektiv ausfällt und wahrgenommen wird, hängt entscheidend von askriptiven Faktoren ab. In diesem Kontext konnte eine Korrespondenzanalyse zeigen, dass herrschenden Positionen im Feld – wie theoretisch angenommen – mit subjektiven Strategien und askriptiven Faktoren verbunden sind und die theoretisch angenommene Verbindung von bildungssoziologischer und arbeitssoziologischer Perspektive auch im empirischen Material vorhanden ist (siehe Abschnitt 6.3.3).

Häufig wird unter den positiven und vorteilhaften Aspekten, die mit der verbesserten Feldsozialisation einhergehen, ausgeblendet, dass StuMis nicht in erster Linie bzw. allein dazu angestellt sind, um die Studienbedingungen an Massenuniversitäten zu verbessern oder wissenschaftliche Fähigkeiten zu vermitteln, sondern dass es sich um Lohnarbeitsverhältnisse und eine Gruppe von ArbeitnehmerInnen handelt.

Wird die Anstellung aus arbeitssoziologischer Perspektive unter rein formalen Gesichtspunkten als reguläres Arbeitsverhältnis (gemäß dem Lohn und der rechtlichen Absicherung) betrachtet, erscheint die Beschäftigung tatsächlich in vielen Bereichen (u. a. Lohn, Vertragslaufzeiten, rechtliche Stellung, Sozialversicherung) als prekär. Diese Bedingungen werden mit dem wissenschaftlichen Weiterbildungseffekt legitimiert. Demnach stellt sich die Frage, ob dieser Weiterbildungseffekt tatsächlich eingelöst wird, wenn eine konkrete StuMi-Stelle beurteilt werden soll. Aus Sicht der hier befragten Hilfskräfte werden die Arbeitsverhältnisse insgesamt als sehr positiv erlebt. Zwar werden die stark ausgeprägte Hierarchie und der hohe Konkurrenzdruck teilweise mit Sorge erwähnt. Diese werden jedoch, ebenso wie die geringe Bezahlung, durch die gute Arbeitsatmosphäre und die hohe Flexibilität, welche die Tätigkeit einfach mit dem Studium verbinden lässt, ausgeglichen (siehe Abschnitt 6.4.2). Insgesamt kann die Mehrheit der StuMis daher trotz der formal prekären Bedingungen als hochzufriedene ArbeitnehmerInnen gelten (siehe Abschnitt 6.4.3).

Arbeitssoziologisch ist angesichts der gegenwärtigen Situation darauf hinzuweisen, dass die oben dargestellte Situation von studentischen MitarbeiterInnen als eine allgemeine Gewöhnung von jungen ArbeitnehmerInnen an prekäre und hochflexibilisierte Arbeitsverhältnisse gesehen werden kann. Dies hat gesamtgesellschaftliche Auswirkungen, die über die unmittelbar betroffene Gruppe der studentischen MitarbeiterInnen hinausgehen und im Sinne des Strukturwandels der Arbeitsformen als unternehmerisches Selbst, projektbasierte Polis oder ArbeitskraftunternehmerInnen interpretiert werden können.

Konkret zeigt sich das, wenn reguläre Beschäftigungsverhältnisse verdrängt werden, weil StuMis günstiger und flexibler als festangestellte ArbeitnehmerInnen sind. Entsprechend kann aus gewerkschaftlicher Perspektive in dem Moment, ab dem ein regulärer Ablauf ohne den Einsatz von studentischen MitarbeiterInnen nicht mehr angeboten werden kann, von systematischem Lohndumping gesprochen werden (hierzu grundlegend auch Schneickert / Lenger 2010). Nur arbeiten die Beschäftigten an diesem Wandel selbst mit und sind damit überwiegend sogar sehr zufrieden.

Entscheidend ist aber, dass sich die Bedingungen der studentischen MitarbeiterInnen erst in der Verbindung beider Perspektiven erschließt. Die hohe Zufriedenheit und die Bereitschaft auf subjektiver Ebene den Strukturwandel affirmativ anzunehmen, ergeben sich erst auf der Grundlage der individuellen Vorteile auf dem wissenschaftlichen Feld.

Die Ambivalenz der subjektiven Strategien wird darüber hinaus dadurch verstärkt, dass die positiven Effekte der StuMi-Stellen schon lange kein Geheimnis mehr sind (siehe FAZ 2010; Lühmann 2010; Budde 2011). Die möglichen Distinktionsgewinne im Zugang zum wissenschaftlichen Feld sind dadurch nicht eindeutig, weshalb nicht mehr jede Stelle als StuMi unmittelbar eine lohnende ‚Investition' darstellt.

Hier kommen askriptive Faktoren wie soziale Herkunft und Geschlecht ins Spiel. Umso unsicherer die zukünftigen Gewinne der eigenen Investitionen, desto abhängiger werden die Strategien vom praktischen Sinn, d. h. dem Habitus der Akteure im Zusammenspiel mit den Regeln des Feldes. Denn die doppelte Bestimmtheit der Lage von StuMis ermöglicht gerade die Ausbeutung günstiger Arbeitskraft aufgrund der subjektiven Erwartungen an eine lohnende Investition in die eigene Bildungslaufbahn sowie die Gewöhnung an prekäre Arbeitsverhältnisse – im Sinne des projektbasierten unternehmerischen Selbst als studentische ArbeitskraftunternehmerInnen. Hinsichtlich dieser Überlegungen stellt Berlin, mit dem Tarifvertrag und der formalen rechtlichen Ausgestaltung, für studentische MitarbeiterInnen so etwas wie das ‚gallische Dorf' dar, das dem Strukturwandel der Arbeit trotzt (siehe Abschnitte 6.2.4, 6.3, 6.4).

Allerdings ist auch dort zunehmend eine Verdrängung von fest angestellten ArbeitnehmerInnen (wie z. B. Systemadministratoren und auch Sekretariatsarbeiten) durch studentische Mitarbeiter zu beobachten. Empirisch zeigt sich, dass solche Stellen in Technik und Verwaltung zudem nur sehr viel geringere Vorteile für die wissenschaftliche Ausbildung der Beschäftigten erbringen. Aus der Perspektive der Universitäten als Großorganisationen und Arbeitgeber ist diese Konstellation natürlich sehr vorteilhaft.

Die vorliegende Analyse studentischer MitarbeiterInnen dient somit als Basis einer umfassenden Kritik des deutschen Bildungssystems bezüglich der

Sozialisation in das wissenschaftliche Feld einerseits und der Sozialisation von jungen und hochqualifizierten ArbeitnehmerInnen andererseits. Angesichts der empirischen Situation sowie der Funktion von studentischen MitarbeiterInnen im deutschen Bildungswesen müssten StuMis im Grunde als wissenschaftliche Mitarbeiter anerkannt und behandelt werden. Gleichwohl ist auch die Lage der wissenschaftlichen Mitarbeiter von dem Strukturwandel betroffen und die flächendeckende Ausgestaltung von tarifvertraglichen Anstellungsverhältnissen auch für Doktoranden und Post-Docs alles andere als selbstverständlich. Die Lage der StuMis am untersten Ende der Hierarchie ist strukturell jedoch noch einmal schwächer, weswegen die Durchsetzung von Tarifverträgen über Berlin hinaus bei den jetzigen Kräfteverhältnissen unwahrscheinlich ist. Im Grunde sind jedoch einige Szenarien denkbar, die die positiven Effekte der Anstellung bewahren und die problematischen Arbeitsbedingungen ändern könnten. So wäre es denkbar, Studierende zu Beginn des Studiums von der Universität als studentische Hilfskräfte anzustellen und ihnen während des Studiums immer anspruchsvollere Forschungsaufgaben zu übertragen (vgl. hierzu schon Vogel 1970: 151).[54]

Die positiven Effekte der Feldsozialisation könnten so auch explizit – im Sinne einer rationalen Pädagogik – dazu dienen, askriptive Faktoren abzumildern, etwa indem besonders Studierende aus bildungsfernen Schichten solche Stellen bevorzugt erhalten.

Aus arbeitssoziologischer Sicht ist davon auszugehen, dass auch die (studentischen) ArbeitskraftunternehmerInnen durchaus Bedarf nach externer Hilfe und Interessenvertretung haben, wobei diese die spezifische Situation zur Kenntnis nehmen und die subjektive positiven Seiten berücksichtigen müsste (vgl. Voß / Pongratz 1998: 152). Die Notwendigkeit eine solche Vertretung für neue Arbeitsformen zu entwickeln, ist politisch wohl kaum zu unterschätzen. Hier gibt es von Seiten der Personalräte und Gewerkschaften noch erheblichen Nachholbedarf. Die vorliegenden Überlegungen legen nahe, dass eine praktikable Lösung für die StuMis auch für viele ähnlich gela-

---

[54] Insgesamt ist jedoch anzumerken, dass im Sinne eines ‚freien' Studiums die durchgängige Beschäftigung als StuMi oder AssistentIn gerade in geistes- oder sozialwissenschaftlichen Fächern auch problematisch sein kann. So geht Vogel (1970: 199) davon aus, dass die starken Abhängigkeitsverhältnisse innerhalb dieser Anstellungen die Entwicklung eines kritischen Denkens eher negativ beeinflussen.

gerte – flexibilisierte, projektbasierte und arbeitskraftunternehmerische – Arbeitsformen eine große Bedeutung hätte.

Nach Voß und Pongratz muss es bei einer solchen Lösung politisch darum gehen, Rahmenbedingungen zu schaffen, die sozial-, arbeits- und tarifrechtlich den Bedürfnissen der ArbeitskraftunternehmerInnen entsprechen (vgl. Voß / Pongratz 1998: 154f.). Schließlich ist die bürgerliche Vorstellung der Einheit von Person und Arbeit auch in marktwirtschaftlichen Ordnungen nicht nur negativ, wie sich am Beispiel der StuMis deutlich zeigt. Fraglich ist allerdings, wie viele dieser positiven Effekte der ‚Freisetzung' produktiver Arbeit ohne deren negative Konsequenzen zu haben ist.

Diese Vorstellung zeigt sich auch in der Befragung der ProfessorInnen, wobei aus deren Perspektive mit der Anstellung als StuMi oftmals eine Art von Beziehung angesprochen wird, wie sie zwischen Studierenden und Dozierenden an der Universität zwar insgesamt wünschenswert wäre, in der Realität jedoch kaum noch vorkommt. Die Einheit von Forschung und Lehre scheint sich demzufolge im Alltag deutscher Universitäten für Studierende erst durch die Einbindung als StuMi herzustellen. Entsprechend sind viele der hier beschriebenen positiven Vorteile und Privilegien, die mit einer verbesserten Feldsozialisation einhergehen, grundsätzlich als Bestandteil eines regulären Studiums und im Sinne der akademischen Ausbildung denkbar und wünschenswert. Dies sollte in einem Land, das sich über alle Parteigrenzen hinweg als Bildungsstandort versteht, vielmehr Selbstverständlichkeit als Utopie sein (siehe Schneickert / Lenger 2010).

Literatur

AK Gewerkschaft (2010): *Ein Job als studentische Hilfskraft. Lohnt sich das?* Regensburg: DGB Regensburg/ver.di Oberpfalz/GEW Oberpfalz.

Allmendinger, Jutta (2003): Soziale Herkunft, Schule und Kompetenzen. In: *Politische Studien: Zweimonatsschrift für Politik und Zeitgeschehen* (54. Jahrgang, 03/2003 Sonderheft Bildung: Standards, Tests, Reformen): 79-90.

Allmendinger, Jutta / Silke Aisenbrey (2002): Soziologische Bildungsforschung. In: Rudolf Tippelt (Hrsg.): *Handbuch Bildungsforschung*. Opladen: Leske + Budrich, 41-60.

Anger, Hans / Allen S. Davis (1960): *Probleme der deutschen Universität. Bericht über eine Erhebung unter Professoren und Dozenten.* Tübingen: Mohr.

Arndt, Marlies (1993): *Ausgegrenzt und mittendrin - Frauen in der Wissenschaft.* Berlin: Edition Sigma Bohn.

Ashenfelter, Orley / Cecilia Rouse (2000): Schooling, Intelligence, and Income in America. In: Kenneth J. Arrow / Samuel Bowles / Steven N. Durlauf (Hrsg.): *Meritocracy and economic inequality*. Princeton, NJ: Princeton Univ. Press.

Bacher, Johann / Andreas Pöge / Knut Wenzig (2010): *Clusteranalyse. Anwendungsorientierte Einführung in Klassifikationsverfahren.* München: Oldenbourg.

Barlösius, Eva (2006): *Pierre Bourdieu*. Frankfurt am Main: Campus.

Baumert, Jürgen et al. (2001): *PISA 2000. Basiskompetenzen von Schülerinnen und Schülern im internationalen Vergleich.* Opladen: Leske + Budrich.

Baus, Magdalene (1994): *Professorinnen an deutschen Universitäten. Analyse des Berufserfolgs.* Heidelberg: Asanger.

Beaufaÿs, Sandra (2003): *Wie werden Wissenschaftler gemacht? Beobachtungen zur wechselseitigen Konstitution von Geschlecht und Wissenschaft.* Bielefeld: Transcript.

Beck, Ulrich (1983): Jenseits von Klasse und Stand? In: Reinhard Kreckel (Hrsg.): *Soziale Ungleichheiten*. Soziale Welt Sonderband. Göttingen: Schwartz, 35-74.

Beck, Ulrich (1986): *Risikogesellschaft. Auf dem Weg in eine andere Moderne.* Frankfurt am Main: Suhrkamp.

Beck, Ulrich / Elisabeth Beck-Gernsheim (1994a): Individualisierung in modernen Gesellschaften. Perspektiven und Kontroversen einer subjektorientierten Soziologie. In: Ulrich Beck / Elisabeth Beck-Gernsheim (Hrsg.): *Riskante Freiheiten. Individualisierung in modernen Gesellschaften*. Frankfurt am Main: Suhrkamp, 10-39.

Beck, Ulrich / Elisabeth Beck-Gernsheim (Hrsg.) (1994b): *Riskante Freiheiten. Individualisierung in modernen Gesellschaften*. Frankfurt am Main: Suhrkamp.

Becker, Gary S. (1964): *Human capital. A theoretical and empirical analysis, with special reference to education*. New York: Columbia University Press.

Becker, Rolf / Wolfgang Lauterbach (2008): *Bildung als Privileg. Erklärungen und Befunde zu den Ursachen der Bildungsungleichheit*. Wiesbaden: VS Verlag für Sozialwissenschaften.

Berger, Peter A. / Heike Kahlert (2005): *Institutionalisierte Ungleichheiten. Wie das Bildungswesen Chancen blockiert*. Weinheim und München: Juventa.

Bertelsmann Stiftung / IFS (Hrsg.) (2012): *Chancenspiegel. Zur Chancengerechtigkeit und Leistungsfähigkeit der deutschen Schulsysteme*. Gütersloh: Institut für Schulentwicklung (IFS): Verlag Bertelsmann Stiftung.

Berth, Felix (2005): Bildungsbasis Kindergarten. Pädagogen fordern, den Besuch zur Pflicht zu machen. In: *Süddeutsche Zeitung*, 23.03.2005: 6.

Bielby, William T. (2000): Geschlecht und Karriere. Ist die Wissenschaft ein Sonderfall? In: Beate Krais (Hrsg.): *Wissenschaftskultur und Geschlechterforschung. Über die verborgenen Mechanismen männlicher Dominanz in der akademischen Welt*. Frankfurt a. M.: Campus, 55-83.

Blasius, Jörg (1987): Korrespondenzanalyse. Ein multivariates Verfahren zur Analyse qualitativer Daten. In: *Historische Sozialforschung – Historical Social Research* (1987), 42/43: 172-189.

Blasius, Jörg (2000): Die Analyse von Lebensstilen mit Hilfe der Korrespondenzanalyse. In: *Österreichische Zeitschrift für Soziologie* (25), 4: 63-92.

Blasius, Jörg (2001): *Korrespondenzanalyse*. München: Oldenbourg.

Blasius, Jörg / Andreas Schmitz (2013): Sozialraum- und Habituskonstruktion. Die Korrespondenzanalyse in Pierre Bourdieus Forschungsprogramm. In: Alexander Lenger / Christian Schneickert / Florian Schumacher (Hrsg.): *Pierre Bourdieus Konzeption des Habitus: Grundlagen, Zugänge, Forschungsperspektiven*. Wiesbaden: VS Verlag für Sozialwissenschaften.

Blasius, Jörg / Joachim Winkler (1989): Gibt es die „Feinen Unterschiede" wirklich? Eine empirische Überprüfung der Bourdieuschen Theorie. In: *Kölner Zeitschrift für Soziologie und Sozialpsychologie* (Jg. 41): 72-94.

BLK (Hrsg.) (1989): *Förderung von Frauen im Bereich der Wissenschaft*. Materialien zur Bildungsplanung und zur Forschungsförderung. Bonn: Bund-Länder-Kommission für Bildungsplanung und Forschungsförderung (BLK).

BLK (Hrsg.) (1997): *Förderung von Frauen im Bereich der Wissenschaft. Fortschreibung des Berichts aus dem Jahr 1989*. Materialien zur Bildungsplanung und zur Forschungsförderung. Bonn: Bund-Länder-Kommission für Bildungsplanung und Forschungsförderung (BLK).

BLK (Hrsg.) (1998): *Frauen in Führungspositionen. Zweite Ergänzung zum BLK-Bericht "Förderung von Frauen im Bereich der Wissenschaft".* Materialien zur Bildungsplanung und zur Forschungsförderung. Bonn: Bund-Länder-Kommission für Bildungsplanung und Forschungsförderung (BLK).

Blossfeld, Hans-Peter (1993): Changes in Educational Opportunities in the Federal Republic of Germany. A Longitudinal Study of Cohorts Born between 1916 and 1965. In: Yossi Shavit / Hans-Peter Blossfeld (Hrsg.): *Persistent inequality. Changing educational attainment in thirteen countries.* Boulder, Colorado: Westview Press, 51-74.

Blossfeld, Hans-Peter / Yossi Shavit (Hrsg.) (1993): *Persistent inequality. Changing educational attainment in thirteen countries.* Boulder, Colorado: Westview Press.

BMBF (2005a): *Gender Datenreport. 1. Datenreport zur Gleichstellung von Frauen und Männern in der Bundesrepublik Deutschland.* Herausgegeben von: Waltraud Cornelißen. München: Deutsche Jugendinstitut e.V. in Zusammenarbeit mit dem Statistischen Bundesamt.

BMBF (2005b): *Studiensituation und studentische Orientierungen. 9. Studierendensurvey an Universitäten und Fachhochschulen.* Herausgegeben von: Bundesministerium für Bildung und Forschung (BMBF). Bonn und Berlin.

BMBF (Hrsg.) (2006): *Wissenschaftlicher Nachwuchs unter den Studierenden. Empirische Expertise auf der Grundlage des Studierendensurveys.* Bonn/Berlin: Bundesministerium für Bildung und Forschung (BMBF).

BMBF (Hrsg.) (2007): *Die wirtschaftliche und soziale Lage der Studierenden in der Bundesrepublik Deutschland 2006.* 18. Sozialerhebung des Deutschen Studentenwerks durchgeführt durch HIS Hochschul-Informations-System. Bonn und Berlin: Bundesministerium für Bildung und Forschung (BMBF).

BMBF (2008): *Studiensituation und studentische Orientierungen. 10. Studierendensurvey an Universitäten und Fachhochschulen.* Herausgegeben von: Bundesministerium für Bildung und Forschung (BMBF). Bonn und Berlin.

BMBF (Hrsg.) (2010a): *Die wirtschaftliche und soziale Lage der Studierenden in der Bundesrepublik Deutschland 2009.* 19. Sozialerhebung des Deutschen Studentenwerks durchgeführt durch HIS Hochschul-Informations-System. Bonn/Berlin: Bundesministerium für Bildung und Forschung (BMBF).

BMBF (2010b): *Studiensituation und studentische Orientierungen. 11. Studierendensurvey an Universitäten und Fachhochschulen.* Herausgegeben von: Bundesministerium für Bildung und Forschung (BMBF). Bonn und Berlin.

Bohnsack, Ralf (2001): *Die dokumentarische Methode und ihre Forschungspraxis. Grundlagen qualitativer Sozialforschung.* Opladen: Leske + Budrich.

Bohnsack, Ralf (2007): *Rekonstruktive Sozialforschung. Einführung in qualitative Methoden.* Opladen u.a.: Budrich.

Boltanski, Luc / Eve Chiapello (2001): Die Rolle der Kritik in der Dynamik des Kapitalismus und der normative Wandel. In: *Berliner Journal für Soziologie* (11), 4: 459-477.

Boltanski, Luc / Eve Chiapello (2003 [1999]): *Der neue Geist des Kapitalismus.* Konstanz: UVK.

Bos, Wilfried et al. (Hrsg.) (2003): *Erste Ergebnisse aus IGLU. Schülerleistungen am Ende der vierten Jahrgangsstufe im internationalen Vergleich.* Münster / München / Berlin u.a.: Waxmann.

Bos, Wilfried et al. (Hrsg.) (2004): *IGLU. Einige Länder der Bundesrepublik Deutschland im nationalen und internationalen Vergleich.* Münster / München / Berlin u.a.: Waxmann.

Bos, Wilfried et al. (Hrsg.) (2011): *TIMSS 2011. Mathematische und naturwissenschaftliche Kompetenzen von Grundschulkindern in Deutschland im internationalen Vergleich.* Münster: Waxmann.

Boudon, Raymond (1974): *Education, opportunity, and social inequality. Changing prospects in Western society.* New York: Wiley.

Bourdieu, Pierre (1958): *Sociologie de l'Algérie.* Paris: Presses Universitaires.

Bourdieu, Pierre (1975): The Specificity of the Scientific Field and the Social Conditions of the Progress of Reason. In: *Social Science Information,* 14:19-47.

Bourdieu, Pierre (1976 [1972]): *Entwurf einer Theorie der Praxis auf der ethnologischen Grundlage der kabylischen Gesellschaft.* Frankfurt a. M.: Suhrkamp.

Bourdieu, Pierre (1977): Cultural Reproduction and Social Reproduction. In: Jerome Karabel (Hrsg.): *Power and ideology in education.* New York: Oxford University Press, 487-510.

Bourdieu, Pierre (1982 [1979]): *Die feinen Unterschiede. Kritik der gesellschaftlichen Urteilskraft.* Frankfurt a. M.: Suhrkamp.

Bourdieu, Pierre (1983): Ökonomisches Kapital, kulturelles Kapital, soziales Kapital. In: Reinhard Kreckel (Hrsg.): *Soziale Ungleichheiten. Soziale Welt Sonderband 2.* Göttingen: Schwartz, 183–198.

Bourdieu, Pierre (1987 [1980]): *Sozialer Sinn. Kritik der theoretischen Vernunft.* Frankfurt a. M.: Suhrkamp.

Bourdieu, Pierre (1992 [1984]): *Homo academicus.* Frankfurt a. M.: Suhrkamp.

Bourdieu, Pierre (1992 [1987]): *Rede und Antwort.* Frankfurt a. M.: Suhrkamp.

Bourdieu, Pierre (1993): *Soziologische Fragen.* Frankfurt a. M.: Suhrkamp.

Bourdieu, Pierre (1997): Die männliche Herrschaft. In: Irene Dölling / Beate Krais (Hrsg.): *Ein alltägliches Spiel. Geschlechterkonstruktion in der sozialen Praxis.* Frankfurt a. M.: Suhrkamp, 153-218.

Bourdieu, Pierre (1998): *Vom Gebrauch der Wissenschaft. Für eine klinische Soziologie des wissenschaftlichen Feldes.* Konstanz: UVK.

Bourdieu, Pierre (1998 [1994]): *Praktische Vernunft. Zur Theorie des Handelns.* Frankfurt a. M.: Suhrkamp.
Bourdieu, Pierre (1999 [1992]): *Die Regeln der Kunst.* Frankfurt a. M.: Suhrkamp.
Bourdieu, Pierre (2000): *Das religiöse Feld. Texte zur Ökonomie des Heilsgeschehens.* Konstanz: UVK.
Bourdieu, Pierre (2001 [1997]): *Meditationen. Zur Kritik der scholastischen Vernunft.* Frankfurt a. M.: Suhrkamp.
Bourdieu, Pierre (2001 [2000]): *Das politische Feld. Zur Kritik der politischen Vernunft.* Konstanz: UVK.
Bourdieu, Pierre (2002): Das ökonomische Feld. In: Der Einzige und sein Eigenheim (Hrsg.): *Schriften zu Politik & Kultur 3.* Hamburg: VSA Verlag, 185-222.
Bourdieu, Pierre (2004 [1989]): *Der Staatsadel.* Konstanz: UVK.
Bourdieu, Pierre (2005 [1997/1993]): Verstehen. In: Pierre Bourdieu et al. (Hrsg.): *Das Elend der Welt.* Konstanz: UVK, 393-410.
Bourdieu, Pierre / Luc Boltanski (1981 [1975]): Titel und Stelle. Zum Verhältnis von Bildung und Beschäftigung. In: Pierre Bourdieu et al. (Hrsg.): *Titel und Stelle. Über die Reproduktion sozialer Macht.* Frankfurt am Main: Europäische Verlagsanstalt, 89-115.
Bourdieu, Pierre / Luc Boltanski / Monique De Saint Martin (1981 [1973]): Kapital und Bildungskapital. Reproduktionsstrategien im sozialen Wandel. In: Pierre Bourdieu et al. (Hrsg.): *Titel und Stelle. Über die Reproduktion sozialer Macht.* Frankfurt am Main: Europäische Verlagsanstalt, 23-87.
Bourdieu, Pierre et al. (Hrsg.) (1981): *Titel und Stelle. Über die Reproduktion sozialer Macht.* Frankfurt am Main: Europäische Verlagsanstalt.
Bourdieu, Pierre / Luc Boltanski / Pascale Maldidier (1981 [1971]): Die Verteidigung der Zunft. In: Pierre Bourdieu et al. (Hrsg.): *Titel und Stelle. Über die Reproduktion sozialer Macht.* Frankfurt am Main: Europäische Verlagsanstalt, 117-169.
Bourdieu, Pierre / Jean-Claude Passeron (1971): *Die Illusion der Chancengleichheit. Untersuchungen zur Soziologie des Bildungswesens am Beispiel Frankreichs.* Stuttgart: Klett.
Bourdieu, Pierre / Jean-Claude Passeron (1973): *Grundlagen einer Theorie der symbolischen Gewalt.* Frankfurt a. M.: Suhrkamp.
Bourdieu, Pierre / Loïc J. D. Wacquant (1996 [1992]): *Reflexive Anthropologie.* Frankfurt a. M.: Suhrkamp.
Bowles, Samuel / Herbert Gintis (2000): Does Schooling Raise Earnings by Making People Smarter? In: Kenneth J. Arrow / Samuel Bowles / Steven N. Durlauf (Hrsg.): *Meritocracy and economic inequality.* Princeton, NJ: Princeton University Press.

Bremer, Helmut (2004): *Von der Gruppendiskussion zur Gruppenwerkstatt. Ein Beitrag zur Methodenentwicklung in der typenbildenden Mentalitäts-, Habitus- und Milieuanalyse.* Münster: LIT Verlag.

Bremer, Helmut / Christel Teiwes-Kügler (2007): Die Muster des Habitus und ihre Entschlüsselung. In: Barbara Friebertshäuser / Heide von Felden / Burkhard Schäffer (Hrsg.): *Bild und Text - Methoden und Methodologien visueller Sozialforschung in der Erziehungswissenschaft.* Leverkusen/Opladen, 81-104.

Briedis, Kolja / Karl-Heinz Minks (2007): *Generation Praktikum - Mythos oder Massenphänomen. HIS-Projektbericht.* Hannover: HIS.

Bröckling, Ulrich (2007): *Das unternehmerische Selbst. Soziologie einer Subjektivierungsform.* Frankfurt a. M.: Suhrkamp.

Brody, Nathan (1992): *Intelligence. Nature, determinants and consequences.* San Diego: Academic Press.

Büchner, Gerold et al. (1986): *Bis hierher und nicht weiter. Der Berliner Tutorenstreik 1986.* Hamburg: VSA Verlag.

Budde, Joachim (2011): Ausbeute der Ausbeutung. In: *Zeit Campus* (März / April), Nr. 2: 41.

Bühler-Niederberger, Doris (1985): Analytische Induktion als Verfahren qualitativer Methodologie. In: *Zeitschrift für Soziologie* (14): 475-485.

Bundesarbeitsgericht (1996): *Urteil vom 28. März 1996 mit dem Aktenzeichen 6 AZR 501/95.*

Bundesarbeitsgericht (2005): *Urteil vom 8. Juni 2005 mit dem Aktenzeichen 4 AZR 396/04.*

Bundesregierung (2005): *Gemeinsam für Deutschland. Mit Mut und Menschlichkeit. Koalitionsvertrag von CDU, CSU und SPD.* Als Pdf unter. Letzter Zugriff: 01.04.2009, 20.19.

Bundesregierung (2006): *2. Bilanz Chancengleichheit. Frauen in Führungspositionen.* Berlin.

Burkart, Günter (2002): Über die Unmöglichkeit einer Soziologie der Soziologie oder De nobis ipsis non silemus. In: Günter Burkart / Jürgen Wolf (Hrsg.): *Lebenszeiten. Erkundungen zur Soziologie der Generationen. Martin Kohli zum 60. Geburtstag.* Opladen: Leske + Budrich, 457-478.

Burkart, Günter (2003): Über den Sinn von Thematisierungstabus und die Unmöglichkeit einer soziologischen Analyse der Soziologie. In: *Forum Qualitative Sozialforschung* (4), 2.

Choi, Frauke (2009): *Leistungsmilieus und Bildungszugang. Zum Zusammenhang von sozialer Herkunft und Verbleib im Bildungssystem.* Wiesbaden: VS Verlag für Sozialwissenschaften.

Clemens, Bärbel (1986): *Töchter der Alma Mater. Frauen in der Berufs- und Hochschulforschung.* Frankfurt am Main: Campus.

Cotter, David A. et al. (2001): The glass ceiling effect. In: *Social Forces* (80), 2: 655–681.
Dahrendorf, Ralf (1968): *Bildung ist Bürgerrecht. Plädoyer für eine aktive Bildungspolitik.* Hamburg: Wegner.
Davis, Kingsley / Wilbert Moore (1945): Some principles of Stratification. In: *American Journal of Sociology*, 10: 202-249.
Degele, Nina (2006): Queer forschen. Ein Beitrag zum Problem der Reifizierung in den Gender und Queer Studies. In: Petra Gieß-Stüber / Gabriele Sobiech (Hrsg.): *Gleichheit und Differenz in Bewegung – Entwicklungen und Perspektiven der Geschlechterforschung in der Sportwissenschaft.* Hamburg: Czwalina Verlag, 17-26.
Degele, Nina / Gabriele Winker (2009): *Intersektionalität. Zur Analyse sozialer Ungleichheiten.* Bielefeld: Transcript.
Degele, Nina / Gabriele Winkler (2011): Intersektionalität als Beitrag zu einer gesellschaftstheoretisch informierten Ungleichheitsforschung. In: *Berliner Journal für Soziologie* (21), 1: 69-90.
Diekmann, Andreas (2010): *Empirische Sozialforschung. Grundlagen, Methoden, Anwendungen.* Reinbek bei Hamburg: Rowohlt.
Ditton, Hartmut (1992): *Ungleichheit und Mobilität durch Bildung. Theorie und empirische Untersuchung über sozialräumliche Aspekte von Bildungsentscheidungen.* Weinheim: Juventa Verlag.
Ditton, Hartmut (2008): Der Beitrag von Schule und Lehrern zur Reproduktion von Bildungsungleichheit. In: Rolf Becker / Wolfgang Lauterbach (Hrsg.): *Bildung als Privileg. Erklärungen und Befunde zu den Ursachen der Bildungsungleichheit.* Wiesbaden: VS Verlag für Sozialwissenschaften.
Dölling, Irene (2000): Die Institutionalisierung von Frauen- und Geschlechterforschung an ostdeutschen Universitäten. Ein Ergebnis von Kämpfen im wissenschaftlichen Feld. In: Beate Krais (Hrsg.): *Wissenschaftskultur und Geschlechterforschung. Über die verborgenen Mechanismen männlicher Dominanz in der akademischen Welt.* Frankfurt a. M.: Campus, 153-171.
Eder, Klaus (Hrsg.) (1989): *Klassenlage, Lebensstil und kulturelle Praxis. Beiträge zur Auseinandersetzung mit Pierre Bourdieus Klassentheorie.* Frankfurt a. M.: Suhrkamp.
Eder, Klaus (2013): Der Klassenhabitus in Abgrenzung zum Klassenbewusstsein bei Karl Marx. In: Alexander Lenger / Christian Schneickert / Florian Schumacher (Hrsg.): *Pierre Bourdieus Konzeption des Habitus: Grundlagen, Zugänge, Forschungsperspektiven.* Wiesbaden: VS Verlag.
Engler, Steffani (2006): Studentische Lebensstile und Geschlecht. In: Helmut Bremer / Andrea Lange-Vester (Hrsg.): *Soziale Milieus und Wandel der Sozialstruktur.* Wiesbaden, 169-185.

Engler, Steffanie (2001): "*In Einsamkeit und Freiheit*"? *Zur Konstruktion der wissenschaftlichen Persönlichkeit auf dem Weg zur Professur.* Konstanz: UVK.

FAZ (2010): Unsichtbarer Doktorhut. Zur Lage der studentischen Hilfskräfte. In: *Frankfurter Allgemeine Zeitung*, (190), 18. August 2010: N5.

Flick, Uwe (2006): *Qualitative Sozialforschung. Eine Einführung.* Reinbek bei Hamburg: Rowohlt.

Flynn, James R. (2000): IQ Trends over Time: Intelligence, Race, and Meritocracy In: Kenneth J. Arrow / Samuel Bowles / Steven N. Durlauf (Hrsg.): *Meritocracy and economic inequality.* Princeton, NJ: Princeton University Press.

Fröhlich, Gerhard (1994): Kapital, Habitus, Feld, Symbol. In: Ingo Mörth / Gerhard Fröhlich (Hrsg.): *Das symbolische Kapital der Lebensstile.* Frankfurt a. M. / New York: Campus, 31–54.

Fröhlich, Gerhard / Boike Rehbein / Christian Schneickert (2009): Kritiker und blinde Flecken. In: Gerhard Fröhlich / Boike Rehbein (Hrsg.): *Bourdieu Handbuch. Leben - Werk - Wirkung.* Metzler Verlag, 401-408.

Garz, Detlef / Ursula Blömer (2002): Qualitative Bildungsforschung. In: Rudolf Tippelt (Hrsg.): *Handbuch Bildungsforschung.* Opladen: Leske + Budrich, 441-457.

Gebesmair, Andreas (2004): Renditen der Grenzüberschreitung. Zur Relevanz der Bourdieuschen Kapitaltheorie für die Analyse sozialer Ungleichheiten. In: *Soziale Welt* (Jg. 55, Nr. 2): 181-203.

Geenen, Elke M. (2000): Akademische Karrieren von Frauen an wissenschaftlichen Hochschulen. In: Beate Krais (Hrsg.): *Wissenschaftskultur und Geschlechterforschung. Über die verborgenen Mechanismen männlicher Dominanz in der akademischen Welt.* Frankfurt a. M.: Campus, 83-107.

Geißler, Rainer (1992): *Die Sozialstruktur Deutschlands. Ein Studienbuch zur sozialstrukturellen Entwicklung im geteilten und vereinten Deutschland.* Opladen: Westdeutscher Verlag.

Geißler, Rainer (2005): Die Metamorphose der Arbeitertochter zum Migrantensohn. Zum Wandel der Chancenstruktur im Bildungssystem nach Schicht, Geschlecht, Ethnie und deren Verknüpfungen. In: Peter A. Berger / Heike Kahlert (Hrsg.): *Institutionalisierte Ungleichheiten. Wie das Bildungswesen Chancen blockiert.* Weinheim und München: Juventa Verlag, 71-100.

Gerholm, Thomas (1990): On Tactical Knowledge in Academia. In: *European Journal of Education*, 25/3: 263-271.

GEW (2011): Studentische und wissenschaftliche Hilfskräfte an Hochschulen. Ratgeber. Gewerkschaft Erziehung und Wissenschaft (GEW). Unter: www.gew.de/Binaries/Binary78539/. Letzter Zugriff: 4. Januar 2013.

Greenacre, Michael / Jörg Blasius (2006a): *Multiple Correspondence Analysis and Related Methods*. Boca Raton, Florida: Chapman & Hall.
Greenacre, Michael J. / Jörg Blasius (2006b): *Correspondence Analysis in the Social Sciences. Recent Developments and Applications*. London: Academic Press. London: Academic Press.
Grotheer, Michael (2010): Studienqualität, berufliche Einstiege und Berufserfolg von Hochschulabsolventinnen und Hochschulabsolventen. In: Hochschul-Informations-System (Hrsg.): *Perspektive Studienqualität. Themen und Forschungsergebnisse der HIS-Fachtagung Studienqualität*. Bielefeld: wbv.
Hansen, Kathrin / Gisela Goos (1997): *Frauenorientiertes Personalmarketing: Chancen - Wege - Perspektiven*. Berlin.
Hartmann, Michael (2002): *Der Mythos von den Leistungseliten. Spitzenkarrieren und soziale Herkunft in Wirtschaft, Politik, Justiz und Wissenschaft*. Frankfurt am Main: Campus.
Hassauer, Friederike (1994): *Homo, Academica. Geschlechterkontrakte, Institution und die Verteilung des Wissens*. Wien: Passagen-Verlag.
Heim, Christof / Alexander Lenger / Florian Schumacher (2009): Bildungssoziologie. In: Gerhard Fröhlich / Boike Rehbein (Hrsg.): *Bourdieu Handbuch. Leben - Werk - Wirkung*. Stuttgart/Weimar: Metzler Verlag, 254-264.
Herrnstein, Richard J. / Charles A. Murray (1994): *The bell curve. Intelligence and class structure in American life*. New York: The Free Press.
Herzog, Roman (1997): Aufbruch in der Bildungspolitik. Rede des Bundespräsidenten am 5. November 1997 in Berlin. In: Michael Rutz (Hrsg.): *Aufbruch in der Bildungspolitik. Roman Herzogs Rede und 25 Antworten*. München: Goldmann.
Heublein, Ulrich / Heike Spangenberg / Dieter Sommer (2003): *Ursachen des Studienabbruchs. Analyse 2002*. Hannover: HIS-GmbH.
Hoffman-Riem, Christa (1980): Die Sozialforschung einer interpretativen Soziologie – der Datengewinn. In: *Kölner Zeitschrift für Soziologie und Sozialpsychologie* (32. Jg.): 97-1115.
Hopf, Christel (1978): Die Pseudo-Exploration. Überlegungen zur Technik qualitativer Interviews in der Sozialforschung. In: *Zeitschrift für Soziologie* (7): 97-115.
Hradil, Stefan (1989): System und Akteur. Eine empirische Kritik der soziologischen Kulturtheorie Pierre Bourdieus. In: Klaus Eder (Hrsg.): *Klassenlage, Lebensstil und kulturelle Praxis. Beiträge zur Auseinandersetzung mit Pierre Bourdieus Klassentheorie*. Frankfurt a. M.: Suhrkamp, 111-141.
Humboldt, Wilhelm von (1969 [1869]): *Schriften zur Politik und zum Bildungswesen*. In: Werke, Band 4. Herausgegeben von: Andreas Flitner / Klaus Giel. Darmstadt: Wissenschaftliche Buchgesellschaft.

IAB (2007): Kurzbericht: Der Trend bleibt. Geringqualifizierte sind häufiger arbeitslos. Institut für Arbeitsmarkt- und Berufsforschung der Bundesagentur für Arbeit (IAB). Unter: http://doku.iab.de/kurzber/2007/kb1807.pdf. Letzter Zugriff: 28.05.2009.

IDW (2008): Schulübergang: Kinder weniger gebildeter und einkommensschwächerer Eltern werden diskriminiert. Informationsdienst Wissenschaft (IDW): Pressemitteilung Johannes Gutenberg-Universität Mainz. Unter: http://idw-online.de/pages/de/news277479. Letzter Zugriff: 10. April 2009.

Janning, Frank (1991): *Pierre Bourdieus Theorie der Praxis. Analyse und Kritik der konzeptionellen Grundlegung einer praxeologischen Soziologie*. Opladen: Westdeutscher Verlag.

Kirk, Jerome / Marc L. Miller (1986): *Reliability and validity in qualitative research*. Beverly Hills, California: Sage.

Kirschler, Erich / Barbara Kastlunger / Paul Braunger (2007): Generation Praktikum – Flexibilisierungsphänomen im Perspektivenwechsel. Praktika bei HochschulabsolventInnen – Chance oder Belastung. In: *WISO : Wirtschafts- und sozialpolitische Zeitschrift des ISW* (30), 3: 153-168.

Klemm, Klaus (2000): Bildung. In: Jutta Allmendinger / Wolfgang Ludwig-Mayerhofer (Hrsg.): *Soziologie des Sozialstaats. Gesellschaftliche Grundlagen, historische Zusammenhänge und aktuelle Entwicklungstendenzen*. Weinheim: Juventa Verlag, 145-165.

Köhler, Helmut (1992): *Bildungsbeteiligung und Sozialstruktur in der Bundesrepublik. Zu Stabilität und Wandel der Ungleichheit von Bildungschancen*. Berlin: Max-Planck-Institut für Bildungsforschung.

Köhler, Thomas / Jörg Gapski (1997): *Analysen zum Alltag und Milieu, zu Bildungs- und Studienstilen, zur Lebensphase Studium bei Studierenden der Universität Hannover*. Agis Texte, Band 17. Hannover: Agis

Kohli, Martin (1978): Offenes und geschlossenes Interview. Neue Argumente zu einer alten Kontroverse. In: *Soziale Welt* (9): 1-25.

Kokemohr, Rainer / Winfried Marotzki (Hrsg.) (1989): *Biographien in komplexen Institutionen*. Band I: Studentenbiographien. Frankfurt a. M.: Lang.

Kokemohr, Rainer / Winfried Marotzki (Hrsg.) (1990): *Biographien in komplexen Institutionen*. Band II: Studentenbiographien. Weinheim: Deutscher Studien Verlag.

Krais, Beate (1993): Geschlechterverhältnis und symbolische Gewalt. In: Gunter Gebauer / Christoph Wulf (Hrsg.): *Praxis und Ästhetik. Neue Perspektiven im Denken Pierre Bourdieus*. Frankfurt a. M.: Suhrkamp.

Krais, Beate (1996): Bildungsexpansion und soziale Ungleichheit in der Bundesrepublik Deutschland. In: Axel Bolder (Hrsg.): *Die Wiederentdeckung der*

Ungleichheit. Aktuelle Tendenzen in Bildung für Arbeit. Opladen: Leske + Budrich, 118-146.

Krais, Beate (2000a): Das soziale Feld Wissenschaft und die Geschlechterverhältnisse. Theoretische Sondierungen. In: Dies. (Hrsg.): *Wissenschaftskultur und Geschlechterforschung. Über die verborgenen Mechanismen männlicher Dominanz in der akademischen Welt.* Frankfurt a. M.: Campus, 31-55.

Krais, Beate (2000b): Einleitung: Die Wissenschaft und die Frauen. In: Dies. (Hrsg.): *Wissenschaftskultur und Geschlechterforschung. Über die verborgenen Mechanismen männlicher Dominanz in der akademischen Welt.* Frankfurt a. M.: Campus, 9-31.

Krais, Beate (Hrsg.) (2000c): *Wissenschaftskultur und Geschlechterforschung. Über die verborgenen Mechanismen männlicher Dominanz in der akademischen Welt.* Frankfurt am Main: Campus.

Krais, Beate (2001): Die Spitzen der Gesellschaft. Theoretische Überlegungen. In: Dies. (Hrsg.): *An der Spitze. Von Eliten und herrschenden Klassen.* Konstanz: UVK, 7-63.

Krais, Beate / Gunter Gebauer (2002): *Habitus.* Bielefeld: Transcript.

Kreissl, Reinhard (2000): Wo Frauen kommen, geht die Macht. In: *Die Woche,* 21. Januar 2000: 32.

Kühnel, Steffen-M. / Dagmar Krebs (2010): *Statistik für die Sozialwissenschaften. Grundlagen, Methoden, Anwendungen.* Reinbek bei Hamburg: Rowohlt.

Lamnek, Siegfried (1989): *Qualitative Sozialforschung.* Band 2: Methoden und Techniken. München und Weinheim: Psychologie Verlags Union.

Landau, Lev Davidovic / Evgenij Michailovic Lifsic (1962): *The classical theory of fields.* Oxford: Pergamon Press.

Lang, Sabine / Birgit Sauer (Hrsg.) (1997): *Wissenschaft als Arbeit - Arbeit als Wissenschaftlerin.* Frankfurt am Main: Campus Verlag.

Lange-Vester, Andrea / Christel Teiwes-Kügler (2004): Soziale Ungleichheiten und Konfliktlinien im studentischen Umfeld. Empirische Ergebnisse zu Studierendenmilieus in den Sozialwissenschaften. In: Beate Krais / Steffani Engler (Hrsg.): *Das kulturelle Kapital und die Macht der Klassenstrukturen. Sozialstrukturelle Verschiebungen und Wandlungsprozesse des Habitus.* Weinheim: Juventa Verlag, 159-187.

Lange-Vester, Andrea / Christel Teiwes-Kügler (2006): Die symbolische Gewalt der legitimen Kultur. Zur Reproduktion ungleicher Bildungschancen in Studierendenmilieus. In: Werner Georg (Hrsg.): *Soziale Ungleichheit im Bildungssystem. Eine empirisch-theoretische Bestandsaufnahme.* Konstanz: UVK, 55-92.

Lareau, Annette (1997): Social-Class Differences in Family-School Relationships: The Importance of Cultural Capital. In: Albert H. Halsey et al. (Hrsg.): *Education. Culture, economy, and society*. Oxford: University Press, 703-717.

Le Roux, Brigitte / Henry Rouanet (2004): *Geometric Data Analysis. From Correspondence Analysis to Structured Data Analysis*. Dordrecht: Kluwer Academic Publishers.

Lehmann, Rainer H. / Rainer Peek / Rüdiger Gänsfuß (1997): Aspekte der Lernausgangslage und der Lernentwicklung. Bericht über die Erhebung im September 1996 (LAU 5). Unter: http://www.hamburger-bildungsserver.de/schulentwicklung/lau/lau5. Letzter Zugriff: 18. Januar 2013.

Lenger, Alexander (2008): *Die Promotion. Ein Reproduktionsmechanismus sozialer Ungleichheit*. Konstanz: UVK.

Lenger, Alexander (2009): Ökonomisches, kulturelles und soziales Kapital von Promovierenden: Eine deskriptive Analyse der sozialen Herkunft von Doktoranden im deutschen Bildungswesen. In: *Die Hochschule. Journal für Wissenschaft und Bildung*, 2: 104-125.

Lenger, Alexander (2013): Ökonomie der Praxis, ökonomische Anthropologie und ökonomisches Feld. Bedeutung und Potenziale des Habituskonzeptes in den Wirtschaftswissenschaften. In: Alexander Lenger / Christian Schneickert / Florian Schumacher (Hrsg.): *Pierre Bourdieus Konzeption des Habitus: Grundlagen, Zugänge, Forschungsperspektiven*. Wiesbaden: VS Verlag für Sozialwissenschaften.

Lenger, Alexander / Christian Schneickert (2009): Sozialer Sinn. In: Gerhard Fröhlich / Boike Rehbein (Hrsg.): *Bourdieu Handbuch. Leben – Werk – Wirkung*. Stuttgart/Weimar: Metzler Verlag, 279-288.

Lenger, Alexander / Christian Schneickert / Stefan Priebe (2012): *Studentische MitarbeiterInnen. Zur Situation und Lage von studentischen Hilfskräften und studentischen Beschäftigten an deutschen Hochschulen und Forschungseinrichtungen*. Frankfurt am Main: Gewerkschaft Erziehung und Wissenschaft (GEW).

Lenger, Alexander / Christian Schneickert / Florian Schumacher (Hrsg.) (2013): *Pierre Bourdieus Konzeption des Habitus: Grundlagen, Zugänge, Forschungsperspektiven*. Wiesbaden: Springer VS.

Lühmann, Holger (2010): Arme Hiwis? Prekäre Arbeitssituation mit tollen Karrierechancen. Deutschlandfunk: Campus und Karriere (2. November 2010). Unter: http://www.dradio.de/dlf/sendungen/campus/1309198/. Letzter Zugriff: 18. Januar 2013.

Luhmann, Niklas (1984): *Soziale Systeme. Grundriß einer allgemeinen Theorie*. Frankfurt am Main: Suhrkamp.

Luhmann, Niklas (1986): *Ökologische Kommunikation. Kann die moderne Gesellschaft sich auf ökologische Gefährdungen einstellen?* Opladen: Westdeutscher Verlag.
Luhmann, Niklas (1988): Selbstreferentielle Systeme. In: Fritz B. Simon (Hrsg.): *Lebende Systeme. Wirklichkeitskonstruktionen in der systemischen Therapie.* Berlin und Heidelberg: Springer, 47-53.
Mannheim, Karl (1965 [1929]): *Ideologie und Utopie.* Frankfurt a. M.: Schulte-Bulmke.
Mare, Robert D. (1980): Social Background and School Continuation Decisions. In: *Journal of the American Statistical Association* (75): 295-305.
Mare, Robert D. (1993): Educational Stratification on Observed and Unobserved Components of Family Background. In: Yossi Shavit / Hans-Peter Blossfeld (Hrsg.): *Persistent inequality. Changing educational attainment in thirteen countries.* Boulder, Colorado: Westview Press, 351-376.
Marotzki, Winfried (1999): Forschungsmethoden und -methodologie der Erziehungswissenschaftlichen Biographieforschung. In: Heinz-Hermann Krüger / Winfried Marotzki (Hrsg.): *Handbuch erziehungswissenschaftliche Biographieforschung.* Opladen: Leske + Budrich, 109-133.
Mayntz, Renate (1996): Mein Weg zur Soziologie. Rekonstruktionen eines kontingenten Karrierepfades. In: Christian Fleck (Hrsg.): *Wege zur Soziologie nach 1945. Biographische Notizen.* Opladen, 225-235.
Mayring, Philipp (2002): *Einführung in die qualitative Sozialforschung. Eine Anleitung zu qualitativem Denken.* Weinheim und Basel: Beltz.
Merton, Robert K. (1972): Die Priorität bei wissenschaftlichen Entdeckungen: Ein Kapitel in der Wissenschaftssoziologie. In: Peter Weingart (Hrsg.): *Wissenschaftssoziologie. Band 1: Wissenschaftliche Entwicklung als sozialer Prozeß.* Frankfurt a. M.: Athenäum Fischer, 121-163.
Merton, Robert K. (1985): Die Ambivalenz des Wissenschaftlers. In: Robert K. Merton (Hrsg.): *Entwicklung und Wandel von Forschungsinteressen. Aufsätze zur Wissenschaftssoziologie.* Frankfurt am Main: Suhrkamp, 147-172.
Merton, Robert K. / Patricia L. Kendall (1979): Das fokussierte Interview. In: Christel Hopf / Elmar Weingarten (Hrsg.): *Qualitative Sozialforschung.* Stuttgart: Klett-Cotta, 169-203.
Meulemann, Heiner (1992): Expansion ohne Folgen? Bildungschancen und sozialer Wandel in der Bundesrepublik. In: Wolfgang Glatzer (Hrsg.): *Entwicklungstendenzen der Sozialstruktur.* Frankfurt a. M. und New York: Campus, 123-157.
Mittelstraß, Jürgen (1997a): *Der Flug der Eule. Von der Vernunft der Wissenschaft und der Aufgabe der Philosophie.* Frankfurt a. M.: Suhrkamp.

Mittelstraß, Jürgen (1997b): *Universität, Wissenschaft, Gesellschaft. Über das Leben in einer Leonardo-Welt.* Innsbruck und Wien: Studien Verlag.

Mohr, Wilma (1987): *Frauen in der Wissenschaft. Ein Bericht zur sozialen Lage von Studentinnen und Wissenschaftlerinnen im Hochschulbereich.* Freiburg im Breisgau: Dreisam-Verlag.

Müller, Walter (1998): Erwartete und unerwartete Folgen der Bildungsexpansion. In: *Kölner Zeitschrift für Soziologie und Sozialpsychologie,* Sonderheft 38: Die Diagnosefähigkeit der Soziologie: 81-112.

Müller, Walter / Dietmar Haun (1994): Bildungsungleichheit im sozialen Wandel. In: *Kölner Zeitschrift für Soziologie und Sozialpsychologie* (46): 1-42.

Müller, Walter / Karl Ulrich Mayer (1976): *Chancengleichheit durch Bildung? Untersuchungen über den Zusammenhang von Ausbildungsabschlüssen und Berufsstatus.* Stuttgart: Klett.

Müller, Walter / Susanne Steinmann / Reinhart Schneider (1997): Bildung in Europa. In: Stefan Hradil / Stefan Immerfall (Hrsg.): *Die westeuropäischen Gesellschaften im Vergleich.* Opladen, 177-245.

Münch, Richard (2011): *Akademischer Kapitalismus. Zur politischen Ökonomie der Hochschulreform.* Berlin: Suhrkamp.

OECD (2010): *PISA 2009 Ergebnisse. Zusammenfassung.* Als Pdf unter: www.pisa.oecd.org. Letzter Zugriff: 15. Januar 2013.

OECD (2012): *Education at a Glance 2012: OECD Indicators, OECD Publishing.* Als Pdf unter: http://dx.doi.org/10.1787/eag-2012-en. Letzter Zugriff: 15. Januar 2013.

Oevermann, Ulrich (1976): Programmatische Überlegungen zu einer Theorie der Bildungsprozesse und zur Strategie der Sozialisationsforschung. In: Klaus Hurrelmann (Hrsg.): *Sozialisation und Lebenslauf. Empirie und Methodik sozialwissenschaftlicher Persönlichkeitsforschung.* Reinbek bei Hamburg: Rowohlt, 34-52.

Oevermann, Ulrich et al. (1979): Die Methodologie einer objektiven Hermeneutik und ihre allgemeine forschungslogische Bedeutung in den Sozialwissenschaften. In: Hans-Georg Soeffner (Hrsg.): *Interpretative Verfahren in den Sozial- und Textwissenschaften.* Stuttgart: Metzler, 352-434.

Parsons, Talcott (1959): The School Class as a Social System: Some of it Functions in American Society. In: *Harvard Educational Review,* 29: 297-318.

Parsons, Talcott (1964): *The social system.* London: Routledge.

Peter, Lothar (2003): Alte und neue Subjektivität von Arbeit. Max Webers Arbeitsethik und das Konzept des Arbeitskraftunternehmers. In: *Sozial.Geschichte. Zeitschrift für historische Analyse des 20. und 21. Jahrhunderts* (18), 1: 72-88.

Picht, Georg (1964): *Die deutsche Bildungskatastrophe. Analyse und Dokumentation*. Olten / Freiburg i. Br.: Walter.
Polanyi, Michael (1985): *Implizites Wissen*. Frankfurt a. M.: Suhrkamp.
Pongratz, Hans / Gerd-Günter Voß (2003): *Arbeitskraftunternehmer. Erwerbsorientierungen in entgrenzten Arbeitsformen*. Berlin: Edition sigma.
Prenzel, Manfred (2007): *PISA 2006. Die Ergebnisse der dritten internationalen Vergleichsstudie*. Münster / München / Berlin u.a.: Waxmann.
Prenzel, Manfred et al. (2004): *PISA 2003. Der Bildungsstand der Jugendlichen in Deutschland. Ergebnisse des zweiten internationalen Vergleichs*. Münster / München / Berlin u.a.: Waxmann.
Regelmann, Ada-Charlotte (2004): *"Man muss es sich leisten können...". Eine empirische Studie zu studentischen Hilfskräften an der Philipps-Universität Marburg im Dezember 2004*. Frankfurt am Main: Gewerkschaft Erziehung und Wissenschaft (GEW).
Rehbein, Boike (2006): *Die Soziologie Pierre Bourdieus*. Konstanz: UVK.
Rehbein, Boike / Christian Schneickert / Anja Weiß (2009): Klasse. In: Gerhard Fröhlich / Boike Rehbein (Hrsg.): *Bourdieu Handbuch. Leben – Werk – Wirkung*. Metzler Verlag, 140-147.
Rehn, Torsten et al. (2011): *Hochschulabschlüsse im Umbruch. Studium und Übergang von Absolventinnen und Absolventen reformierter und traditioneller Studiengänge des Jahrgangs 2009*. Hannover: HIS.
Röhr, Werner / Wolfgang Schumann (1994): *Europa unterm Hakenkreuz. Okkupation und Kollaboration (1938 - 1945): Beiträge zu Konzepten und Praxis der Kollaboration in der deutschen Okkupationspolitik*. Ergänzungsband 1. Herausgegeben von: Bundesarchiv. Berlin und Heidelberg: Hüthig.
Roth, Heinrich (1971): *Pädagogische Anthropologie*. Hannover: Schroedel.
Scheuch, Erwin K. (1973): Das Interview in der Sozialforschung. In: René König (Hrsg.): *Handbuch der empirischen Sozialforschung*. Stuttgart: Thieme, 66-190.
Schlosser, Horst Dieter (2005): Generelle Stellungnahme zum Unwort des Jahres "Humankapital". Unter: http://www.unwortdesjahres.net. Letzter Zugriff: 18. Januar 2013.
Schneickert, Christian (2009): *Datenbuch Interviewtranskripte. Studentische Hilfskräfte - Soziale Herkunft, Geschlecht und Strategien im wissenschaftlichen Feld*. Freiburg: Unveröffentlichtes Datenbuch.
Schneickert, Christian / Alexander Lenger (2010): Studentische Hilfskräfte im deutschen Bildungswesen. In: *Berliner Journal für Soziologie* (20), 2: 203-224.
Schnell, Rainer / Paul Bernhard Hill / Elke Esser (2011): *Methoden der empirischen Sozialforschung*. München: Oldenbourg.
Schultheis, Franz / Andreas Pfeuffer / Stephan Egger (1996): Bildungsforschung in einer Soziologie der Praxis: Pierre Bourdieu. In: Axel Bolder (Hrsg.): *Die*

Wiederentdeckung der Ungleichheit. Aktuelle Tendenzen in Bildung für Arbeit. Opladen: Leske + Budrich, 118-146.

Schultz, Theodore W. (1961): Investment in Human Capital. In: *The American Economic Review* (51), 1: 1-17.

Schulze, Gerhard (1992): *Die Erlebnisgesellschaft. Kultursoziologie der Gegenwart.* Frankfurt a. M.: Campus.

Schumacher, Florian (2011): *Bourdieus Kunstsoziologie.* Konstanz: UVK.

Schütze, Fritz (1976): Zur Hervorlockung und Analyse von Erzählungen thematisch relevanter Geschichten im Rahmen soziologischer Feldforschung. In: Arbeitsgruppe Bielefelder Soziologen (Hrsg.): *Kommunikative Sozialforschung: Alltagswissen und Alltagshandeln, Gemeindemachtforschung, Polizei, politische Erwachsenenbildung.* München: Fink.

Schütze, Fritz (1983): Biographieforschung und narratives Interview. In: *Neue Praxis: Zeitschrift für Sozialarbeit, Sozialpädagogik und Sozialpolitik* (13), 3: 283-293.

Schwingel, Markus (1995): *Pierre Bourdieu zur Einführung.* Hamburg: Junius.

Sennett, Richard (2000): *Der flexible Mensch. Die Kultur des neuen Kapitalismus.* Berlin: Siedler.

Shavit, Yossi (2007): *Stratification in Higher Education: A Comparative Study.* Stanford: Stanford University Press.

Simeaner, Hans et al. (2007): Datenalmanach Studierendensurvey 1983-2007. In: *Hefte zur Bildungs- und Hochschulforschung,* 51.

Simeaner, Hans / Michael Ramm / Kolbert-Ramm (2010): Datenalmanach Studierendensurvey 1983-2010. In: *Hefte zur Bildungs- und Hochschulforschung.*

Statistisches Bundesamt (2010a): *Bildung und Kultur. Personal an Hochschulen.* Fachserie 11, Reihe 4.4. Wiesbaden.

Statistisches Bundesamt (2010b): *Bildung und Kultur. Studierende an Hochschulen.* Fachserie 11, Reihe 4.1. Wiesbaden.

Statistisches Bundesamt (2010c): *Wirtschaftsrechnungen. Einnahmen und Ausgaben privater Haushalte.* Fachserie 15, Reihe 1. Wiesbaden.

Statistisches Bundesamt (2011): *Verdienste und Arbeitskosten. Arbeitnehmerverdienste.* Fachserie 16, Reihe 2.3. Wiesbaden.

Teubner, Ulrike (1989): *Neue Berufe für Frauen. Modelle zur Überwindung der Geschlechterhierarchie im Erwerbsbereich.* Frankfurt a. M.: Campus.

Vester, Michael (2002): Das relationale Paradigma und die politische Soziologie sozialer Klassen. In: Uwe H. Bittlingmayer et al. (Hrsg.): *Theorie als Kampf? Zur politischen Soziologie Pierre Bourdieus.* Opladen: Leske + Budrich, 61-121.

Vogel, Ulrike (1970): *Wissenschaftliche Hilfskräfte. Eine Analyse der Lage wissenschaftlicher Hilfskräfte an Universitäten der Bundesrepublik untersucht am Beipiel der Universität Göttingen.* Stuttgart: Ferdinand Enke Verlag.

Voß, Gerd-Günter / Hans Pongratz (1998): Der Arbeitskraftunternehmer. Eine neue Grundform der Ware Arbeitskraft. In: *Kölner Zeitschrift für Soziologie und Sozialpsychologie* (Heft 1): 131-158.
Weber, Max (1922): Wissenschaft als Beruf. In: Max Weber: *Gesammelte Aufsätze zur Wissenschaftslehre*. Tübingen: Mohr, 582-613.
Weber, Max (1972 [1921]): *Wirtschaft und Gesellschaft. Grundriss einer Verstehenden Soziologie*. Tübingen: Mohr.
Wermuth, Nanny (1992): *Frauen an Hochschulen. Statistische Daten zu den Karrierechancen*. Schriftenreihe Studien zu Bildung und Wissenschaft, Band 105. Herausgeben von: Bundesministerium für Bildung und Wissenschaft. Bad Honnef: Bock.
Wetterer, Angelika (1992): Theoretische Konzepte zur Analyse der Marginalität von Frauen in hochqualifizierten Berufen. In: Angelika Wetterer (Hrsg.): *Profession und Geschlecht. Über die Marginalität von Frauen in hochqualifizierten Berufen*. Frankfurt a. M. und New York: Campus, 13-41.
Wetterer, Angelika (1993): *Professionalisierung und Geschlechterhierarchie. Vom kollektiven Frauenausschluss zur Integration mit beschränkten Möglichkeiten*. Kassel: Verlag Jenior & Preßler.
Wetterer, Angelika (2000): Noch einmal: Rhetorische Präsenz – faktische Marginalität. Die kontrafaktischen Wirkungen der bisherigen Frauenförderung im Hochschulbereich. In: Beate Krais (Hrsg.): *Wissenschaftskultur und Geschlechterforschung. Über die verborgenen Mechanismen männlicher Dominanz in der akademischen Welt*. Frankfurt a. M.: Campus, 195-223.
Witzel, Andreas (1982): *Verfahren der qualitativen Sozialforschung. Überblick und Alternativen*. Frankfurt a. M.: Campus.
Witzel, Andreas Verfasser (1985): Das problemzentrierte Interview. In: Gerd Jüttemann (Hrsg.): *Qualitative Forschung in der Psychologie: Grundfragen, Verfahrensweisen, Anwendungsfelder*. Weinheim: Beltz, 227-255.

Anhang

An dieser Stelle wird nur auf die wichtigsten oder bisher unveröffentlichten Anlagen für das Verständnis der empirischen Erhebungen verwiesen. Ausführlichere Erläuterungen zu den Berechnungen und weiterführende Materialien finden sich in dem Anhang des Forschungsberichts (Lenger / Schneickert / Priebe 2012: 102-127), der auch online verfügbar ist: www.gew.de/Binaries/Binary88494/

(Online-) Fragebogen

Befragung von Studentischen Hilfskräften

Fragebogen zur Ermittlung der aktuellen wirtschaftlichen und sozialen Situation von studentischen Hilfskräften in Deutschland.
Beantworten Sie bitte folgende Fragen vollständig und wahrheitsgemäß. Geben Sie bitte Schätzwerte an, falls keine genauen Angaben möglich sind. Sollten Sie eine Frage nicht beantworten wollen, tragen Sie bitte eine Null ein oder lassen Sie diese aus.

TEIL 1: ALLGEMEINE INFORMATIONEN ZU STUDIUM UND BESCHÄFTIGUNG

1. Welchen Studienabschluss streben Sie gegenwärtig an?
   - Diplom(haupt)prüfung
   - Kirchliche Abschlussprüfung
   - Staatsexamen (außer Lehramtsprüfung), z. B. jur., med.
   - Staatsexamen für das Lehramt an Gymnasien
   - Staatsprüfung für sonstige Lehrämter einschl. künstl. Lehramt
   - Bachelor of Arts (B. A.)
   - Bachelor of Science (B. Sc.)
   - Magister / Magistra (M. A.)
   - Master of Arts
   - Master of Science

2. Bitte geben Sie die Anzahl Ihrer bisherigen Hochschulsemester an.
   _____ Hochschulsemester

3. Bitte entnehmen Sie der folgenden Tabelle die Kennziffer Ihrer Fächer und geben diese weiter unten an. Wenn eines oder mehrere Ihrer Fächer nicht in der Liste auftauchen, geben Sie die Bezeichnung dieser Fächer in die Felder „Andere" ein.

001	Agrarwissenschaften	074	Klassische Philologie
002	Ältere Deutsche Literatur und Sprache	075	Kognitionswissenschaft
003	Altertumswissenschaften	076	Kommunikationssysteme
005	Angewandte Politikwissenschaft	077	Kristallographie
006	Anglistik	078	Kulturwissenschaft

Studentische Hilfskräfte und MitarbeiterInnen

Nr.	Fach	Nr.	Fach
007	Angewandte Wissenschaft	079	Kunstgeschichte
008	Arbeitswissenschaft	080	Lasertechnik
009	Archäologie	081	Latein
010	Architektur	082	Lateinische Philologie des Mittelalters
011	Astronomie	083	Latinistik
012	Bauingenieurwesen	084	Linguistik
013	Betriebswirtschaftslehre	085	Literaturwissenschaft
014	Bildungsplanung und Instructional Design	086	Logistik
015	Biochemie	087	Mathematik
016	Bioingenieur	088	Medienwissenschaft
017	Bioinformatik und Systembiologie	089	Medizin
018	Biologie	090	Meereswissenschaften
019	Biotechnologie	091	Metallurgie
020	British and North American Cultural Studies	092	Meterologie / Klimatologie
021	Caritaswissenschaft	093	Mikrosystemtechnik
022	Gesellschaftslehre	094	Mineralogie
023	Chemie	095	Mittelalter- und Renaissancestudien
024	Chemieingenieur	096	Musikwissenschaft
025	Classical Cultures	097	Naturschutz und Landschaftspflege
026	Creating Cultures	098	Neuere Deutsche Literatur
027	Crystalline Materials	099	Neuere und neueste Geschichte
028	Computerlinguistik	100	Neurowissenschaft
029	Demographie	101	Norwegisch
030	Deutsch	102	Ostslavistik
031	Deutsch als Fremdsprache	103	Ozeanographie
032	Deutsche Sprach- und Literaturwissenschaft	104	Pharmazeutische Wissenschaften
033	Elektrotechnik	105	Pharmazie
034	Embedded Systems Engineering	106	Philosophie
035	English	107	Philosophie / Ethik (nur Lehramt)
036	English and American Studies	108	Physik
037	English Language and Linguistics	109	Politikwissenschaft
038	English Literatures and Literary Theory	110	Produktionstechnik
039	Environmental Governance	111	Prozesswissenschaft
040	Erziehungswissenschaften	112	Portugiesisch
041	Estate Planning	113	Psychologie
042	Ethik	114	Rechtswissenschaft
043	Ethnologie	115	Regionalwissenschaften
044	Europäische Ethnologie / Volkskunde	116	Restaurationswissenschaft
045	Europäische Literaturen und Kulturen	117	Romanistik
046	European Liguistics	118	Rumänisch
047	Fertigungstechnik	119	Schwedisch
048	Forstwissenschaft	120	Sinologie
049	Französisch	121	Skandinavistik
050	Gender Studies	122	Slavische Philologie
051	Geographie	123	Slavistik
052	Geologie	124	Sozialwissenschaften / Social Sciences
053	Geowissenschaften	125	Soziologie
054	Germanistik	126	Spanisch
055	Germanistische Mediävistik	127	Sport / Sportwissenschaft
056	Geschichte	128	Sporttherapie
057	Gesellschaftswissenschaften	129	Stadtplanung
058	Gräzistik: Altgriechische, byzantinische	130	Südslavistik
059	Neugriechische Philologie	131	Theaterwissenschaft
060	Griechisch	132	Theologie
061	Haushaltstechnik	133	Umweltnaturwissenschaften
062	Holztechnik	134	Umweltwissenschaften
063	Holz- und Bioenergie	135	Verkehrssysteme
064	Hydrologie	136	Veterinärmedizin
065	Indogermanistik	137	Virologie
066	Informatik	138	Volkswirtschaftslehre
067	Informationsrecht	139	Werkstofftechnik
068	Intelligente eingebettete Mikrosysteme	140	Werkstoffwissenschaft
069	Interdisziplinäre Studien	141	Westslavistik
070	Islamwissenschaft	142	Wirtschaftsingenieur
071	Italienisch	143	Wirtschaftswissenschaften
072	Judaistik	144	Zahnmedizin
073	Katalanisch		

4. Hauptfach (in dem die Abschlussarbeit verfasst wird): _____
5. Hauptfach: _____
6. Nebenfach: _____
7. Nebenfach: _____

Falls für Ihr Fach keine Kennziffer vorhanden ist, tragen Sie hier die Bezeichnung des Faches ein.
8. Anderes Hauptfach (in dem die Abschlussarbeit verfasst wird): _____
9. Anderes Hauptfach: _____
10. Anderes Nebenfach: _____
11. Anderes Nebenfach: _____

12. Bitte geben Sie hier die Kennziffer des Fachs an, in welchem Sie als studentische Hilfskraft angestellt sind. Falls das Fach in dem Sie angestellt sind nicht in der Tabelle auftaucht, tragen Sie die Bezeichnung des Fachs unter 13. „Anderes Fach" ein. Falls Sie fachunspezifisch eingestellt sind (z. B. UB, EDV, Rechenzentrum etc.) tragen Sie bitte 999 ein.
_____ Fach

13. Anderes Fach: _____

14. In welchem Bundesland befindet sich Ihre Hochschule?
  ○ Baden-Württemberg
  ○ Bayern
  ○ Berlin
  ○ Brandenburg
  ○ Bremen
  ○ Hamburg
  ○ Hessen
  ○ Mecklenburg-Vorpommern
  ○ Niedersachsen
  ○ Nordrhein-Westfalen
  ○ Rheinland-Pfalz
  ○ Saarland
  ○ Sachsen
  ○ Sachsen-Anhalt
  ○ Schleswig-Holstein
  ○ Thüringen

15. Wo ist Ihre Stelle angesiedelt?
  ○ Professur
  ○ Lehrstuhl
  ○ Institut / Seminar
  ○ Zentrale Einrichtung
  ○ Weiß nicht
  ○ Sonstiges: _____

16. Wie sind Sie an Ihre derzeitige Stelle gekommen?
   o Ich habe mich auf eine Stellenausschreibung beworben.
   o Ich bin persönlich angesprochen worden.
   o Ich habe mich bei der Verwaltung / bei Lehrenden nach Stellen erkundigt.
   o Ich habe über „Mundpropaganda" von der Stelle erfahren und mich beworben.
   o Sonstiges: _____

17. Was gehört zu den hauptsächlichen Arbeitsinhalten Ihrer Stelle?
   o Literaturrecherche
   o Internetrecherche
   o Überwachung von Messgeräten
   o Durchführung von Interviews
   o Transkription von Interviews
   o Vorbereitung von Tagungen
   o Redigieren / Korrekturlesen von Texten
   o Leiten eines Tutoriums
   o Teaching Assistance
   o Vorbereitung von Lehrveranstaltungen
   o Klausuraufsicht
   o Korrektur von Übungszetteln / Klausuren / Hausaufgaben / Protokollen
   o Erklärung von Apparaten für Studierende
   o Experimente / Versuche vorführen
   o Vorbereitung / Organisation von Exkursionen
   o Betreuung von Studierenden
   o Kopieren
   o Sekretariatsarbeiten
   o Archivierung
   o Bibliotheksaufsicht
   o Beschaffung von Literatur
   o Korrespondenz
   o Organisation von Reisen
   o Medizinische Überwachung / Betreuung von Patienten
   o Allgemeine Laborarbeit
   o Service, Catering
   o Pflege der Homepage
   o Pflege einer Datenbank (z. B. auch Literaturprogramme)
   o Dateneingabe
   o Administration eines Netzwerks
   o Statistik
   o Anderes: _____

18. Für wie viele Stunden (pro Monat) sind Sie angestellt? _____

19. Wie hoch ist Ihr aktueller Stundenlohn (brutto)? _____

20. Üben Sie neben Ihrer Tätigkeit noch eine andere Erwerbsarbeit aus?
   o Nein
   o Ja

21. Welche Rolle spielt Ihr Einkommen aus der Beschäftigung an der Universität für Ihren Lebensunterhalt?

- Ich finanziere mich zum großen Teil oder voll über diese Arbeit.
- Ich finanziere mich etwa zur Hälfte über diese Arbeit.
- Ich finanziere mich etwa zu einem Drittel über diese Arbeit.
- Mein Lohn ist für mich eher ein Taschengeld.
- Anderes: _____

22. Über welchen Zeitraum läuft Ihr derzeitiger Arbeitsvertrag?
    - Bis zu 1 Monat
    - Bis zu 2 Monate
    - Bis zu 3 Monate
    - Bis zu 4 Monate
    - Bis zu einem halben Jahr
    - Bis zu einem Jahr
    - Länger als ein Jahr

23. Waren Sie zuvor schon als studentische Hilfskraft angestellt?
    - Nein
    - Ja

24. Wie lange sind Sie insgesamt schon als studentische Hilfskraft angestellt?
    - Seit 1 Monat
    - Seit 2 Monaten
    - Seit 3 Monaten
    - Seit 4 Monaten
    - Seit einem halben Jahr
    - Seit 1 Jahr
    - Länger als 1 Jahr

TEIL 2: INFORMATIONEN ZUR BEWERTUNG IHRER TÄTIGKEIT

Welche Rolle spielen bei Ihrer Tätigkeit...

	Unwichtig	Eher unwichtig	Eher wichtig	Sehr wichtig
...die Möglichkeit zu wissenschaftlichem Arbeiten?	o	o	o	o
...die bei dieser Arbeit vermittelten Fähigkeiten?	o	o	o	o
...der Einblick in die Universität von „innen"?	o	o	o	o
...mit der Möglichkeit, wichtige Leute kennen zu lernen?	o	o	o	o
...die Möglichkeit, Geld zu verdienen?	o	o	o	o
...durch diese Stelle die Aussichten auf eine mögliche Promotion zu verbessern?	o	o	o	o
...durch engagierte Arbeit bei der Verbesserung von Forschung und Lehre mitzuhelfen?	o	o	o	o
...die möglichen positiven Auswirkungen auf den Lebenslauf?	o	o	o	o
...der Zugang zu Infrastruktur (Arbeitsplatz, Bibliothek, Drucker, Kopierer etc.)?	o	o	o	o

Studentische Hilfskräfte und MitarbeiterInnen

34. Eine Arbeit als studentische Hilfskraft ist mit dem Studium...
- o besser als andere Jobs zu vereinbaren.
- o nicht anders als andere Jobs zu vereinbaren.
- o schlechter als andere Jobs zu vereinbaren.
- o Weiß nicht.

Wie zufrieden sind Sie bezüglich Ihrer Anstellung...

	Sehr unzufrieden	Eher unzufrieden	Eher zufrieden	Sehr zufrieden
...mit der Dauer des Arbeitsverhältnisses?	o	o	o	o
...mit Ihrer vertraglichen Arbeitszeit (Stundenzahl)?	o	o	o	o
...mit der Bezahlung?	o	o	o	o
...mit meinen Möglichkeiten zum wissenschaftlichen Arbeiten?	o	o	o	o
...mit den in dieser Arbeit vermittelten Fähigkeiten?	o	o	o	o
...mit meinem Verhältnis zum / zur ProfessorIn / ChefIn?	o	o	o	o
...mit dem Verhältnis zu den anderen MitarbeiterInnen und Beschäftigten?	o	o	o	o
...mit den Zugangsmitteln zu den benötigten Arbeitsmitteln / Infrastruktur (Büro, Kopierkarte etc.)?	o	o	o	o
...mit den Gestaltungsmöglichkeiten bezüglich der Arbeitszeit?	o	o	o	o
...mit der Vereinbarkeit von Studium und „Hiwi"-Job?	o	o	o	o
...mit meiner allgemeinen Situation als studentische Hilfskraft?	o	o	o	o

46. Welche Auswirkungen hat die Tätigkeit als studentische Hilfskraft auf die Dauer Ihres Studiums?
- o Hat das Studium verlängert.
- o Hat das Studium verkürzt.
- o Hat keine Auswirkung auf die Dauer des Studiums.
- o Weiß nicht.

Inwieweit treffen die folgenden Aussagen auf Ihre Anstellung zu?

	Trifft nicht zu	Trifft kaum zu	Trifft teilweise zu	Trifft voll zu
Ich habe feste Arbeitszeiten.	o	o	o	o
Mir steht ein Arbeitsplatz zur Verfügung.	o	o	o	o
Ich teile mir die Zeit für meine Arbeit selbst ein.	o	o	o	o
Ich wünsche mir mehr Vorgaben bezüglich meiner Arbeit.	o	o	o	o
Ich wünsche mir mehr Möglichkeiten, meine Arbeit selbst zu strukturieren.	o	o	o	o

Ich werde von der / dem ProfessorIn oder ChefIn als „Mädchen / Junge für Alles" gesehen.	○	○	○	○
Ich fühle mich über meine rechtliche Stellung als ArbeitnehmerIn gut informiert.	○	○	○	○
Ich sehe alles, was meine Anstellung angeht nicht so eng, da ich ja nur für kurze Zeit angestellt bin.	○	○	○	○

55. Dokumentieren Sie für sich oder Ihren Arbeitgeber die tatsächlichen Arbeitszeiten (Führen Sie einen Stundenzettel)?
    ○ Ja
    ○ Nein

56. Bitte schätzen Sie: Wieviele Stunden pro Monat arbeiten Sie unabhängig der im Vertrag festgelegten Arbeitszeit tatsächlich?

    _____ Stunden / Monat

TEIL 3: INFORMATIONEN ZU IHRER PERSON

57. Welchen höchsten Schulabschluss hat Ihre Mutter?
    ○ Schule beendet ohne Abschluss
    ○ Volks- / Hauptschulabschluss, Polytechnische Oberschule mit Abschluss 8. oder 9. Klasse
    ○ Mittlere Reife, Realschulabschluss, Polytechnische Oberschule mit Abschluss 10. Klasse
    ○ Fachhochschulreife (Abschluss einer Fachoberschule etc.)
    ○ Abitur bzw. erweiterte Oberschule mit Abschluss 12. Klasse (Hochschulreife)
    ○ Anderen Schulabschluss
    ○ Unbekannt

58. Welchen höchsten Schulabschluss hat Ihr Vater?
    ○ Schule beendet ohne Abschluss
    ○ Volks- / Hauptschulabschluss, Polytechnische Oberschule mit Abschluss 8. oder 9. Klasse
    ○ Mittlere Reife, Realschulabschluss, Polytechnische Oberschule mit Abschluss 10. Klasse
    ○ Fachhochschulreife (Abschluss einer Fachoberschule etc.)
    ○ Abitur bzw. erweiterte Oberschule mit Abschluss 12. Klasse (Hochschulreife)
    ○ Anderen Schulabschluss
    ○ Unbekannt

59. Welchen höchsten beruflichen Abschluss hat Ihre Mutter?
    ○ Promotion
    ○ Universität
    ○ Pädagogische Hochschule
    ○ Fachhochschule, Ingenieurschule, Handelsakademie
    ○ Meisterprüfung
    ○ Lehre / Facharbeiter
    ○ Kein beruflicher Abschluss
    ○ Anderen beruflichen Abschluss
    ○ Unbekannt

60. Welchen höchsten beruflichen Abschluss hat Ihr Vater?
    ○ Promotion
    ○ Universität

- ○ Pädagogische Hochschule
- ○ Fachhochschule, Ingenieurschule, Handelsakademie
- ○ Meisterprüfung
- ○ Lehre / Facharbeiter
- ○ Kein beruflicher Abschluss
- ○ Anderen beruflichen Abschluss
- ○ Unbekannt

61. Was ist bzw. war die überwiegende berufliche Stellung Ihrer Mutter?
- ○ Arbeiterin mit einfacher Tätigkeit
- ○ Arbeiterin mit qualifizierten Aufgaben
- ○ Arbeiterin mit umfassenden Führungsaufgaben
- ○ Angestellte mit einfacher Tätigkeit
- ○ Angestellte mit qualifizierten Aufgaben
- ○ Angestellte mit umfassenden Führungsaufgaben
- ○ Beamte im einfachen / mittleren Dienst
- ○ Beamte im gehobenen Dienst
- ○ Beamte im höheren Dienst
- ○ Selbstständige mit kleinem Betrieb
- ○ Selbstständige mit mittlerem Betrieb
- ○ Selbstständige mit großem Betrieb
- ○ Akademischer freier Beruf
- ○ Mithelfende Familienangehörige (im eigenen Betrieb)
- ○ Hausfrau
- ○ Arbeitslos
- ○ Unbekannt

62. Was ist bzw. war die überwiegende berufliche Stellung Ihres Vaters?
- ○ Arbeiter mit einfacher Tätigkeit
- ○ Arbeiter mit qualifizierten Aufgaben
- ○ Arbeiter mit umfassenden Führungsaufgaben
- ○ Angestellter mit einfacher Tätigkeit
- ○ Angestellter mit qualifizierten Aufgaben
- ○ Angestellter mit umfassenden Führungsaufgaben
- ○ Beamter im einfachen / mittleren Dienst
- ○ Beamter im gehobenen Dienst
- ○ Beamter im höheren Dienst
- ○ Selbstständiger mit kleinem Betrieb
- ○ Selbstständiger mit mittlerem Betrieb
- ○ Selbstständiger mit großem Betrieb
- ○ Akademischer freier Beruf
- ○ Mithelfender Familienangehöriger (im eigenen Betrieb)
- ○ Hausmann
- ○ Arbeitslos
- ○ Unbekannt

63. Bitte schätzen Sie: Wie hoch ist das durchschnittliche, kombinierte Jahreseinkommen Ihrer Eltern (Brutto, d. h. vor allen Abzügen)?
- ○ < 10.000 €
- ○ 10.000 bis 20.000 €
- ○ 20.000 bis 30.000 €
- ○ 30.000 bis 40.000 €
- ○ 40.000 bis 50.000 €
- ○ 50.000 bis 60.000 €
- ○ 60.000 bis 70.000 €

- ○ 70.000 bis 80.000 €
- ○ 80.000 bis 100.000 €
- ○ 100.000 bis 120.000 €
- ○ 120.000 bis 150.000 €
- ○ > 150.000 €
- ○ Unbekannt

64. Welcher der unten genannten Finanzierungswege sicherte / sichert Ihnen während des Studiums den Lebensunterhalt? (Mehrfachantworten möglich)
    - ○ Mittel der Eltern
    - ○ BAföG
    - ○ Erwerbstätigkeit außerhalb der Hochschule
    - ○ Universitäre Tätigkeit (z. B. studentische Hilfskraft, TutorIn)
    - ○ Studienstiftung des deutschen Volkes
    - ○ Parteinahe, gewerkschaftliche oder konfessionelle Stiftung
    - ○ Andere Stipendiengeber
    - ○ Mittel des (Ehe-)Partners
    - ○ Mittel von Verwandten
    - ○ Eigenes Vermögen
    - ○ Bildungskredit
    - ○ Sonstiges _____

65. Wie viel Geld steht Ihnen während Ihres Studiums monatlich durchschnittlich zur Verfügung (Brutto, d. h. vor allen Abgaben)?
    - ○ < 400 €
    - ○ 400 bis 500 €
    - ○ 500 bis 600 €
    - ○ 600 bis 700 €
    - ○ 700 bis 800 €
    - ○ 800 bis 900 €
    - ○ 900 bis 1000 €
    - ○ 1000 bis 1100 €
    - ○ 1100 bis 1200 €
    - ○ 1200 bis 1300 €
    - ○ 1300 bis 1400 €
    - ○ 1400 bis 1500 €
    - ○ > 1500 €

66. Über welchen Bildungsweg haben Sie Ihre Studienberechtigung erworben?
    - ○ Gymnasium
    - ○ Fachgymnasium
    - ○ Gesamtschule
    - ○ Berufsausbildung mit Abitur
    - ○ Abendgymnasium, Kolleg
    - ○ Fachoberschule
    - ○ Andere und zwar: _____

67. Mit welcher Abschlussnote haben Sie die Hochschulreife abgelegt?
    _____ Note

68. Planen Sie nach Ihrem Studienabschluss zu promovieren?
    - ○ Ja
    - ○ Nein
    - ○ Weiß nicht

69. Haben Sie während des Studiums ein Praktikum absolviert?
   o Ja
   o Nein
   o Keine Angabe

70. Haben Sie während Ihres Studiums einen studienbezogenen Auslandsaufenthalt absolviert?
   o Ja
   o Nein
   o Keine Angabe

71. Waren / Sind Sie während Ihres Studiums in irgendeiner Form gesellschaftspolitisch tätig oder ehrenamtlich engagiert?
   o Nein
   o Hochschulpolitik
   o Fachschaft
   o Sport- oder Freizeitverein
   o Diakonische Arbeit, soziale Arbeit
   o Kirchliche Organisation
   o Kulturelles Projekt
   o Partei
   o Studentenverbindung
   o Sonstiges: _____

72. Wie beurteilen Sie die Einführung von Bachelor und Masterstudiengängen?
   o Lehne ich generell ab
   o Lehne ich eher ab
   o Finde ich eher gut
   o Finde ich generell gut
   o Keine Meinung

73. Wie stehen Sie generell zur Einführung von allgemeinen Studiengebühren?
   o Lehne ich generell ab
   o Lehne ich eher ab
   o Finde ich eher gut
   o Finde ich generell gut
   o Keine Meinung

74. Sind Sie Mitglied einer Gewerkschaft?
   o Nein
   o Ja

75. Staatsangehörigkeit (bei doppelter Staatsangehörigkeit ist Mehrfachwahl möglich)?
   o Deutsch
   o Türkisch
   o Russisch
   o Polnisch
   o Italienisch
   o Rumänisch
   o Andere: _____

76. In welchem Jahr sind Sie geboren? _____

77. Sind Sie...
   - Männlich
   - Weiblich
   - Keine Angabe

78. Haben Sie Kommentare, Ergänzungen oder allgemeine Fragen zu dem Fragebogen insgesamt?
   _____
   _____
   _____
   _____
   _____

Sampling-Fragebogen (Qualitatives Sampling)

Fragebogen zur Erfassung der Sozialdaten studentischer Hilfskräfte
Projekt „Studentische Hilfskräfte"

Name:
Vorname:
Geschlecht:
Alter:
Geburtsort:

Studienfächer/Fachsemester:
Hochschulsemester:
Auslandsaufenthalt: o Ja   o Nein
Praktikum: o Ja   o Nein

Hilfskraft seit:
Stunden/Monat:

Höchster Bildungsabschluss und Beruf der Eltern:
Mutter:
Vater:
Finanzierung des Studiums durch:
  o Eltern
  o Stipendium
  o Selbst
  o Kredit
  o Bafög

Monatlich verfügbares Geld: ca. _____ € (Brutto, d. h. vor allen Abzügen)

Wären Sie bereit im Rahmen dieser Untersuchung an einem ca. 45-60 min. Interview über ihren Bildungsweg und ihre Situation als studentische Hilfskraft teilzunehmen?

☐ Nein
☐ Ja, kontaktieren Sie mich per
Email: _____
Tel.: _____

Anhang

Interview-Leitfaden (Studentische Hilfskräfte)

I. Block: Habitusformierung

LEITFRAGE/ERZÄHLAUFFORDERUNG

Erzählen Sie doch mal, wie Sie so aufgewachsen sind?

Inhaltliche Aspekte	Aufrechterhaltungsfragen	Konkrete Nachfragen	Hinweise/Instruktionen
○ Eltern ○ Erziehung ○ Wohnumfeld ○ Geschlechtsrollen	○ Fällt ihnen dazu sonst noch etwas ein? ○ Gibt es sonst noch etwas? ○ Und dann? ○ Und sonst? ○ Und wie ging es dann weiter?	○ Erzählen sie doch mal ein bisschen von ihren Eltern! ○ Erzählen sie doch mal wie sie ihre Erziehung so empfunden haben! ○ Wie war denn so die Rollenverteilung in ihrer Familie? ○ Wie würden sie denn das Wohnumfeld während ihrer Kindheit/Jugend so beschreiben	Bei Problemen: Relevanz für die Studie erwähnen, wenn nicht weiter!

II. Block: Kulturelles Kapital

LEITFRAGE/ERZÄHLAUFFORDERUNG

Und wie war es dann so während der Schulzeit?

Inhaltliche Aspekte	Aufrechterhaltungsfragen	Konkrete Nachfragen	Hinweise/Instruktionen
○ Schule ○ Hobbies ○ Entschluss zum Studium ○ Freunde ○ Kurse / Fächer	○ Fällt ihnen dazu sonst noch etwas ein? ○ Gibt es sonst noch etwas? ○ Und dann? ○ Und sonst? ○ Und wie ging es dann weiter?	○ Erzählen sie doch mal, wie sie den Schulalltag so empfunden haben? ○ Wie war es so mit außerschulischen Aktivitäten? ○ Wie kam es denn dann eigentlich zu Ihrem Studium /-Ort/ -Fach? ○ Wie war das denn so mit den verschiedenen Kursen / Fächern? ○ Wie war denn so das Verhältnis zwischen Schule und Freunden?	Bei kulturellem Kapital wichtig: Möglichst zurückhaltend fragen, keine Suggestivfragen, eher: „Sie habe ja schon mal davon erzählt..."

III. Block: Alltag im Studium

LEITFRAGE/ERZÄHLAUFFORDERUNG

Erzählen sie doch mal wie ihr Studium so läuft?

Inhaltliche Aspekte	Aufrechterhaltungsfragen	Konkrete Nachfragen	Hinweise/Instruktionen
o Orientierung o Alltag o Erfolg	o Fällt ihnen dazu sonst noch etwas ein? o Gibt es sonst noch etwas? o Und dann? o Und sonst? o Und wie ging es dann weiter?	o Wie war das denn in den ersten Semestern bei ihnen? o Wie läuft denn so der Alltag im Studium bei ihnen ab? o Beschreiben sie doch mal wie zufrieden sie mit ihrem Studium sind?	Möglichst ausführlich erzählen lassen... Aufrechterhaltungsfragen nutzen.

IV. Block: Anstellung als studentische Hilfskraft

LEITFRAGE/ERZÄHLAUFFORDERUNG

Wie kam es denn so dazu, dass sie studentische Hilfskraft wurden?

Inhaltliche Aspekte	Aufrechterhaltungsfragen	Konkrete Nachfragen	Hinweise/Instruktionen
o Bewerbung o Tätigkeit o Einbindung o Auswirkungen	o Fällt ihnen dazu sonst noch etwas ein? o Gibt es sonst noch etwas? o Und dann? o Und sonst? o Und wie ging es dann weiter?	o Wie sind sie denn darauf gekommen, sich dafür zu bewerben? o Wie haben sie denn die Bewerbung empfunden? o Beschreiben sie doch mal ihre Tätigkeit? o Erzählen sie doch mal, wie ihr Verhältnis zu anderen Mitarbeitern so aussieht? o Hat ihre Tätigkeit ihrer Meinung nach eine Auswirkung auf ihren Studienalltag?	Möglichst ausführlich erzählen lassen... Aufrechterhaltungsfragen nutzen. Hier auch gezielt nachfragen!

V. Block: Zukunft			
LEITFRAGE/ERZÄHLAUFFORDERUNG			
Können sie sich vorstellen, wie ihre weitere Ausbildung aussieht?			
Inhaltliche Aspekte	Aufrechterhaltungsfragen	Konkrete Nachfragen	Hinweise/Instruktionen
○ Promotion?	○ Fällt ihnen dazu sonst noch etwas ein? ○ Gibt es sonst noch etwas? ○ Und dann? ○ Und sonst? ○ Und wie ging es dann weiter?	○ Hat ihre Einbindung am Institut ihrer Meinung nach Auswirkungen auf ihre zukünftige Tätigkeit?	

Postscriptum

POSTSKRIPT INTERVIEW
PROJEKT „STUDENTISCHE HILFSKRÄFTE"

Interviewdatum: _____
Dauer: _____
Interviewcode: _____

Atmosphäre:

Befindlichkeiten:

Gesprächsverlauf:

Interaktionen:

Besonderheiten:

Auffallende Themen:

Störungen:

Interview-Leitfaden (ProfessorInnen)

PROFESSORINNEN-BEFRAGUNG
PROJEKT „STUDENTISCHE HILFSKRÄFTE"

1. Beschreiben sie doch mal kurz eine Person, die für sie eine gute studentische Hilfskraft ist.

2. Gibt es aus ihrer Sicht Unterschiede zwischen Hilfskräften und anderen Studierenden?

3. Haben sie in der Arbeit mit ihren Studierenden Unterschiede zwischen den Geschlechtern festgestellt?

4. Welche Kriterien legen sie für die Auswahl von Promovierenden an und welche Bedeutung messen sie dem Doktorvater/ der Doktormutter in ihrem Fach zu?

5. Gibt es ihrer Ansicht nach einen Zusammenhang zwischen der Anstellung als Hiwi und einer möglichen Promotion?

6. Halten sie es für wichtig bzw. vorteilhaft studentische Hilfskraft gewesen zu sein?

7. Waren sie selbst studentische Hilfskraft?

UVK:Weiterlesen

Jochen Hirschle
Die Entstehung des transzendenten Kapitalismus
2012, 204 Seiten, broschiert
ISBN 978-3-86764-386-3

Die Produkte in den westlichen Industrienationen treffen schon lange nicht mehr auf ein hinreichendes Maß an Bedürfnissen, die deren Konsum motivierten. Die Wirtschaft muss daher den Grundstein für die Erzeugung der Nachfrage legen: Vor unseren Augen verwandelt sich so der öffentliche Raum in eine Konsumwelt aus Shopping Malls, Multiplex Kinos und Freizeitparks, und zieht das Leben der Menschen in den Bann von Markenprodukten und Konsumpraktiken. Die Wirtschaftssoziologie nimmt diese Veränderungen kaum zur Kenntnis, dabei hat sich die moderne Ökonomie längst von ihrem einstigen Epizentrum, der Produktionsstätte, verabschiedet. Jochen Hirschle analysiert die Umrisse des neu entstandenen Systems und reintegriert es als soziale Tatsache im Sinne Émile Durkheims in die Soziologie.

Jochen Hirschle ist Wissenschaftlicher Assistent am Institut für Soziologie der Universität Innsbruck.

Klicken + Blättern

Leseprobe und Inhaltsverzeichnis unter

www.uvk.de

Erhältlich auch in Ihrer Buchhandlung.

UVK:Weiterlesen

Yaşar Aydın
»Transnational« statt »nicht integriert«
Abwanderung türkeistämmiger Hochqualifizierter
aus Deutschland
Mit einem Geleitwort von Thomas Straubhaar
2013, 140 Seiten, broschiert
ISBN 978-3-86764-419-8

Immer mehr türkeistämmige Hochqualifizierte entscheiden sich für ein Leben und eine Erwerbstätigkeit in der Türkei. Haben wir es hier mit einem »Scheitern der Integration«, einem fehlenden Heimatgefühl oder mit Benachteiligung und Diskriminierung in Deutschland zu tun? Der Autor lässt die Betroffenen selbst zu Wort kommen und zeigt, dass es sich vielmehr um eine transnationale Lebensführung handelt: Zwischen den Welten nationaler, kultureller und religiöser Grenzen entstehen »soziale Landschaften«, welche Auswanderungs- und Ankunftsorte verbinden und verändern.

Yaşar Aydın ist wissenschaftlicher Mitarbeiter und Lehrbeauftragter an der Fakultät Wirtschafts- und Sozialwissenschaften der Universität Hamburg.

Klicken + Blättern

Leseprobe und Inhaltsverzeichnis unter

www.uvk.de

Erhältlich auch in Ihrer Buchhandlung.

UVK:Weiterlesen

Helga Kotthoff, Shpresa Jashari, Darja Klingenberg
Komik (in) der Migrationsgesellschaft
ca. 03-2013, 240 Seiten, broschiert
ISBN 978-3-86764-369-6

Humor »mit Migrationshintergrund« war bis vor zehn Jahren vor allem in den Nischen der Kleinkunstbühnen und in privaten Gesprächen zu hören. Dies ändert sich in den letzten Jahren mit KomikerInnen wie Bülent Ceylan oder Kaya Yanar, aber auch Fernseh- und Radioproduktionen wie »Taxi Scharia« oder »Türkisch für Anfänger« erfreuen sich massenmedialer Aufmerksamkeit. Die verschiedenen Spektren komischer Darstellungspraktiken werden hier erstmals wissenschaftlich untersucht und mit Methoden der Soziolinguistik, der Migrationssoziologie und der Kultur- und Sprachanthropologie aufgefächert. Betrachtet werden massenmediale wie subkulturelle Comedy-Produktionen aus Ankunfts- und Herkunftsländern, Komik in Alltagsgesprächen von Jugendgruppen sowie komische Selbstdeutungen MigrantInnen.

Helga Kotthoff ist Professorin für Sprachwissenschaften mit Schwerpunkten in Soziolinguistik, Gesprächsforschung und Deutsch als Fremdsprache an der Universität Freiburg im Breisgau.
Shpresa Jashari lehrt als Sprachwissenschaftlerin an der Universität Freiburg und arbeitet als freie Autorin. Der Fokus ihrer Arbeit liegt auf den Themenfeldern Migration, Transkulturalität und Urbanität.
Darja Klingenberg ist Soziologin und wissenschaftliche Mitarbeiterin am Schwerpunkt Kultur und Migration des Fachbereiches Gesellschaftswissenschaften der Goethe-Universität Frankfurt.

Klicken + Blättern

Leseprobe und Inhaltsverzeichnis unter

www.uvk.de

Erhältlich auch in Ihrer Buchhandlung.